Manuel Des Irrigations Par F. Villeroy,... Et Adam Muller,......

Félix Villeroy

MANUEL

DES

IRRIGATIONS

PAR

F. VILLEROY | **ADAM MULLER**
CULTIVATEUR A RITTERSHOF | CULTIVATEUR A GERHARDSBRUN

Qui a du foin a du pain.

DEUXIÈME ÉDITION

ORNÉE DE 123 VIGNETTES

PARIS

LIBRAIRIE AGRICOLE DE LA MAISON RUSTIQUE

26, RUE JACOB, 26

MANUEL

DES IRRIGATIONS

PARIS. — IMP. SIMON RAÇON ET COMP., RUE D'ERFURTH, 1

MANUEL

DES

IRRIGATIONS

PAR

F. VILLEROY

CULTIVATEUR A RITTERSHOF

ET

ADAM MULLER

CULTIVATEUR A GERHARDSBRUNN
ET SECRÉTAIRE GÉNÉRAL DE LA SOCIÉTÉ D'AGRICULTURE DE BAVIÈRE

Qui a du foin a du pain.

DEUXIÈME ÉDITION

ORNÉE DE 423 GRAVURES

LIBRAIRIE AGRICOLE DE LA MAISON RUSTIQUE

26, RUE JACOB

—

1867

INTRODUCTION

A LA DEUXIÈME ÉDITION DU *MANUEL DES IRRIGATIONS*.

————

Depuis que la première édition de ce manuel a été écrite, en 1851, l'agriculture a fait de grands progrès. Elle a été puissamment secondée par les hommes de la science, dont les recherches ont amené l'explication de bien des faits encore obscurs, et ont permis au cultivateur de travailler d'après des principes et vers un but certains.

Parmi les savants qui se sont particulièrement occupés de la science de l'agriculture, et en ont fait le principal objet de leurs travaux, on doit mettre au premier rang Justus de Liebig, aujourd'hui professeur et président de l'Académie des sciences à Munich. Il est l'auteur d'un nouveau système qui, lorsqu'il a paru, a trouvé de nombreux opposants, mais qui, malgré toutes les attaques dont il a été l'objet, doit être reconnu comme vrai dans ses bases. Nous croyons être utiles à nos lecteurs en leur présentant une courte esquisse de la doctrine de Liebig, qui fait voir quel rapport intime existe entre les terres cultivées et les prairies.

D'après les analyses chimiques, nous savons que toutes les plantes sont formées d'éléments dont le nombre n'est pas considérable; ce sont l'oxygène, l'hydrogène, l'azote, le carbone, la potasse, l'acide phosphorique, l'acide sulfurique, la silice, la chaux, la magnésie, le fer et le sel (chlorure de sodium).

Les principes constitutifs des plantes se partagent en deux groupes : combustibles et incombustibles. Si on brûle une plante, les principes combustibles s'évaporent dans l'air, et les autres, les principes incombustibles, restent dans les cendres. Les quatre premiers éléments que nous avons dénommés, oxygène, hydrogène, azote et carbone, constituent les parties combustibles des plantes ; les autres sont incombustibles, ce sont eux qui fournissent les cendres. L'observation nous apprend que les principes combustibles forment une bien plus grande part des plantes que les principes incombustibles. Si l'on brûle 100 kilogrammes de bois de pin sec, on n'en obtient que 5 kilogrammes de cendres, tandis que 95 kilogrammes s'évaporent dans l'air.

Toutes les plantes contiennent les principes que nous venons d'indiquer, mais pas toutes dans la même proportion, et c'est cette diversité de proportions qui est la première cause de la diversité des plantes.

Les éléments qui forment les parties combustibles

sont prises dans l'atmosphère par les feuilles et les
parties vertes des plantes, on les nomme aliments atmosphériques. Les cendres, nommées aussi principes
minéraux, sont puisées dans la terre par les racines
des plantes. Les racines s'emparent aussi des principes atmosphériques quand elles les trouvent dans la
terre.

Pour servir à la nutrition des plantes, les principes
nutritifs doivent avoir une forme telle qu'elles puissent
se les assimiler. Les plantes s'emparent des principes
atmosphériques sous la forme d'acide carbonique,
d'eau, d'ammoniaque et d'acide nitrique. Les parties qui
forment les cendres doivent se trouver dans la terre à
l'état soluble.

Tous ces principes, que nous venons d'indiquer, sont
indispensables à la formation des plantes ; s'il en
manque un, ou s'il est dans un état tel que les plantes
ne puissent pas se l'assimiler, elles ne peuvent pas
prospérer, même vivre.

Les principes atmosphériques qui servent à la nutrition
des plantes sont partout en quantité suffisante, parce
que l'atmosphère qui les contient est la même partout,
et tend toujours à se mettre en équilibre dans sa composition. Il en est autrement des principes qui forment
les cendres ; ceux-ci ne peuvent pas quitter la place à
laquelle ils sont fixés, et s'ils ont été épuisés dans une
partie du sol, ils ne peuvent pas y venir des autres
parties où ils existent encore. Une terre, dans laquelle
les principes qui forment les cendres sont épuisés, est

stérile, mais on peut la rendre de nouveau fertile, en lui donnant, sous une forme telle que les plantes puissent se les assimiler, les principes nutritifs qui lui manquent.

C'est à l'aide de l'eau que la plante prend de la terre les principes constitutifs des cendres. L'action de l'eau est aidée par l'acide carbonique, l'ammoniaque et l'acide nitrique. L'air atmosphérique contribue puissamment à déliter les terres.

De ce petit nombre de principes découlent les règles de la culture de la terre.

La fertilité du sol dépend des substances minérales qu'il contient sous une forme telle que les plantes puissent se les assimiler. — Par une série de récoltes, le sol devient de plus en plus pauvre en principes minéraux, et enfin stérile. — Si une terre en est arrivée au point de ne plus payer les frais de culture, nous disons qu'elle est épuisée.

Les fumures ont pour but de rendre au sol les principes nutritifs qu'on lui a enlevés ; si elles sont suffisantes, le sol ne diminue pas et peut même augmenter de fertilité tout en donnant des récoltes.

L'engrais le plus complet qui soit à la disposition du cultivateur est le fumier d'étable ; il contient les parties combustibles et incombustibles des plantes. Le fumier d'étable agit de plusieurs manières ; il contient les principes qui servent à la nutrition des plantes ; en se décomposant dans la terre, il aide à la solution des principes nutritifs qu'elle contient, et leur donne une forme telle que les plantes peuvent se les assimiler ; il échauffe la terre ; enfin, il a une action mécanique, en donnant de la consistance à une terre trop légère, et en ameublissant une terre trop forte.

La plupart des terres cultivées contiennent, outre les principes nutritifs dans un état tel que les plantes peuvent se les assimiler, d'autres principes sous forme insoluble et dans un état tel qu'ils ne peuvent pas servir à la nourriture des plantes. En cultivant la terre, en la fumant avec des substances organiques, en lui accordant un long repos, enfin grâce aux influences atmosphériques, les principes nutritifs qui étaient insolubles deviennent solubles, et la terre redevient fertile. C'est ainsi que l'on peut en partie expliquer l'effet des cultures que l'on donne à la terre et les résultats qu'on obtient de la jachère.

Une propriété remarquable de la terre, c'est la faculté qu'elle possède d'attirer à elle les principes qui servent à la nutrition des plantes non-seulement de l'atmosphère, mais encore des solutions aqueuses avec lesquelles elle se trouve en contact. Si l'on verse sur la terre une solution de principes minéraux, elle s'empare de ceux qui peuvent servir à la nourriture des plantes et elle les conserve jusqu'à ce que l'extrémité d'une racine venant à se trouver en contact avec eux, elle les leur abandonne. Cette remarquable propriété de la terre empêche que les principes nutritifs des plantes s'enfoncent dans le sous-sol. C'est par cette raison que les eaux des sources et celles qui sortent des tuyaux de drainage ne contiennent que très-peu de principes pouvant servir à la nutrition des plantes.

Il y a des sables pauvres qui ne peuvent rien produire que des pins. Si un bois de pins a subsisté pendant un long temps, et si l'imprévoyante avidité des hommes n'a pas enlevé les débris qui tombent chaque année des arbres, on trouve que le sol rendu à la culture a acquis une grande fertilité. Les racines des pins ont profondément pénétré dans le sous-sol pour y puiser les principes nutritifs qui ont donné naissance à des rameaux et à des feuilles, lesquelles tombant et se décomposant à la surface de la terre, lui ont rendu la fertilité. Mais cette fertilité est bientôt épuisée, et la terre d'un bois de pins défriché se trouve, après quelques années de culture, aussi pauvre et aussi peu productive qu'elle était auparavant.

C'est de la même manière qu'agit la culture des lupins, des trèfles et de toutes les plantes qui enfoncent profondément leurs racines dans la terre. Ces plantes enrichissent la couche arable., en donnant du fourrage qui produit le fumier d'étable, l'engrais le plus précieux. Mais si elles enrichissent la couche supérieure, c'est aux dépens du sous-sol, et quand ce sous-sol ne contient plus de principes nutritifs sous une forme telle que les plantes puissent se les assimiler, alors elles ne prospèrent plus.

Les plantes que nous cultivons servent surtout à la nourriture des hommes et des animaux. Dans l'organisme animal — et l'homme ne fait pas ici une exception, — les principes constituants de la plante se transforment en chair, en os, tendons, poils, ongles, etc. Ce qui n'est pas employé ainsi passe dans les urines, ou dans les excréments solides, ou bien sous forme d'acide carbonique, ou de vapeur d'eau, il passe dans l'atmosphère avec l'air expiré, ou par la transpiration. Les excréments solides et liquides contiennent les parties constitutives des plantes, moins la petite quantité qui reste dans le corps de l'animal. Un animal que l'on engraisse, s'il a atteint toute sa croissance, et si sa charpente osseuse est complétement formée, rend tout autant de parties constitutives des cendres qu'il y en avait dans le fourrage qu'il a consommé. Cet animal se charge de graisse, mais qui consiste presque entièrement en substance nutritive organique, en carbone, en oxygène et en hydrogène.

Sage disposition de la nature ! C'est l'élevage du bétail qui est ordinairement la branche la plus productive de l'agriculture, et c'est le bétail qui fournit les principes que nous devons rendre au sol pour conserver sa fertilité.

Avec chaque produit du sol que le cultivateur conduit au marché pour le vendre, il enlève une partie des principes constitutifs de la terre, une partie des cendres des plantes qui sont nécessaires pour conserver la fertilité de cette terre. Si cette exportation a lieu pendant longtemps sans qu'il y ait une compensation, la terre s'appauvrit successivement et finit par devenir stérile.

Dans la plupart des exploitations agricoles, on rend à la terre, par le fumier d'étable, ce qu'elle a produit ; mais le fumier ne peut contenir que ce qui était dans le fourrage consommé par les bêtes et la paille employée pour litière ; la restitution n'est pas complète, si outre du bétail, on vend encore des grains. Dans ce cas, la terre s'appauvrit d'autant de parties constituantes des cendres qu'il y en avait dans les grains vendus. Ce qu'on enlève à la terre par la vente de ces produits peut être compensé par des achats d'engrais, ou de fourrage, le plus ordinairement par le produit des prés naturels qui n'ont pas besoin d'être fumés. Le foin produit par ces prés, et consommé par le bétail de la ferme, rend à la terre les principes minéraux qui étaient contenus dans les grains vendus, et prévient ainsi son épuisement.

Quand on manque de prés naturels, on tâche de les remplacer par des prés artificiels, par du trèfle et de la luzerne. Mais si l'on n'achète pas d'engrais, si l'on est borné au fumier produit par les prés artificiels, et que l'on vende chaque année la plus grande partie du grain produit par les terres, l'épuisement du sol finira par se faire sentir, après un temps plus ou moins long, selon sa fertilité naturelle. On a reconnu que partout où l'on a fait revenir le trèfle trop souvent, la terre ne tarde pas à refuser d'en produire. Nous savons que si on défriche une vieille luzernière, il faut attendre plusieurs années, jusqu'à ce qu'on puisse de nouveau semer de la luzerne avec la certitude de la voir réussir. La cause en est que le trèfle et la luzerne, avec leurs racines qui s'enfoncent profondément en terre, vont chercher leur nourriture dans le sous-sol, et lorsque ces plantes ont épuisé les principes nutritifs solubles qu'elles y ont trouvés, elles ne peuvent plus y vivre, il faut alors attendre que successivement une partie des principes nutritifs qui existent encore dans le sous-sol soit devenue soluble, ce qui exige beaucoup de temps, parce que le sous-sol ne peut être, à cette profondeur, cultivé, ni fumé. Si le sous-sol est ameubli par des instruments qui pénètrent à une grande profondeur, la réussite du trèfle et de la luzerne est d'autant plus assurée, mais ce sous-sol finit pourtant aussi par s'épuiser.

L'épuisement du sol, c'est-à-dire la diminution successive de sa fertilité naturelle, se fera remarquer partout où les cultivateurs, n'ayant pas de prés naturels, n'achètent ni fourrage, ni engrais, et vendent chaque année en plus ou moins grande quantité, des grains, de la laine et du bétail. Les cultivateurs dont le blé est le principal produit, vendent le blé, mais consomment ordinairement la paille; leurs terres s'épuisent en principes qui servent à la production des grains, mais pas en principes servant à la production de la paille, et on entend généralement les cultivateurs se plaindre que les grains ne rendent plus autant, la proportion entre la paille et le blé n'est plus la même; d'une même quantité de gerbes, ils n'obtiennent plus la même quantité de grains. Dans une telle position, le cultivateur marche nécessairement à sa ruine, parce que avec le même tra-

vail, ses produits diminuent de jour en jour, tandis que
les frais augmentent graduellement. Il en est autrement
chez le cultivateur qui joint une industrie agricole à la
culture de la terre, qui fabrique de l'alcool, de la bière,
ou du sucre, et qui achète des pommes de terre, des
betteraves, ou de l'orge. Il a, ordinairement pour rien,
des résidus qui servant à la nourriture de son bétail, produisent du fumier et amènent la fertilité de ses terres.

Il nous est aussi démontré, et le système de Liebig
explique clairement ce que la pratique avait dès longtemps reconnu, que les prés arrosés ont en agriculture
une haute valeur. De bons prés, qui n'ont pas besoin
d'être fumés, sont une source de prospérité pour le
cultivateur, et celui qui peut créer de tels prés, où l'eau
seule suffit pour assurer d'abondants produits, celui-là,
s'il ne le fait pas, est coupable envers lui-même et envers la société tout entière.

Il y a environ cinquante ans qu'un homme a donné
en France à l'agriculture une impulsion telle qu'on
lui est en grande partie redevable des progrès ac-
complis depuis. Cet homme, c'est Mathieu de Dombasle
et son nom est placé si haut, que c'est presque un devoir
de signaler une erreur dans laquelle il est tombé, et
que lui-même reconnaîtrait certainement, s'il pouvait
voir toutes les belles découvertes que la science a faites
depuis lui. Aujourd'hui, il n'écrirait plus les secrets
de J. N. Benoit, il ne dirait plus que le cultivateur n'a
pas besoin de prés, il ne soutiendrait pas une doctrine,
qui, dans ses résultats, est entièrement opposée à celle

de Liebig, et qui a engagé bien des jeunes cultivateurs dans une fausse voie, sur les pas de l'illustre maître.

Dombasle, né dans l'ancienne province de Lorraine, où il a passé sa vie, ne paraît pas avoir pratiquement connu d'autre agriculture que celle des départements de la Moselle, de la Meurthe et de la Meuse. Il a vu tous les abus de cette culture triennale avec jachère complète, qui date du temps de Charlemagne et qui, excellente alors, n'est plus praticable aujourd'hui. Les bonnes terres argilo-calcaires de ces trois départements ne demandent que très-peu de fumier pour produire de belles récoltes, il y en a où même une petite quantité de fumier fait verser le blé ; mais ce fait, loin d'être en contradiction avec la doctrine de Liebig, vient au contraire la confirmer. Car si ces terres donnent beaucoup de paille, elles rendent peu de grains, les principes qui servent à la production des grains se sont successivement épuisés, et nous connaissons de bonnes terres argilo-calcaires, ou des récoltes de 10 hectolitres de blé à l'hectare ne payent pas les frais de culture, tandis que nous connaissons des terres siliceuses naturellement peu fertiles, qui avec d'abondantes fumures donnent jusqu'à cinquante hectolitres de seigle.

On a encore opposé au système de Liebig, l'assolement de Norfolk, tant vanté au temps où l'on était disposé à croire que l'agriculture n'a pas besoin de prés. On sait que cet assolement est, 1° turneps, 2° orge, 3° trèfle, 4° blé. Depuis, les Anglais ont aussi reconnu que le trèfle ne peut revenir tous les quatre ans, ils sèment avec le trèfle des graminées, et, laissant subsister le fourrage encore pendant une année, ils ont un assolement de cinq ans au lieu de quatre ans. Si la moitié, ou les trois cinquièmes de leurs terres donnent des produits uniquement destinés à la nourriture du bétail, cela ne veut pas dire qu'ils n'ont pas de prés, et ce qui est surtout à remarquer, c'est que les fermiers anglais achètent d'énormes quantités d'engrais commerciaux. Ce sont eux qui les premiers ont reconnu la valeur des os, et ils vont en chercher dans le monde entier; ce sont eux qui ont le monopole du guano du Pérou; ils emploient les phosphates fossiles, et ils font consommer à leurs bêtes de grandes quantités de tourteaux que se laissent enlever les cultivateurs de la France et de l'Allemagne. Tous ces faits confirment la doctrine de Liebig, et prouvent de quelle importance sont les prés naturels en agriculture. — Qui a du foin a du pain.

MANUEL.

DES

IRRIGATIONS

PREMIÈRE PARTIE

DE L'EAU ET DE SON ACTION SUR LES DIVERSES NATURES DE SOL

CHAPITRE PREMIER

Notions générales.

C'est une vérité reconnue en agriculture que les récoltes sont toujours en rapport direct avec l'engrais que le cultivateur peut y consacrer.

Ce n'est pas la plus grande surface cultivée qui donne le plus grand bénéfice net, mais le terrain le mieux cultivé et surtout le mieux fumé.

Il résulte de ce principe qu'une petite propriété, bien cul-

1

tivée et surtout très-bien fumée, offre un bénéfice net plus élevé qu'une grande propriété où le même travail et la même quantité d'engrais se trouvent répartis sur une beaucoup plus grande étendue de terres.

Le fumier est la base de la prospérité agricole.

Avec une suffisante quantité d'engrais, le cultivateur peut faire produire à la terre la plus ingrate de riches récoltes et transformer les sols les plus arides en terrains fertiles.

De tous les engrais, il n'en est point qui surpasse en valeur et en importance le fumier d'étable, et qui convienne mieux à toutes les expositions, à tous les terrains, à toutes les plantes et à tous les modes de culture.

Quoiqu'on se serve comme engrais de substances d'une action plus énergique que le fumier d'étable, elles ne sont cependant employées que pour le remplacer ou augmenter son action. Ces engrais ne sont pas de nature à rendre le fumier d'étable superflu et, en général, à peu d'exceptions près, la culture serait chez nous impossible sans le fumier d'étable.

De même que le produit d'une exploitation ou d'une récolte ne dépend pas de l'étendue du terrain, mais bien de la culture et de la quantité d'engrais mise en terre, de même la plus grande quantité de fumier n'est pas produite par le plus grand nombre de bêtes, mais par la plus grande quantité de fourrage consommé.

Les bêtes ne produisent rien par elles-mêmes ; elles ne peuvent que transformer en fumier le fourrage qu'on leur donne. Une partie de ce fourrage est assimilée par les bêtes pour leur entretien ; l'autre, rendue sous forme d'excréments, est ce que nous nommons fumier.

Plus la nourriture donnée aux bêtes est substantielle, plus le fumier contient de principes fertilisants.

Une bête maigre fait moins de fumier et il est inférieur en qualité à celui d'une bête grasse. Cette différence est telle qu'une bête bien nourrie peut produire deux fois autant de fumier qu'une bête mal nourrie. Si donc la prospérité d'une exploitation agricole dépend de la masse d'engrais qu'elle produit, et que cette masse d'engrais dépende de la quantité de fourrage consommé, il en résulte que c'est la plus grande quantité de fourrage consommé dans l'exploitation qui en assure la prospérité matérielle.

Partout où l'on produit beaucoup et de bon fourrage, on produit également beaucoup de fumier de bonne qualité ; et partout où il y a du fumier en suffisante quantité, on obtient de riches et abondantes récoltes.

Le proverbe dit avec raison : *Qui a du foin a du pain.* En général on peut juger de l'énergie d'une exploitation agricole par l'étendue de la culture fourragère sur laquelle elle est basée, et son progrès dans la production du fourrage peut être considéré comme un progrès dans l'ensemble de l'exploitation.

Malgré l'extension qu'on a donnée aux prairies artificielles et malgré la perfection à laquelle on est arrivé dans la culture des racines et autres plantes fourragères, les prairies arrosées occupent cependant toujours le premier rang. Elles ne consomment pas de fumier et elles en produisent au contraire beaucoup. S'il est vrai qu'avec un terrain convenable aux prairies artificielles on peut se passer de prairies naturelles, celles-ci sont cependant toujours d'une incontestable utilité, et elles contribuent puissamment à la réussite des plantes fourragères que produit le sol soumis à la charrue.

Il y a longtemps que Liebig a proclamé que les terres en culture ne peuvent pas se suffire à elles-mêmes ; cette théorie du grand chimiste a été longtemps contestée, aujourd'hui elle est généralement reconnue et admise. — Rien ne vient de rien ; — les plantes que nous cultivons tirent de la terre les principes nutritifs qui leur sont nécessaires, et ces principes nous devons les rendre en totalité à la terre, pour que l'équilibre ne soit pas rompu. Or, nous exportons des grains, de la viande, de la laine, une foule de produits qui ne rendent rien à la terre qui les a nourris, et les prés naturels, le foin qu'ils produisent consommé sur la ferme et converti en fumier, sont le moyen le plus simple et le plus ordinaire de compenser les exportations.

On a beaucoup trop vanté l'assolement quadriennal de Norfolk, en prétendant qu'avec cet assolement on peut se passer des prés naturels. On a d'abord oublié que les fermiers anglais font une énorme consommation de tourteaux, et que ce sont eux qui ont appris aux cultivateurs du continent à faire usage du guano et des os, qu'ils n'auraient certainement pas été chercher si loin s'ils n'en avaient pas senti la nécessité. Les fermiers anglais ont aussi des prés, et on peut faire la remarque que chez nous les fermiers qui ont le plus de chances de prospérité sont ceux qui ont le plus de bons prés.

Les prairies naturelles, qui ne demandent ni engrais ni frais de culture, ont toujours une grande valeur en agriculture. Aussi croyons-nous être utile à l'agriculture française [1] en réunissant tous les enseignements épars dans un grand nombre d'ouvrages allemands et anglais, et en y ajoutant les résultats de notre propre expérience sur la création des prairies naturelles et les soins à leur donner pour en obtenir le plus grand produit.

La Providence, dans sa bonté, en donnant l'eau au cultivateur, a mis à sa disposition le moyen d'augmenter à l'infini ses récoltes [2]. Toutes les plantes ont besoin d'eau pour leur développement. Les gaz qui forment l'eau, l'oxygène et l'hydrogène, sont aussi la base des matières dont sont formées les plantes. Les plantes vertes contiennent jusqu'à 75 p. 100

---

[1] Celui-là a bien mérité de la patrie qui trouve moyen de faire pousser deux brins d'herbe, là où il n'en poussait auparavant qu'un.

CATON.

[2] Par l'irrigation, nous nous approprions un engrais que nous n'avons pas produit, et nous arrivons à une production qui nous donne un nouvel engrais, sans qu'elle nous ait coûté d'engrais pour l'obtenir.

THAER.

de leur poids en eau. L'eau est une richesse inappréciable pour le cultivateur, non-seulement parce qu'elle entre chimiquement par sa composition dans le système organique, mais parce qu'elle contient toujours en dissolution des matières étrangères qui servent d'engrais aux plantes. L'eau dépose ces matières ou bien elle les rend assimilables aux plantes.

Presque toutes les eaux de sources contiennent de l'acide carbonique et fournissent par là aux plantes une partie du carbone dont elles ont besoin.

Outre l'acide carbonique, l'eau contient souvent du soufre, de la chaux et divers sels. Une grande partie de ces sels, sinon tous, sont décomposés et absorbés par les plantes dont ils hâtent la croissance.

Les ruisseaux, les rivières, les fleuves, et aussi la plupart des sources, entraînent des parcelles de terre très-fines qu'elles déposent ensuite sous la forme d'un limon fertile.

L'eau des pluies lave les rues, les chemins, les champs, et elle se charge d'une quantité de principes fertilisants qu'elle entraîne dans les ruisseaux, de ceux-ci aux rivières et aux fleuves, et enfin à la mer, si la main habile du cultivateur ne sait pas arrêter ces engrais et s'en emparer pour leur faire produire de l'herbe et des grains. Les terres ainsi entraînées à la mer forment une masse que l'imagination a peine à se représenter, et de grands changements ont déjà eu lieu à la surface du globe par l'action continuelle et imperceptible de l'eau sur les montagnes.

D'après les calculs de Rinnel, le Gange dépose par heure, à son embouchure, 2,509,056,000 pieds cubes de vase, le Nil, 14,784,000, et le Mississipi, 800,000.

Telle est la cause du rétrécissement de l'embouchure des fleuves, des ensablements et de la formation des îles dont les hommes prennent possession pour en tirer de richès récoltes dès qu'elles sont suffisamment élevées au-dessus de la surface des eaux. Le Delta, à l'embouchure du Nil est un des points les plus fertiles du globe.

Tous les fleuves ne transportent pas d'aussi énormes masses de vase que le Gange, le Nil et le Mississipi, mais tous pourtant mènent à la mer une plus ou moins grande quantité de terre fertile qu'ils enlèvent à l'agriculture, travaillant ainsi à apporter à la surface de notre planète des changements dont pourront profiter les générations futures, mais qui ne sont pas toujours à l'avantage de la génération actuelle.

Les sommets et les revers des montagnes soumis à la culture, ou que d'autres causes empêchent de se gazonner, sont continuellement lavés par les pluies qui entraînent les parties les plus fertiles, et ils deviennent entièrement nus et stériles si la nature n'y a pas amoncelé une masse inépuisable de terre végétale, ou si les pertes ne sont pas réparées par le travail des hommes et par les engrais.

Les terrains de formation récente, à l'embouchure des fleuves, donnent souvent lieu à des émanations malfaisantes dont les funestes influences se font sentir au loin sur les hommes et sur les animaux. La nature, dans ses vastes combinaisons, prépare ainsi des champs fertiles pour les générations à venir, et la culture peut dès aujourd'hui prévenir en grande partie le mal et profiter de celui qu'elle ne peut empêcher, en couvrant d'arbres les pentes rapides et en utilisant pour l'irrigation des prés les eaux qui descendent des montagnes.

En plantant en bois les sommets et les pentes des montagnes, on prévient l'enlèvement des terres, et les eaux employées à l'irrigation déposent les parties fertilisantes dont elles sont chargées.

Dans le Nord, on n'emploie l'eau qu'à l'irrigation des prés, rarement à celle des terres en culture.

Dans le Midi, sous les zones brûlantes de l'Afrique et de l'Asie, on emploie l'eau pour toutes les cultures. On l'emploie pour les céréales, pour la vigne, pour toutes les plantes qui ont besoin d'un degré d'humidité qu'elles ne peuvent tirer de l'atmosphère.

Le riz, qui est un des produits les plus importants des pays chauds, demande de fréquentes et abondantes irrigations : c'est une condition indispensable de sa réussite. On dit qu'il doit avoir la tête au soleil et le pied dans l'eau.

Le besoin d'irriguer, dans les pays chauds, s'est fait sentir chez les peuples les plus anciens, et on retrouve de grands travaux exécutés pour les irrigations dans les temps les plus reculés. Ceux qui nous sont le mieux connus sont ceux des Égyptiens qui nous ont été transmis par les livres de Moïse et par les écrivains profanes.

De la haute Abyssinie, près des côtes orientales de l'Afrique, descendent deux chaînes de montagnes parallèlement à la mer Rouge et jusque près des rivages de la Méditerranée. Entre ces deux chaînes coule le fleuve du Nil. Depuis sa source jusque vers le milieu de son cours, il décrit une infinité de courbes, resserré entre de hautes montagnes, puis il débouche dans une vaste plaine qu'il inonde régulièrement chaque année. Cette plaine, célèbre dans les temps les plus anciens par sa culture, par les sciences et les arts qui y florissaient, c'est l'Égypte.

L'Égypte est entourée de montagnes nues et stériles, et au delà de cette ceinture sont les sables brûlants du désert. Excepté sur les côtes de la Méditerranée, la pluie y est très-rare. D'abondantes rosées y suppléent en partie; cependant, sans les débordements du Nil, toutes les plantes seraient bientôt brûlées par le soleil.

Dans l'Abyssinie, comme en général dans tous les pays situés entre les tropiques, des pluies abondantes tombent depuis le mois de mai jusqu'au mois de septembre. Le fleuve, enflé par les eaux qui lui arrivent de toutes parts, s'élève à une grande hauteur, et, lorsqu'il s'échappe des montagnes, il se répand sur les campagnes de l'Égypte.

Sur un terrain en pente, les débordements font beaucoup de dégâts; ils entraînent la terre végétale, et un instant suffit souvent pour détruire ce que l'industrie des hommes a établi avec beaucoup de temps et de travail.

L'inondation est au contraire un bienfait pour les plaines unies de l'Égypte : l'eau abreuve complétement la terre, en lui assurant pour longtemps l'humidité nécessaire à la végétation des plantes, et elle la laisse couverte d'un limon fertile.

Le débordement du Nil commence dans le mois d'août et dure jusque vers la fin d'octobre. Après que l'eau s'est retirée, on ne voit rien qu'un sol de vase noire, sur lequel se développe pendant l'hiver une végétation telle qu'il n'en existe point de semblable en Europe, et qui couvre toute l'Égypte de riches prairies et d'abondantes récoltes de tout genre. Lorsque l'été ramène la sécheresse, on fait la moisson et on attend le bienfait d'une nouvelle inondation.

Abandonnées à elles-mêmes, les eaux du Nil n'auraient pas couvert toutes les terres de l'Égypte jusqu'au pied des montagnes ; aussi d'immenses travaux avaient-ils été entrepris par les anciens Égyptiens, pour conduire les eaux sur les parties les plus éloignées, pour ralentir leur cours et les retenir jusqu'à ce qu'elles eussent déposé le limon dont elles étaient chargées.

Les Égyptiens n'ont pas été le seul peuple de l'antiquité qui ait su mettre ainsi à profit l'eau pour fertiliser la terre. Dans le pays où s'élevaient autrefois Ninive et Babylone, on trouve encore des restes d'aqueducs, de tunnels et de canaux, qui font l'étonnement des voyageurs, et qui prouvent que les eaux de l'Euphrate et du Tigre étaient aussi utilisées pour l'agriculture.

Dans la Chine, où la culture reste stationnaire depuis des milliers d'années, les voyageurs ont dès longtemps observé le soin avec lequel les eaux sont employées à l'irrigation, et l'habileté avec laquelle les travaux sont dirigés.

D'Égypte, l'art des irrigations passa en Grèce, mais il n'y atteignit pas la perfection à laquelle arrivèrent les Grecs sous tant d'autres rapports. Les jeunes gens étaient élevés pour la vie publique. Ils cultivaient les beaux-arts, et l'agriculture était abandonnée aux esclaves. Cependant le culte des dieux, des troupeaux, des sources et des rivières, et les cérémonies qui s'y rattachaient, prouvent que l'irrigation des prés et des champs était une des occupations les plus importantes des cultivateurs.

Dans la Perse, qui, sous un ciel brûlant, doit en grande partie sa fertilité aux eaux, on appréciait aussi l'importance des irrigations. On y retrouve des lois qui existaient longtemps avant que la Grèce fût florissante et qui exemptaient d'impôt, pendant un certain nombre d'années, les terres arrosées avec des soins particuliers.

De la Grèce, la civilisation, les sciences et les beaux-arts passèrent en Italie. Les Romains apprirent en même temps à faire usage des eaux pour les irrigations. Ce fait est prouvé par les débris de canaux qu'on retrouve chez eux, et surtout par le témoignage des auteurs qui ont écrit sur l'agriculture.

Dans les plaines du Milanais, les Romains employaient les eaux de l'Adige et du Pô à l'irrigation des terres. Ils faisaient déborder ces fleuves au moyen d'écluses et de digues. Ce fait est prouvé par une inscription qui se trouve sur une table de marbre à la porte romaine de Milan.

Les peuples du Nord, les Goths et les Vandales, qui envahirent l'empire romain et qui plus tard se fixèrent sous le beau ciel de l'Italie, détruisirent avec fureur les temples et autres monuments, mais, chose remarquable, ils respectèrent toutes les constructions destinées à l'agriculture. Parmi ces constructions se trouvaient les digues et les aqueducs, qui ne furent pas seulement respectés, mais qui furent encore entretenus par ces barbares. Plus tard, après le rétablissement de la paix, ils creusèrent eux-mêmes des canaux, comme le prouvent ceux qui existent encore dans le midi de la France et dont la construction date de cette époque.

La domination arabe, qui s'étendit avec une grande rapidité dans le huitième siècle sur les côtes du nord de l'Afrique et sur les pays du midi de l'Europe, se signala en Espagne par les progrès qu'elle fit faire à l'agriculture, et surtout par les travaux exécutés pour l'irrigation, travaux qui en partie subsistent et servent encore aujourd'hui.

Ces conquérants qui venaient de l'Égypte, de la Phénicie et de l'Arabie, où l'irrigation était pratiquée de temps immémorial, ne manquèrent pas de l'introduire dans les nouveaux pays où ils se fixèrent.

De tous les monuments relatifs à la conduite des eaux que nous a laissés le moyen âge, les plus considérables sont certainement les deux canaux de la Lombardie creusés à la fin du douzième siècle. Ils servent non-seulement à la navigation, mais aussi à l'irrigation de plus de 100,000 hectares de terres sablonneuses, que l'eau transforme en de riches prairies et en champs fertiles.

Les croisades conduisirent les peuples de l'Occident dans les pays où l'irrigation était pratiquée avec activité et intelligence depuis les époques les plus reculées. Les observations que firent les croisés et les connaissances qu'ils acquirent ne furent pas perdues pour leur pays, lorsqu'ils y furent de retour.

Dans l'antiquité et le moyen âge, l'irrigation et les constructions qui y avaient rapport ne reposaient que sur la pratique et l'observation; dans les temps modernes tout a été soumis aux règles sévères du calcul. La pratique, qui dans de semblables entreprises devait amener de fréquentes erreurs, fut depuis éclairée par la science, et l'on put travailler avec une entière certitude des résultats. Les progrès des sciences et des arts activèrent aussi les métiers; partout on perfectionna, on fit des découvertes, et l'hydraulique en particulier ne resta pas en arrière.

Sur beaucoup de points de l'Europe de nouveaux canaux furent creusés pour faire profiter l'agriculture des propriétés fertilisantes de l'eau, et la pratique des irrigations s'étendit de plus en plus dans le nord de l'Europe. Quoiqu'on ait déjà fait beaucoup, il reste encore beaucoup à faire. D'immenses trésors d'engrais sont tous les jours entraînés à la mer par les fleuves, et lors même que les eaux sont employées à l'irrigation, on est encore bien loin d'en tirer tout le profit qu'on peut en obtenir.

Dans ce court exposé, on a pu remarquer que les hommes ont été, dès les temps les plus reculés, amenés par la nature et par la nécessité à arroser leurs prés et leurs champs; que même les conquérants les plus sauvages ont su non-seulement apprécier ce qui avait été fait pour l'irrigation, mais qu'ils ont su l'apprécier assez pour devenir eux-mêmes irrigateurs. Nous voyons en outre que les progrès de la culture marchent toujours de front avec la liberté des nations et avec les arts et les sciences. Aujourd'hui, on trouve l'art d'arroser les prés chez tous les peuples civilisés. Il a surtout fait des progrès dans certaines parties de l'Allemagne et en Angleterre, quoiqu'on reproche aux Anglais de négliger les prés naturels depuis qu'ils ont porté la culture de la terre à un si haut point de perfection.

La France possède des départements qui, pour l'irrigation ne le cèdent ni à l'Allemagne ni à l'Angleterre, et cependant on peut dire qu'en général, sous ce rapport, la France est en arrière de l'Allemagne.

Le pays de Siegen [1] a conquis une grande réputation pour l'irrigation. Encouragée et protégée par le duc de Nassau, l'irrigation est devenue un art dans le pays de Siegen, et lorsqu'on parle en Allemagne de l'art d'arroser les prairies, on l'entend toujours tel qu'il est pratiqué sur les bords de la Sieg. Le nivellement du sol, la manière de le disposer, l'emploi de l'eau, en un mot tous les travaux sont soumis à des règles qui font de l'irrigation une véritable science. Nous la ferons successivement connaître dans tous ses détails.

[1] V. p. 135, Siegen.

CHAPITRE II

De l'eau.

Toute l'eau qui se trouve dans l'atmosphère retombe sur la terre en forme de pluie, de neige, de grêle, de rosée ou de brouillard.

La perméabilité de la surface du globe permet l'infiltration de l'eau, qui s'enfonce jusqu'à ce qu'elle rencontre des couches imperméables, d'argile ou de glaise, ou des rochers, etc. Ces couches ont ordinairement une inclinaison. L'eau suit la pente des couches qu'elle ne peut percer, jusqu'à ce que la pression ou toute autre cause la fasse sortir à la surface de la terre, sous la forme de sources. Ces sources réunies forment les ruisseaux; plusieurs ruisseaux deviennent des rivières, qui à leur tour forment les fleuves dont les eaux s'écoulent dans la mer. L'eau forme une chaîne sans fin. Elle s'élève de la mer sous forme de vapeurs, retombe sur la terre, et de là retourne de nouveau à la mer.

Toute l'eau dont on peut disposer pour l'irrigation ne peut donc être que de l'eau de pluie, de source, de ruisseau, de rivière ou de fleuve.

§ 1. — DE L'EAU DE PLUIE.

Il n'y a qu'une petite partie de l'eau qui tombe sous forme de pluie qui puisse être absorbée par la terre. L'excédant coule à la surface du sol pour arriver au ruisseau ou à la rivière vers laquelle la pente du terrain la conduit. L'eau de pluie, au moment où elle tombe, est plus pure que les autres eaux, mais elle contient, surtout pendant les orages, une petite quantité d'ammoniaque, et en parcourant ensuite la surface du sol elle entraîne une grande quantité de matières fertilisantes qu'elle rencontre sur son passage. En faisant couler sur un pré ces eaux, qui ont déjà parcouru un certain espace, elles sont soumises à une sorte de filtration, et elles déposent une grande partie des matières fertilisantes qu'elles contiennent. C'est de cette manière que l'irrigation devient un si excellent moyen d'améliorer les prés. Les qualités fertilisantes de l'eau de pluie varient selon la nature des terres sur lesquelles elle a passé. On regarde comme la meilleure celle qui a coulé sur un sol calcaire; comme moins bonne celle qui a passé sur un sol glaiseux, parce qu'elle dépose sur les prés une couche de vase qui devient nuisible à la croissance de l'herbe lorsqu'il survient un temps sec peu après l'irrigation. L'eau qui a traversé un sol sablonneux produit également de très-bons effets, pourvu que le sable soit mélangé d'argile ; mais il arrive souvent que ces eaux charrient une grande quantité de sable qui ne convient que sur des près tourbeux ou marécageux, tandis qu'il est nuisible sur d'autres.

L'eau de pluie a deux grands inconvénients, d'abord son irrégularité, puis la grande quantité de corps étrangers qu'elle entraîne avec elle par les orages ou les fortes pluies. Pour remédier à ces inconvénients, il y a des cas où l'on peut sans de grands frais, par exemple dans des ravins ou entre des montagnes, établir des réservoirs où l'eau dépose les matières étrangères dont elle est chargée, et dans lesquels on peut la conserver jusqu'à ce que le moment favorable pour arroser soit arrivé. De temps à autre on retire de ces réservoirs la vase qui s'y est déposée, et elle fournit un bon engrais après qu'elle est restée quelque temps exposée aux influences de l'atmosphère.

L'eau qui provient de la fonte des neiges doit être aussi considérée comme eau de pluie, mais elle est sans action sur la végétation, à cause de sa température trop basse. Elle ne devient fertilisante qu'autant qu'elle peut se réchauffer dans des réservoirs, ou bien lorsqu'elle est chargée de vase qu'elle dépose sur les prés ; mais ordinairement cela n'a pas lieu, parce que la terre est gelée à l'époque de la fonte des neiges, et que l'eau coule à sa surface sans pouvoir lui enlever une partie des engrais qu'elle contient. Pour ne pas perdre le peu d'action que peut avoir cette eau de neige, on la fait passer sur des portions de prés couvertes de mousse ou marécageuses. Elle les améliore en détruisant la mousse et en déposant les parties terreuses dont elle est chargée.

§ 2. — De l'eau de source.

L'eau des sources a des propriétés variées qui se manifestent surtout par les diverses manières dont elle agit sur la végétation de l'herbe. Ces propriétés proviennent de la nature de la terre au milieu de laquelle l'eau s'amasse ou qu'elle traverse avant de sourdir à la surface du sol. L'eau qui traverse des couches calcaires ou des couches de craie a une action remarquable sur la végétation de l'herbe. Celle qui sort d'un sol sablonneux ou qui traverse des roches de sable est dans le même cas. L'eau des sources des forêts a une action nuisible à cause du tan et des autres matières végétales et acides qu'elle contient. Les sources qui sortent d'un marais sont dans le même cas.

La température de l'eau de source varie beaucoup. Il y a des sources dont l'eau gèle en hiver, tandis que l'eau d'autres sources ne gèle jamais et fait même fondre la glace sur laquelle elle passe.

L'eau qui a une température élevée vaut toujours mieux que celle qui est froide. Cette dernière devrait séjourner dans des réservoirs pour changer de nature et de température avant d'être employée à l'irrigation. La meilleure preuve des qualités de l'eau d'une source se trouve sur ses bords ou sur les bords du ruisseau qu'elle forme. Si on y remarque une herbe de bonne qualité et d'une vigoureuse végétation, l'eau est de bonne nature ; si, au contraire, elle fait croître des plantes aigres et de mauvaise qualité, l'eau doit subir la préparation précédemment indiquée pour pouvoir être employée à l'irrigation.

La bonne eau de source produit ordinairement du cresson dans le ruisseau par lequel elle s'écoule. On y remarque en outre une substance verte, filamenteuse et ressemblant à de la soie [1]. Si au contraire, il y a au fond des rigoles un dépôt jaunâtre qui a l'apparence de flocons de neige et que sa surface soit brillante comme si on y avait versé de l'huile, cette eau est tout à fait de mauvaise qualité et ne peut servir à l'irrigation. On augmente infiniment l'action fertilisante de l'eau en la réunissant dans un réservoir où l'on fait couler les eaux de la cour et les urines des étables. Des prés, situés dans le voisinage immédiat et au-dessous de la ferme acquièrent ainsi une fertilité extraordinaire. Pour les prés plus éloignés, on peut conduire l'urine avec un tonneau et la mêler ainsi à l'eau du réservoir, ou, si l'on a un autre emploi plus avantageux de l'urine, on arrive aux mêmes résultats en jetant dans le réservoir quelques voitures de fumier. Ces moyens d'engraisser l'eau destinée aux arrosements ne doivent être employés que quand on est sûr que la totalité de l'eau profite au terrain auquel elle est destinée.

Les réservoirs présentent encore l'avantage qu'on peut utiliser l'eau de la plus faible source et arroser proportionnellement une bien plus grande étendue ; car il arrive souvent qu'un petit filet d'eau est entièrement absorbé avant d'arriver à l'endroit où on voudrait l'employer.

Cette manière d'arroser les prés est surtout en usage dans les Vosges, où les fermes, disséminées sur les revers des montagnes, sont bâties ordinairement dans le voisinage d'une source. Les sources sont très-communes dans ces montagnes, mais en général elles sont faibles.

Toutes les eaux de la ferme et des usines sont réunies dans un réservoir avec l'eau de la source. Lorsque le réservoir est

[1] Wasserseide.

plein, on l'ouvre et on arrose. Comme la pente de ces prés de montagnes est souvent très-rapide, l'eau n'a pas le temps de pénétrer complétement le sol ni de déposer toutes les parties fertilisantes dont elle est chargée.

Pour en tirer tout le parti possible, après que l'eau a parcouru un certain espace, on la recueille dans des rigoles qui la conduisent à un autre réservoir d'où elle ressort après y avoir séjourné quelque temps, pour être employée de nouveau à l'irrigation.

Il arrive souvent que la même eau est employée plusieurs fois par le même propriétaire et qu'elle traverse plusieurs propriétés avant d'arriver au bas de la montagne, où seulement elle est livrée à son cours naturel.

La même méthode est pratiquée dans plusieurs cantons de la Suisse. On réunit toutes les eaux de pluie et de sources, et, comme les réservoirs sont souvent éloignés de l'habitation et qu'on ne peut pas toujours savoir quand ils sont pleins, on a inventé un mécanisme qui les ouvre quand ils sont remplis et les referme quand ils sont vides. Schwerz donne le dessin et l'explication de cet appareil (*fig.* 1):

a représente la digue qui forme le réservoir d'eau ; *b*, le point jusqu'où l'eau peut monter.

Lorsque l'eau est arrivée à cette hauteur, elle entre dans les tuyaux *c*, par lesquels, jusqu'au point *d*, elle arrive dans une cuiller *e* dont le manche s'étend jusqu'au point *f*, sur lequel il repose ; *g* représente un fort pieu au haut duquel il y a une entaille ou deux pieux moins forts placés près l'un de l'autre, et entre lesquels passe le manche de la cuiller, fixé par une cheville en fer ; *h*, pierre qui fait contre-poids à la cuiller ; *i*, planche étroite, mobile dans la charnière *k*. Cette planche est garnie d'un tampon en cuir ou en linge *m*, destiné à boucher le conduit *l* par la pression qu'exerce la cuiller sur la planche.

Lorsque le réservoir étant plein, l'eau entre dans les tuyaux *c* et tombe dans la cuiller, celle-ci devient plus lourde que la pierre *k* qui lui fait contre-poids et s'abaisse. Par suite de ce mouvement, la planche et le tampon sont éloignés de l'ouverture du conduit, et l'eau s'écoule dans les rigoles d'irrigation.

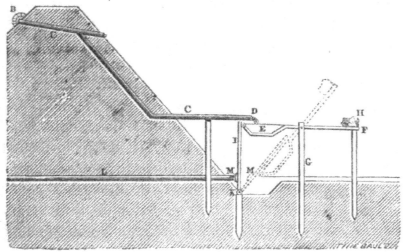

Fig. 1.

Lorsque le réservoir est vide, la cuiller remonte, la planche reprend sa position verticale, et le tampon bouche de nouveau l'ouverture *l*. Les lignes ponctuées représentent la position de la cuiller lorsqu'elle est abaissée et celle de la planche.

Les progrès qu'ont faits dans ces derniers temps les sciences naturelles ont donné les moyens de créer des sources artificielles et d'obtenir souvent beaucoup d'eau dans des endroits où auparavant il n'y en avait pas du tout. On a donné à ces sources artificielles le nom de puits artésiens [1], et elles s'obtiennent en forant la terre à une profondeur plus ou moins grande. Pour obtenir de l'eau par le forage, il faut qu'il existe sous terre un réservoir qui manque d'écoulement naturel, ou qu'il y ait un cours d'eau souterrain dont l'issue soit plus élevée que l'ouverture qu'on perce ; il faut en outre que la

---

[1] *Voir* le mémoire de M. Barral sur les puits artésiens, 1re série, t. IV, p. 514, et t. VI, p. 206

pression de l'eau soit assez forte pour la faire monter. Ces conditions se trouvent ordinairement réunies dans de grandes plaines où il n'y a pas de sources à la surface du sol, mais qui contiennent des eaux souterraines descendant des montagnes environnantes. Ordinairement l'eau se trouve alors contenue entre deux couches imperméables, et elle jaillit à la surface du sol quand on a percé la couche supérieure. Il arrive fréquemment que les réservoirs d'eau sont à une grande profondeur, et que, par suite, les forages deviennent très-coûteux.

Pour creuser avec succès un puits artésien, il faut posséder des connaissances géologiques et bien connaître la formation des montagnes qui environnent le lieu où l'on veut percer. On ne peut donc recommander aux cultivateurs le forage des puits artésiens, qu'autant qu'ils pourront avoir la certitude que le réservoir d'eau n'est pas à une trop grande profondeur et que les frais ne seront pas trop considérables.

Outre les connaissances géologiques qui peuvent donner la certitude qu'il existe des réservoirs ou des cours d'eau souterrains, il y a des signes extérieurs qui indiquent la présence de l'eau sous la surface du sol : ce sont des plantes qui ne croissent que dans les terrains humides, des amphibies, des insectes qui recherchent les lieux frais et humides, enfin l'émanation de vapeurs qu'on ne trouve que dans les endroits où il y a des eaux souterraines. Ordinairement les sources qu'on découvre d'après ces indices sont peu considérables et ne sont pas d'une grande importance pour l'irrigation.

Cependant, avant les progrès qu'a faits dans les temps modernes la géologie et avant qu'on connût aussi bien la conformation intérieure du globe, c'était un art que de savoir ainsi reconnaître l'existence des eaux souterraines par l'observation des signes extérieurs, et il y avait des hommes qui y avaient acquis de l'habileté. Plus tard, la superstition s'en mêla, et le métier fut ridiculisé, jusqu'à ce que les progrès de la géologie vinrent le faire tout à fait oublier.

On a cru pendant un temps que l'on pouvait par le magné-
tisme découvrir les sources souterraines ; certains hommes
possédaient, croit-on, cette faculté que l'on nommait hydro-
scopie, et la baguette divinatoire tournant entre leurs mains,
indiquait l'endroit où la source existait et où on devait
creuser.

Il n'est plus question de ces hydroscopes, depuis qu'il a
paru un homme qui, par ses études géologiques et ses observations, avait réellement acquis le talent de découvrir les
sources souterraines. Cet homme est l'abbé Paramelle, qui a
rendu d'immenses services en donnant de l'eau à une infinité
d'endroits qui en manquaient, et qui, loin de faire mystère
de sa science, a expliqué dans un livre que chacun peut se
procurer, sur quelles bases repose son talent pour découvrir
les sources souterraines.

C'est dans le département du Lot que l'abbé Paramelle a
commencé il y a trente ou quarante ans ; faisant par année
deux tournées, il allait dans tous les endroits où il était appelé, et se contentant d'honoraires très-modiques, il indiquait
les sources, s'engageant par écrit à rendre ces honoraires, si
au lieu et à la profondeur indiqués, on ne trouvait pas la source
annoncée.

Il a aujourd'hui un successeur l'abbé Richard, qui en 1865 a
fait une tournée en Allemagne, d'où il a rapporté de l'argent
et même des décorations, preuves des succès qu'il avait obtenus dans la découverte des sources souterraines.

Mais l'abbé Richard est moins désintéressé que son prédé-
cesseur. L'abbé Paramelle disait dans sa circulaire, les pauvres sont partout servis gratuitement ; l'abbé Richard ne
travaille que pour ceux qui le payent, et il se fait chèrement
payer.

§ 5. — DE L'EAU DES RUISSEAUX ET DES RIVIÈRES.

C'est dans les montagnes que se trouvent ordinairement
les sources ; elles sortent ou sur les revers mêmes des mon-

tagnes, ou dans d'étroites vallées. Dans de telles localités les irrigations sont nécessairement bornées. Au contraire, les ruisseaux et les rivières coulent généralement dans des vallées plus larges ou dans de grandes plaines, et c'est aussi à leurs eaux qu'on doit les irrigations les plus importantes. Ces eaux varient à l'infini dans leur composition : par les influences atmosphériques, elles perdent les mauvaises qualités que peuvent avoir les eaux de certaines sources. Enfin ces eaux, au moins à différentes époques de l'année, transportent une vase très-divisée, qui les rend particulièrement avantageuses pour l'irrigation des prés.

Il y a cependant des ruisseaux pour lesquels nous devons faire l'observation que nous avons déjà faite pour les sources : c'est que les eaux qui traversent des terres incultes, des forêts, des terrains tourbeux, se chargent de principes acides et astringents qui les rendent peu propres à favoriser la croissance de l'herbe. Plus mauvaises encore sont les eaux qui sortent des mines, des usines où on travaille les métaux, celles qui ont servi aux tanneurs et aux teinturiers.

Les eaux des ruisseaux qui ont traversé des terres calcaires et qui sont chargées d'un sédiment calcaire sont excellentes pour l'irrigation en automne et en hiver, mais elles ne doivent plus être employées du moment que l'herbe a commencé à pousser, et surtout par les temps secs : le sédiment qu'elles déposent devient alors nuisible à la végétation.

Lorsque les truites, les brochets, les écrevisses se plaisent dans un ruisseau, on peut en conclure que ses eaux sont très-bonnes pour l'irrigation, lors même qu'elles n'ont traversé ni fermes, ni villages, lors même qu'elles sortent de forêts et de marais, et qu'elles ne présentent pas les conditions d'après lesquelles on juge que les eaux sont bonnes pour l'irrigation.

On a fait, dans les pays de montagnes, l'observation que les sources qui sortent à l'exposition du nord, sont bien moins favorables à la végétation que celles qui sortent au midi. Il est probable que cette différence tient uniquement à la différence de température de l'eau[1].

§ 4. — Des moyens d'améliorer les mauvaises eaux.

Toute eau, naturellement mauvaise pour l'irrigation, peut être rendue bonne. La mauvaise eau est trop froide ou bien elle est trop chaude par son séjour prolongé dans un lit qui manque de pente, ou bien elle est chargée de principes nuisibles à la végétation de l'herbe.

On peut améliorer l'eau trop froide en la réunissant dans des réservoirs ou bien en la faisant couler dans de longs fossés, et l'exposant ainsi plus longtemps aux influences de l'air. Par le même moyen, on peut rendre de nouveau propre à l'irrigation de l'eau usée, c'est-à-dire qui a perdu ses principes fertilisants en arrosant des espaces assez étendus pour les lui enlever.

Par eau chaude on ne doit pas entendre celle qui sort de terre à une température élevée : l'eau chaude dont nous voulons parler est celle qui, par défaut de pente, par un séjour prolongé dans des fossés, se corrompt, prend une couleur jaunâtre et dépose un sédiment floconneux couleur de rouille. On corrige ces eaux en leur donnant de la pente et en garnissant de cailloux le fond de leur lit. Par le mouvement rapide et par l'agitation que lui impriment les cailloux, l'eau entre en contact avec l'atmosphère, perd ses mauvaises qualités et devient propre à l'irrigation.

Si la disposition du terrain ne permet pas d'établir une pente régulière suffisante, ont doit chercher à atteindre le même résultat, l'agitation de l'eau, en établissant des chutes.

Si l'eau est maigre, on peut lui communiquer les principes fertilisants qui lui manquent, en formant dans son lit, avec

[1] Probablement aussi à l'exposition des prés au nord. Un vieux proverbe dit : « Wasser macht Gras, aber die Sonne lockt es nur aus dem Boden. » L'eau produit l'herbe, mais le soleil la fait sortir de terre.

des lattes, une caisse qu'on remplit de tous les engrais dont on peut disposer. Patzig, qui conseille ce moyen, dit qu'un mélange de fumier de moutons avec un peu de chaux produit, ainsi employé, des résultats étonnants. « En outre, ajoute le même auteur, il n'y a pas de ferme où il ne meure quelque bête ; on ne doit en enterrer aucune, mais on doit les jeter toutes dans ce coffre : il en résultera pour les prés les plus heureux effets. Bientôt on remarquera à la surface de l'eau une huile d'un bleu obscur qui se dépose sur le gazon et donne à la végétation une activité extraordinaire. La puissance de dissolution de l'eau courante est grande, plus grande qu'on ne croit. »

En la mêlant avec de bonne eau de source ou de ruisseau, de l'eau gâtée peut être sensiblement améliorée. De l'eau qui entraîne avec elle des substances nuisibles à la végétation doit être purifiée avant d'être mise sur les prés. Dans les cas ordinaires il suffit d'établir des réservoirs dans lesquels l'eau dépose toutes les parties étrangères qu'elle contient, et dont elle ressort par un canal pratiqué à la partie supérieure de la digue. De temps à autre on vide ces réservoirs, et la vase qu'on en tire devient encore, après avoir été exposée à l'air, un engrais pour les prés marécageux.

Il est surtout difficile de purifier l'eau qui vient des bocards et celle qui a servi à laver le minerai. Schenck propose pour cela d'établir un grand bassin, formé de huit compartiments par lesquels l'eau coule, passant lentement de l'un dans l'autre. Avant d'arriver dans le bassin, l'eau passe par une caisse percée de trous et dans laquelle sont arrêtées les parties les plus grossières ; les conduits qui communiquent d'un compartiment à l'autre sont garnis d'un petit fagot d'épines qui aide encore à purifier l'eau. Enfin, la disposition est telle que l'eau ne s'écoule pas en ligne droite, mais décrit une courbe en passant d'un compartiment dans l'autre.

Quoique l'établissement d'un semblable appareil entraîne nécessairement des frais, on y trouvera cependant de l'avantage s'il procure de bonne eau avec laquelle on puisse arroser une certaine étendue de prés.

Il peut encore arriver qu'une eau agisse favorablement sur un certain sol, tandis qu'elle ne convient pas à un autre. Ainsi, de l'eau qui provient d'un terrain tourbeux peut être avantageusement employée sur des sols d'argile, de sable ou de gravier, qui ont une forte pente. De même, de l'eau trouble et chargée de vase améliorera des prés tourbeux, mais ne pourrait que nuire à des prés dont le sol, uni et solide, est couvert d'un bon gazon, tandis que la première eau ne conviendrait pas du tout à des prés tourbeux.

§ 5. — ACTION DE L'EAU SUR LES DIVERSES NATURES DE SOL.

Partout où il y a de l'eau, on peut créer un pré et obtenir de l'herbe. Comme dit le proverbe : *l'eau fait l'herbe*. Quoique l'eau produise de l'herbe sur tous les terrains, son action est pourtant soumise à des variations qui dépendent de la composition du sol sur lequel on la fait passer.

L'eau nourrit les plantes, elle stimule la végétation, elle dissout, elle protége l'herbe contre les influences atmosphériques. Enfin elle délivre le pré de beaucoup d'ennemis, tant du règne animal que du règne végétal.

1. — *L'eau nourrit les plantes.* — L'eau entre pour une part considérable dans la composition de toutes les plantes, et par ses éléments, elle prend part à la croissance de l'herbe ; mais l'eau employée à l'irrigation produit encore un autre effet sur les prés. Cet effet, il faut le chercher surtout dans la faculté qu'a l'eau de dissoudre les principes nutritifs qui se trouvent dans le sol. L'eau est le plus puissant dissolvant pour les principes nutritifs des plantes qui existent dans la terre non dissous. Cette puissance dissolvante est beaucoup aidée par l'acide carbonique et par l'air atmosphérique qui se trouvent dans l'eau en plus ou moins grande quantité. L'eau des sources contient toujours en assez grande quantité de l'air atmo-

sphérique et de l'acide carbonique, et c'est peut-être à cette circonstance qu'il faut attribuer les effets remarquables produits par l'eau de certaines sources. On sait que l'eau tire de l'atmosphère de l'acide carbonique et de l'oxygène, et cela peut expliquer ce fait, que si une surface un peu large est irriguée, l'effet de l'eau devient moindre à mesure qu'elle s'éloigne de la rigole d'irrigation, et l'herbe est toujours plus abondante dans la partie supérieure que dans la partie inférieure d'une planche irriguée, et que la même eau, que les irrigateurs disent *usée*, peut encore recouvrer ses propriétés fertilisantes, si elle se trouve pendant quelque temps en contact avec l'atmosphère, en coulant lentement dans un fossé découvert.

Par les labours, les diverses couches des terres cultivées sont mises en contact avec l'atmosphère qui exerce sur elles son action décomposante et dissolvante. Il en est autrement pour les prés : on se garde de détruire le gazon, on cherche au contraire à le maintenir aussi épais que possible, mais l'effet produit sur les terres par la pioche et par la charrue, c'est l'eau de l'irrigation qui doit le produire sur les prés. Sans l'action de l'eau, les principes nutritifs qui existent dans la terre ne seraient pas assimilables par les plantes. L'eau amène dans le sol du pré de l'acide carbonique et de l'oxygène qui rendent solubles les principes nutritifs qui y existaient à l'état non soluble.

On peut se convaincre de la puissante action de l'eau de source, particulièrement de celle qui contient de l'acide carbonique, si on examine la terre d'un pré depuis longtemps soumis à l'irrigation. Nous avons à Gerhardsbrunn des prés qui occupent des pentes passablement rapides ; le sol, un grès vosgien, dans quelques endroits, mêlé de mica, est dans son état naturel rude au toucher, avec l'apparence d'une terre de sable de qualité inférieure. Mais là où depuis des années, il est arrosé avec de pure eau de source, on le trouve complétement changé. Sa composition semble tout autre, il est doux au toucher comme s'il contenait de l'argile, il conserve plus longtemps l'humidité, etc... Ce changement s'explique par la puissance dissolvante de l'eau. L'eau de sources, la seule qui chez nous soit employée à l'irrigation, est si pure, qu'on peut l'employer dans les pharmacies à son état naturel et sans l'avoir préalablement clarifiée.

Dans le gazon qui forme un pré, il périt continuellement des plantes, et la décomposition de leurs racines est hâtée par l'acide carbonique contenu dans l'eau de source ; les substances minérales deviennent en même temps solubles, et le sol s'enrichit en outre d'acide carbonique et d'ammoniaque qu'il tire de l'atmosphère. La quantité des substances minérales, servant à la nutrition des plantes, ne se trouve pas augmentée par cette décomposition des plantes, car celles-ci ne peuvent en rendre que ce qu'elles ont pris sur l'endroit même, ces substances sont seulement rendues plus assimilables.

L'opinion que l'eau agit surtout sur le sol des prés par l'action dissolvante qu'elle y exerce, et qu'elle y remplace en quelque sorte l'action de la charrue, se trouve confirmée par ce fait que l'eau ne produit pas le même effet sur tous les sols, ce qui devrait être si elle n'agissait que par ses principes constitutifs. On devrait croire que l'eau doit produire plus d'effet sur un sol argileux qui dans la règle contient plus que le sol siliceux des principes sous une forme non soluble, servant à la nourriture des plantes, et on sait que cela n'est pas.

Dans le sol argileux, il manque la porosité que possède le sable, et qui le rend si propre à recevoir l'eau de l'irrigation. L'eau pénètre moins facilement le sol argileux, elle coule à la surface, et elle ne peut pas produire les mêmes effets qu'elle produit sur le sol siliceux.

C'est un fait connu que l'herbe produite en abondance par un pré arrosé avec de l'eau de source n'est pas aussi nutritive que l'herbe produite par un pré non arrosé. L'herbe du pré arrosé est haute, elle a de hautes tiges, de larges feuilles, mais son poids diminue beaucoup plus par la dessiccation. Tous les cultivateurs savent que le foin des prés arrosés est moins nourrissant, et qu'en fumant un pré avec du fumier on améliore la qualité du foin.

Si on examine un pré qui, par suite d'une irrigation pratiquée depuis longtemps, produit un foin léger, on trouve qu'il produit surtout des graminées qu'on ne trouve pas dans d'autres prés non arrosés. Ce sont surtout les houques qui dominent dans les prés arrosés. On n'y voit pas toutes ces plantes dont les fleurs émaillent et parfument les bons prés non irrigués (qui ne sont pas irrigués).

C'est ici le lieu d'indiquer une propriété des plantes dont la connaissance est due aux recherches de Liebig. On croyait que les plantes tiraient leur nourriture d'une solution aqueuse, et qu'une certaine quantité d'eau était nécessaire pour opérer cette solution. Liebig nous a appris qu'il n'y a qu'un petit nombre de plantes aquatiques et marécageuses, qui possèdent cette faculté. Toutes les autres plantes y compris les graminées tirent leur nourriture immédiatement de la terre par l'extrémité de leurs racines. La terre a la merveilleuse propriété de prendre dans les solutions aqueuses les principes qui servent à la nourriture des plantes, et de les retenir jusqu'à ce qu'ils se trouvent en contact avec l'extrémité des racines d'une plante à laquelle elle les abandonne. L'eau est nécessaire pour dissoudre les principes nutritifs des plantes et les répandre dans la terre, mais alors la tâche de l'eau est accomplie et son plus long séjour ne serait que nuisible. C'est par cette raison que dans un pré marécageux il ne croît que des herbes de mauvaise qualité ; si nous desséchons ce pré, ces mauvaises herbes que l'on nomme aigres, les carex, les joncs, etc., disparaissent et font place à des plantes de bonne qualité. De là vient encore que si on laisse constamment couler l'eau sur un pré, au lieu de ne l'y mettre qu'à des intervalles convenables, les bonnes herbes périssent successive-

ment, pour être remplacées par de mauvaises herbes aigres.
C'est ce que les cultivateurs expriment en disant qu'on peut
tuer un pré par l'irrigation, comme l'abus du vin peut tuer
un homme.

Ce que nous venons de dire plus haut sur l'effet de l'eau
n'a rapport qu'à l'eau des sources qui ne contient presque
aucunes parties minérales. Ces eaux ne sont qu'une petite
partie de celles qui sont employées à l'irrigation des prés.
Toutes les eaux des ruisseaux, des rivières, des étangs et
aussi de beaucoup de sources, sont plus ou moins chargées
de principes nutritifs qu'elles déposent sur le sol des prés, et
qui sont pour eux un engrais.

On s'est peu occupé d'étudier les changements qu'éprouve
l'eau qui sert à l'irrigation; voici à cet égard le seul fait que
nous connaissions; nous le trouvons consigné dans un journal
allemand (*Allgemeine Zeitschrift für Landwirthschaft und
verwandte Gegenstände*, Redakteur, Herberger; Kaiserslautern, 1843): « D'après l'analyse faite en Angleterre d'eau servant à l'irrigation d'un pré, on a trouvé qu'avant l'irrigation,
cette eau contenait par gallon 10 grains de sel ordinaire et
4 gr. de carbonate de chaux, et après l'irrigation on n'a plus
trouvé que 5 gr. de sel et 2 gr. de chaux, de manière que par
son emploi à l'irrigation, cette eau avait perdu la moitié des
principes minéraux qu'elle contenait. » Il serait intéressant
de réitérer cette expérience en mesurant la distance parcou-
rue par l'eau, la hauteur à laquelle elle couvre le sol, en ob-
servant la nature du sol, la température, etc.; cherchant à
reconnaître ce que l'eau perd par l'irrigation, et ce qui con-
stitue ce qu'on appelle « de l'eau usée. »

Si l'on n'a à sa disposition qu'une petite quantité d'eau,
comme cela a lieu ordinairement avec les sources, on ne saurait donner trop de pente au terrain. Les effets de l'eau
semblent alors se multiplier et ils s'étendent beaucoup plus
loin.

Un fait facile à observer, c'est que l'eau d'une petite source qui suit une rigole, depuis le haut d'une montagne jusqu'en bas, marque toute la longueur de sa course par une bande verte d'une herbe vigoureuse et abondante.

Si, avec peu d'eau, la pente du terrain ne peut pas être trop considérable, il n'en est pas de même avec beaucoup d'eau, et il faut observer une proportion convenable en réglant la quantité d'eau et la pente. Beaucoup d'eau coulant avec une grande rapidité entraîne non-seulement les parties fertilisantes, mais aussi la terre végétale, et met à nu les racines de l'herbe.

Les effets que produit le passage rapide de l'eau sur la surface du pré ne sont pas aussi sensibles pour l'eau des ruisseaux et des rivières que pour celles des sources. Dans l'eau limpide des sources il existe une combinaison chimique, tandis que dans les autres les principes fertilisants qu'elles contiennent n'y sont mêlés que mécaniquement.

2. — *L'eau stimule la végétation.* — On a remarqué que, dans les prés arrosés, les pores qui couvrent la surface inférieure des feuilles sont plus grands que dans les mêmes plantes des prés non arrosés. On en a conclu que les premières possèdent une plus grande faculté d'absorption, que l'irrigation active la vie des plantes et les met en état d'absorber une plus grande quantité des gaz de l'atmosphère.

3. — *L'eau est un dissolvant.* — Sans un degré suffisant d'humidité la fermentation ne peut avoir lieu et les engrais ne se décomposent pas. Nous avons dit plus haut que l'eau contient toujours de l'acide carbonique, qui est un dissolvant puissant.

Dans le sol le plus riche, les plantes languissent si l'humidité suffisante leur manque, et elles périssent si la sécheresse devient complète. L'eau agit encore mécaniquement ; elle divise et dissout les engrais qui sont à la surface du sol, elle les met en état de le pénétrer et d'arriver ainsi jusqu'aux racines des plantes.

4. — *L'eau protége et conserve les plantes.* — Elle les pro-

tége contre les chaleurs et contre le froid. Aussi longtemps que l'eau coule sur un pré, elle y maintient la même température. Si même la gelée a surpris les plantes, on peut en prévenir les fâcheux effets en les arrosant avant qu'elles soient dégelées.

Enfin l'eau est un puissant moyen *de délivrer les prés d'insectes et d'animaux nuisibles*, tels que les souris, les taupes, les courtilières, etc. De même l'irrigation bien dirigée détruit la bruyère sur un pré sec, et dans un pré humide et froid elle fait périr la mousse, les joncs et autres mauvaises plantes. Nous disons l'irrigation bien dirigée, car une mauvaise irrigation et le séjour de l'eau favorisent la végétation de ces plantes nuisibles, ou même les font naître.

Ces différents effets de l'eau sont diversement modifiés selon la nature du sol qu'elle arrose.

Aucun sol ne se prête mieux à l'irrigation que le sable. Quoiqu'il soit infertile de sa nature, si on peut lui donner l'humidité suffisante, on peut aussi transformer le sable aride en bons prés ; et partout où cette opération est praticable, elle est la meilleure spéculation que puisse faire un cultivateur. Si le sable est mêlé d'argile, même dans une faible proportion, de manière seulement qu'il ait quelque consistance, on peut sans plus de précaution le soumettre à l'irrigation. Si l'on n'a que du sable pur, dans lequel on enfonce en marchant, il faut, après lui avoir donné la forme convenable, le laisser reposer pendant un an, afin qu'il se tasse et acquière quelque solidité. Il faut ensuite le couvrir de gazon avant d'y risquer l'irrigation. Sans cette précaution l'eau s'infiltre et reparaît, dans les rigoles d'écoulement, oxydée et gâtée. On ne doit pas craindre de faire des frais pour recouvrir le sable de gazon ; par là on s'assure une récolte dès la première année. Ce gazon peut être de la plus mauvaise qualité : il suffit qu'il serve à fixer le sable, et bientôt l'irrigation le fera changer de nature et le couvrira de la meilleure herbe. On peut aussi se passer de gazon en recouvrant le sable d'une couche de

2.

terre argileuse ou de compost, qui lui donnera bientôt la consistance nécessaire.

Dans les commencements, le sable a besoin d'une forte quantité d'eau ; et l'eau trouble, telle qu'elle est ordinairement après les fortes pluies, est celle qui lui convient le mieux.

Lorsqu'une fois le sol est bien consolidé et couvert d'herbe, il se contente d'une beaucoup moindre quantité d'eau.

Le sol formé par moitié de sable et d'argile est celui dont on obtient les meilleurs prés. Il produit des récoltes nonseulement abondantes, mais aussi de très-bonne qualité. Il exige pour l'irrigation moins d'eau que le sable, et toutes les eaux qui ne sont pas mauvaises de leur nature lui conviennent. Au lieu de le recouvrir de gazon, on peut très-bien l'ensemencer ; et le cultivateur a ainsi le moyen d'obtenir les plantes qu'il considère comme les meilleures.

La glaise convient peu aux prés. Les racines des plantes la pénètrent difficilement, et de tous les sols, c'est celui dont l'irrigation est le plus difficile. Les eaux froides ne lui conviennent pas. Il lui faut de l'eau de ruisseaux ou de rivières, ou de sources chaudes. On ne doit lui donner qu'une petite quantité d'eau, mais prolonger la durée de l'irrigation. Une forte irrigation prolongée couvre la surface du sol comme d'un ciment qui augmente encore sa ténacité. S'il est longtemps exposé à la sécheresse, il prend la dureté de la brique et se crevasse, et ce n'est qu'à grands frais qu'on parvient à lui donner la configuration la plus favorable à l'irrigation. Dans ce cas, une excellente opération, si on a les moyens de la faire, est de mêler à la glaise une autre terre moins consistante ; le travail deviendra plus facile, et plus tard la production de l'herbe y gagnera.

Si, pour former les planches, on enlève le gazon pour le replacer lorsqu'on a donné au terrain la forme voulue, on ne doit pas se hâter d'y mettre l'eau ; il faut attendre au moins quatre à cinq semaines, jusqu'à ce que les racines du gazon aient pénétré dans le sol inférieur et que l'union soit complète.

Si on se presse trop d'arroser, l'eau coule entre les gazons et le sol inférieur, elle arrête la croissance des racines, et le gazon périt. On peut se faire ainsi un tort considérable et ruiner le pré le mieux établi.

Le sol calcaire est chaud de sa nature, il ne retient pas l'eau et il est exposé à souffrir de la sécheresse. Par ces motifs, il peut être beaucoup amélioré au moyen de l'eau, et il convient très-bien à l'établissement de prés arrosés. Toutes les eaux lui sont bonnes : cependant l'eau de source est celle qui lui convient le mieux. Les prés sur un sol calcaire ne donnent pas seulement un produit considérable, mais encore le fourrage y est de très-bonne qualité et très-nutritif.

Pour les prés tourbeux et marécageux, l'eau trouble et chargée de vase est la meilleure. Elle donne de la consistance au sol, et par le dépôt qu'elle y laisse, elle forme une nouvelle couche. Après que le sol est suffisamment affermi, on emploie aussi avantageusement l'eau de source.

Avant de pouvoir arroser avec succès ces sortes de prés, la première et indispensable condition est de faire écouler les eaux stagnantes.

Plus tard nous consacrerons un chapitre spécial à l'explication des procédés à employer pour l'amélioration et l'irrigation des prés marécageux.

DEUXIÈME PARTIE
PRÉPARATION DU SOL DES PRÉS ARROSÉS

CHAPITRE PREMIER
Outils et Instruments.

Après avoir indiqué l'importance de l'eau, son utilité en agriculture, et les diverses natures d'eau que les cultivateurs ont à leur disposition, nous devons expliquer ce qu'on entend par *irrigation*. Ce mot semble être nouveau, et si on consulte le dictionnaire de l'Académie, on devrait plutôt dire *arrosage*. Mais dans la langue actuelle des cultivateurs, arroser et irriguer ont deux acceptions différentes. On arrose en humectant d'eau une terre qui manque d'humidité, comme le jardinier arrose pendant l'été les plantes de son jardin. Pour cela, on peut répandre l'eau à la surface, ou la faire arriver par des rigoles, au moyen desquelles la terre en est imbibée. L'irrigation est tout autre chose. Elle consiste à faire couler à la surface d'un sol gazonné une nappe d'eau plus ou moins épaisse, non pour donner à ce sol de l'humidité qui ordinairement ne lui manque pas, mais pour donner à l'herbe un engrais.

Nous croyons que l'on peut admettre que toutes les vallées qui sont aujourd'hui des prairies, ont primitivement été des marais, qui ont été comblés par alluvion. Il a fallu des siècles pour former ces riches prairies dont des inondations annuelles entretiennent la fertilité, mais toutes les vallées n'ont

pas eu le bonheur d'être ainsi comblées par alluvion, beaucoup sont restées des marais, parce qu'elles étaient bordées
par des bois, que les eaux ne pouvaient rien leur apporter, ou
parce que les eaux manquaient d'écoulement. C'est là que les
hommes, par un travail intelligent, font d'importantes con-
quêtes sur une nature sauvage, et qu'une belle carrière est
ouverte à l'irrigateur. En faisant écouler les eaux stagnantes,
il dessèche d'abord le marais, puis il façonne le sol qu'il a
ainsi conquis, et par un habile emploi de l'eau, il obtient
d'abondantes récoltes de bon foin, d'un terrain qui, abandonné
à lui-même après avoir été desséché, ne produirait souvent
qu'une petite quantité d'herbe de mauvaise qualité.

L'art de l'irrigateur consiste à disposer convenablement le
sol pour l'irrigation, à se rendre maître de l'eau au-dessus du
terrain à irriguer, à faire couler rapidement une nappe d'eau
sur ce terrain, et à donner ou ôter cette eau à volonté.

Nous espérons que ces courtes explications suffiront pour
faire comprendre l'importance des irrigations à ceux qui n'en
avaient pas encore l'idée, et pour leur rendre plus intelligibles
les détails dans lesquels nous allons entrer.

De bons outils et instruments sont d'une grande importance
pour les travaux d'irrigation. Avec de bons outils, l'ouvrage
se fait mieux et plus vite. Si des travaux peu considérables
peuvent être exécutés avec un petit nombre d'instruments, il
n'en est pas de même pour des travaux étendus. Le nombre
et la perfection des outils et instruments employés acquiert
de l'importance selon celle de l'entreprise. Combien d'ouvrages sont imparfaits, parce que les instruments dont on s'est
servi étaient défectueux, ou impropres à l'emploi qu'on en a
fait. Nous croyons être utiles à nos lecteurs, en donnant la
description des instruments et en expliquant la manière de
s'en servir. Les plus petites choses ont de l'importance en
agriculture, et ce sont souvent celles, auxquelles ne donnera
aucune attention l'homme manquant d'expérience, qui contribuent puissamment à la réussite d'une entreprise.

La bêche (fig. 2) a. Quelque simple que soit cet outil, il est toujours important, indispensable même, et doit occuper la première place. La fig. 3 *b* représente la bêche vue de profil. On remarquera sa courbure. Elle n'est pas destinée à retourner la terre, mais à détacher le gazon, à aplanir le fond des fossés, à couper à l'aide du cordeau, etc.

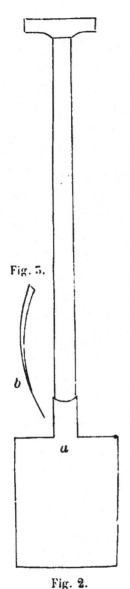

Fig. 3.

Fig. 2.

La fig. *a* la montre de face. Non-seulement le bas, mais encore les deux côtés doivent être tranchants, et le fer doit en être préparé de manière qu'on entretient le coupant non en l'aiguisant, mais en le battant comme on bat les faux. Plus le sol est spongieux, couvert de mousse, plus la bêche doit être tranchante. Comme on l'emploie en poussant devant soi, son manche doit être d'environ $0^m,30$ plus long que celui d'une bêche ordinaire.

Schwerz, auquel nous empruntons cette description, pense qu'il est bon (lorsque les travaux d'irrigation sont un peu considérables) d'avoir des bêches de plusieurs largeurs pour les employer selon les dimensions des fossés et rigoles. Dans le cas où une seule bêche est suffisante, on ne doit pas lui donner plus de $0^m,22$ de largeur.

Il est toujours bon d'avoir plusieurs bêches. D'abord, pour remuer la terre, la bêche ordinaire des jardiniers (*fig. 4 a*), droite du haut en bas, forme en largeur un angle obtus destiné à retenir la motte de terre.

On remarquera à cette bêche un petit perfectionnement qui n'est pas sans importance. La partie supérieure est recourbée en arrière (*fig.* 5 *b*) et présente une surface plate, de 0^m,015 environ de largeur, sur laquelle l'ouvrier appuie le pied pour enfoncer l'instrument dans un sol qui offre de la résistance. Schwerz recommande encore une autre bêche (*fig.* 6, 7) indispensable, selon lui, pour enlever le gazon, aplanir le fond des fossés, etc.

Les irrigateurs du pays de Siegen n'attachent pas à la bêche la même importance que Schwerz, ils la remplacent par la pelle (*fig.* 8, 9), *Stechschüppe*, que Schwerz nomme *Grabenspatel*.

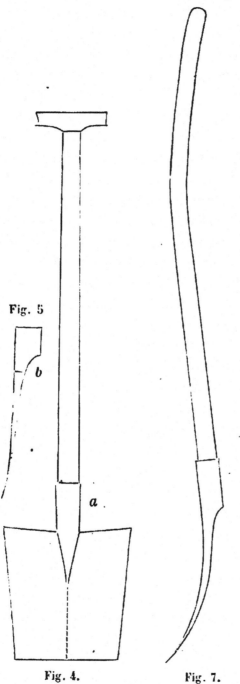

Fig. 5

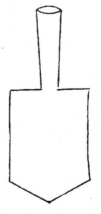

Fig. 4.   Fig. 7.   Fig. 6.

Elle leur sert à curer les fossés, à retourner la terre,

à enlever les gazons, et ils s'en servent en général pour exécuter tous les travaux des prés. Ils s'en servent même pour
charger la terre sur les brouettes ou charrettes. Mais on sait
que partout les ouvriers se servent souvent, pour tous leurs
travaux, d'un outil auquel ils sont habitués, tandis qu'un autre serait plus convenable.

Cette pelle doit être tranchante, faite de bon métal, et sa
bonne conformation est assez importante pour que ceux qui
voudraient l'introduire chez eux fassent venir un modèle de
Siegen.

La *bêche ronde* (*fig.* 10, 11), qui n'est recommandée ni par
Schwerz ni par les irrigateurs de Siegen, est d'un utile emploi dans les irrigations naturelles. Elle est formée d'une
seule pièce de bois, à laquelle on adapte une pelle en fer
aciéré (*fig.* 12), *x*, *y*. Elle sert surtout pour tailler au cordeau des rigoles.

Dans son emploi, il est à remarquer qu'à chaque coup
qu'on donne on ne la retire pas entièrement hors de la terre,
mais on la fait seulement avancer du tiers ou du quart de
sa largeur. De cette manière, à chaque coup nouveau que
donne l'ouvrier, la plus grande partie de l'instrument reste
dans l'entaille qu'a faite le coup précédent, et de cette
manière il conserve plus facilement la ligne droite, et la paroi
de la rigole est plus unie.

Le *croissant*. Pour les fossés d'écoulement qui ont de la
profondeur, la bêche ronde mérite la préférence ; pour tous
les autres fossés, le croissant convient mieux.

Nous donnons (*fig.* 15) le dessin de celui employé à Siegen.

La partie opposée au tranchant est munie d'une pioche qui
n'est pas indispensable, elle a surtout pour effet de rendre
l'instrument plus lourd, et de donner aux coups plus de
force et plus de sûreté. Cette pioche (*fig.* 13, 14, 15) peut
donc être un outil à part, séparé du croissant ; nous la croyons
même indispensable.

Le croissant sert à tailler dans le gazon les parois

des fossés. Son emploi exige quelque adresse. Un ouvrier maladroit coupe quelquefois le cordeau sans lequel on ne doit jamais travailler quand on a à tracer une ligne droite.

Quand on a à faire une rigole, on en taille les parois avec

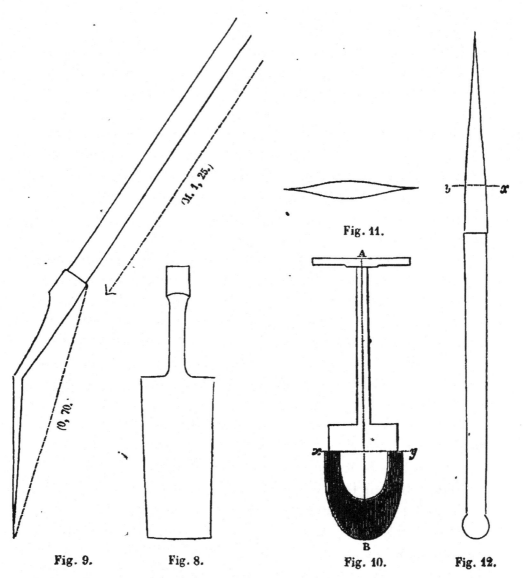

Fig. 11.

Fig. 9.   Fig. 8.   Fig. 10.   Fig. 12.

le croissant, puis avec la pioche on détache et on enlève le gazon.

Cette opération se fait plus facilement quand, avec le crois-

3

sant, on a divisé transversalement la bande de gazon qui. se

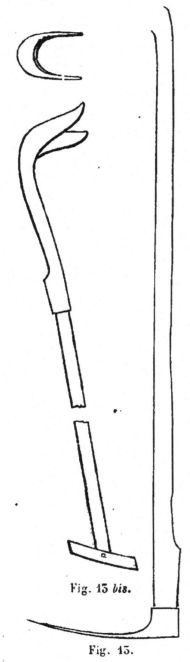

Fig. 13 bis.

Fig. 13.

Fig. 14.

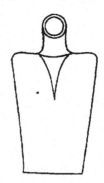

Fig. 15.

trouve entre les deux parois de la rigole.

La pioche est aussi très-convenable pour le curage des ruisseaux, des fossés et rigoles dans lesquels il y a de l'eau.

Il y a encore un bon outil qui sert à faire de très-petites rigoles et qui s'emploie surtout sur un plan incliné qui n'a pas une surface régulière. C'est le couteau à rigoles (*fig.* 13 *bis*). L'irrigateur l'emploie en le poussant devant lui, et il détache une bande ronde de 10 à 15 centimètres d'épaisseur.

Le croissant sans la pioche (*figure* 16) *a*.

Croissant avec la pioche (*fig.* 17) *b*.

Le *rabot à niveler* (*fig.* 18) sert à niveler la terre. Il peut être remplacé par un râteau à dents de fer.

La *batte* (*fig.* 19) est faite d'une planche en chêne, épaisse d'au moins 0ᵐ,06, longue d'environ 0ᵐ,60 et large de 0ᵐ,30, et dans laquelle on fixe un long manche légèrement courbé.

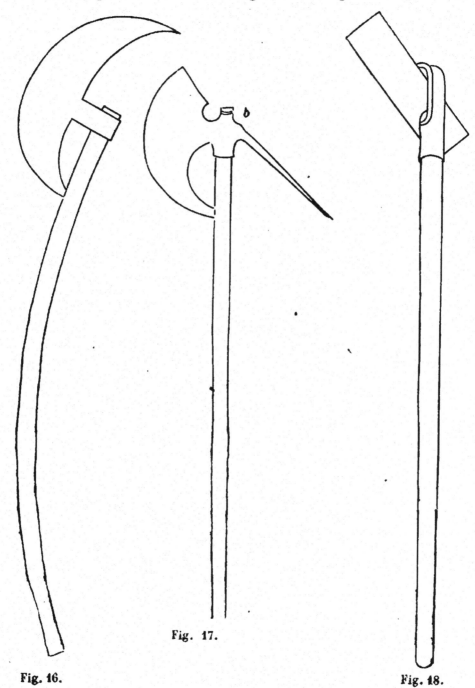

Fig. 16.

Fig. 17.

Fig. 18.

Elle sert à frapper la terre pour la consolider et l'unir, à frapper le gazon pour l'unir et hâter son adhérence au sol inférieur.

La *dame* (*fig.* 20, 21). Cet instrument s'emploie très-avantageusement là où l'action de la batte n'est pas assez éner-

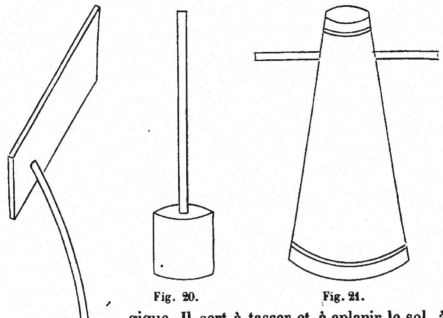

Fig. 20.   Fig. 21.

gique. Il sert à tasser et à aplanir le sol, à consolider celui qui a été miné par les souris ou les taupes.

Outre ces outils, on a partout des pioches et des pelles dont les formes varient. On fera bien de s'en tenir à ceux en usage dans le pays. En général, les ouvriers n'adoptent pas volontiers de nouveaux outils, et ils travaillent mieux et plus vite avec ceux auxquels ils sont habitués.

Pour le transport des terres, des gazons, etc., on se sert surtout de la *brouette*. Cet

Fig. 19.

instrument si simple et si utile n'est pas en usage depuis plus de cent cinquante ans, et beaucoup de personnes ignorent sans doute que c'est à un savant, à Pascal, que nous en sommes redevables.

Les brouettes sont de diverses formes. Leur différente construction a pour résultat de faire plus ou moins supporter le poids à transporter par la roue ou par les bras du conducteur de la brouette.

Patzig donne la forme représentée par la *fig.* 22, comme

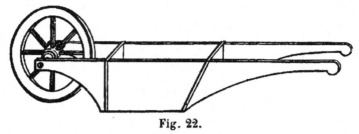

Fig. 22.

celle reconnue chez lui pour la plus favorable. Nous employons celle représentée (*fig.* 23, 24), et nous en sommes contents.

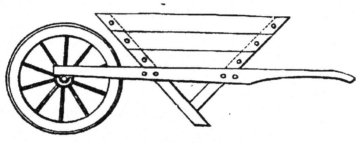

Fig. 23.

Si le fardeau est trop sur la roue, celle-ci enfonce d'autant plus profondément, et si le conducteur de la brouette n'en voit pas la roue, sa marche est moins certaine.

Perfectionnement aux brouettes.

Au lieu de faire passer l'axe de la roue au travers de l'arbre, on fixe sous cet arbre un petit bloc qui peut être facilement renouvelé quand il est usé.

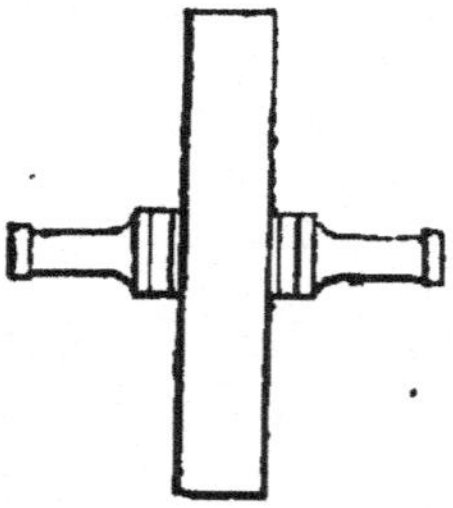

Les brouettes destinées aux travaux des prés doivent, pour moins enfoncer, avoir une largeur de jante d'environ 0ᵐ,15.

Pour les transports plus éloignés, on se sert de petites charrettes que traînent

Fig. 24.

deux hommes, ou de tombereaux traînés par les animaux.

Il y a des terrains sur lesquels l'emploi du traîneau peut être avantageux.

Si l'on a à exécuter des déblais considérables à une petite distance, l'emploi de la *pelle à cheval* (*fig.* 25) est avantageux.

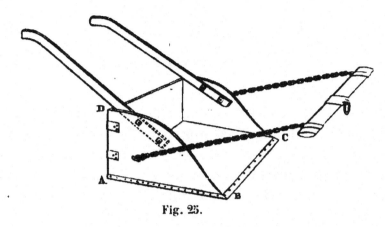

Fig. 25.

On s'en sert après avoir préalablement ameubli le sol au moyen de la charrue.

La figure 25 indique suffisamment la forme de la pelle à cheval et ses dimensions. Sa partie antérieure de *b* en *c* est garnie d'une lame de fer tranchante. On la fait entrer en terre en soulevant les mancherons, et lorsqu'elle est suffisamment remplie on appuie sur les mancherons. On la vide en la renversant d'arrière en avant. Nous avons trouvé qu'en donnant au fond de l'instrument une légère courbure, il glisse plus facilement sur le sol.

Si la terre à transporter arrive à sa destination en la jetant deux fois avec la pelle, ce moyen est à préférer à tous les autres. Si la distance excède 30 mètres, l'emploi des animaux est toujours avantageux, pourvu que la nature du terrain le permette.

Pour exécuter des travaux considérables, on peut trouver célérité et économie dans l'emploi des machines mises en action par le tirage des animaux.

CHAPITRE II

Du nivellement.

Avant de creuser les fossés, avant de pouvoir procéder aux
déblais et remblais, il est indispensable de niveler le terrain
pour tracer avec certitude le plan des travaux à exécuter.
Plusieurs instruments sont pour cela nécessaires.

Le premier est le *niveau d'eau* (*fig.* 26). Il est formé par

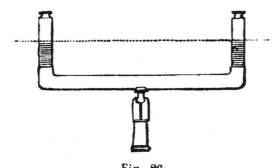

Fig. 26.

un tuyau en fer-blanc, long de 1ᵐ, 25 et d'un diamètre d'environ 0ᵐ, 05 ; aux deux extrémités ce tuyau se relève à angle
droit, et il est surmonté de deux tubes en verre du même
diamètre et qui s'élèvent d'environ 0ᵐ, 15.

Ce tuyau, supporté par un pied qui permet de l'élever et de
l'abaisser à volonté, est rempli d'une quantité d'eau suffisante
pour qu'elle s'élève jusqu'au milieu de la hauteur des verres.
L'eau se met de niveau en s'élevant également des deux côtés,
et les deux surfaces qu'elle présente dans les deux verres tracent une ligne parfaitement horizontale, sur laquelle on vise
pour prendre le niveau du terrain.

Le *niveau à mercure* (*fig.* 27, 28) donne des résultats plus exacts que le niveau d'eau.

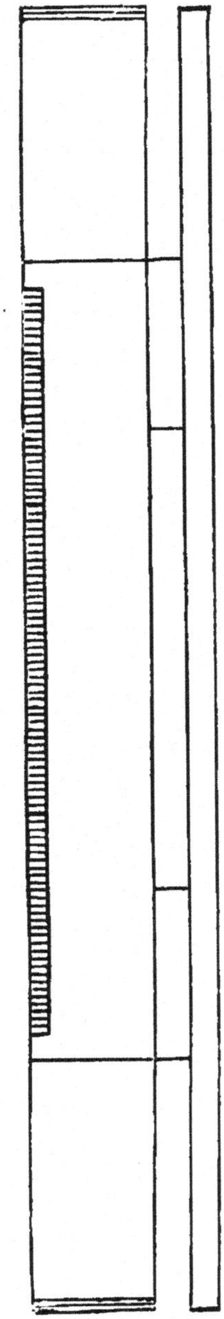

Si l'on voulait obtenir une précision rigoureuse, nous conseillerions le niveau à lunette ; mais c'est un instrument d'un prix élevé, et le niveau d'eau, d'une construction facile et peu coûteuse, suffira pour les travaux ordinaires qui peuvent se présenter dans les irrigations. Un grand inconvénient du niveau d'eau consiste dans les oscillations que le vent fait subir à l'eau dans les tubes. On y remédie en grande partie en employant des tubes rétrécis à leur partie supérieure et qui donnent ainsi moins d'entrée au vent. On diminue encore cette ouverture en y plaçant un bouchon de liége auquel on fait une ouverture qui permet l'entrée de l'air, afin que l'équilibre s'établisse. Cette disposition permet aussi de boucher facilement l'instrument, ce qui donne la facilité de le transporter sans craindre de répandre l'eau. On peut aussi alors employer de l'eau rougie avec du vin ou de toute autre manière.

Fig. 27 et 28.

La *mire* (*fig.* 29, 30). C'est un instrument

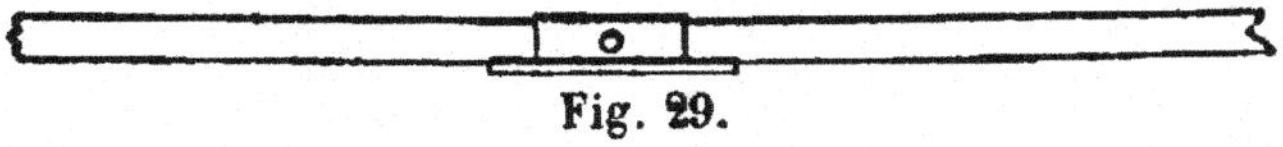

Fig. 29.

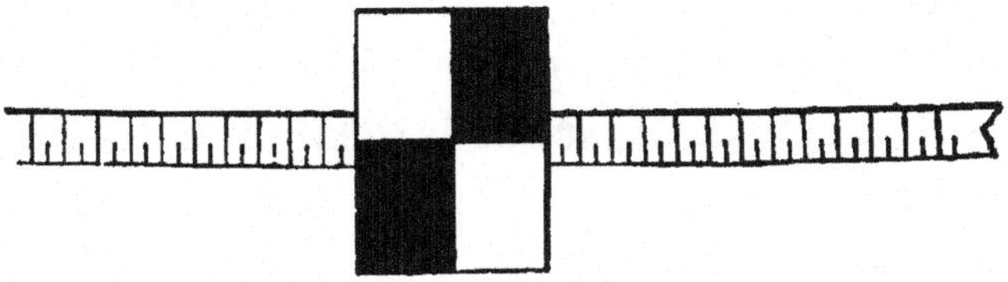

Fig. 30.

indispensable pour niveler à l'aide du niveau d'eau. Il consiste en une latte longue de 3 à 4 mètres et divisée en centimètres et millimètres. A cette latte s'attache une planche carrée, mobile, qu'on arrête au moyen d'une vis ; elle est large d'environ 0ᵐ,20 et divisée en quatre compartiments, dont deux blancs et deux noirs. C'est le milieu de la croix formée par les quatre compartiments qui donne le point de mire ou la ligne horizontale.

Pour de petits nivellements on se sert d'un instrument beaucoup plus simple. C'est une latte surmontée d'un *aplomb* (*fig.* 31), tel que l'emploient les maçons. Pour que la latte,

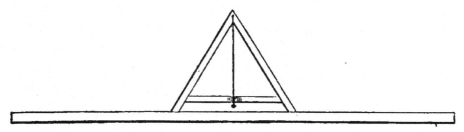

Fig. 31.

exposée presque constamment à l'humidité, soit moins sujette à se jeter, on la fait de deux lattes parfaitement rabotées et que l'on fixe solidement l'une à l'autre par des chevilles ou des boulons noyés dans le bois, de manière que les deux n'en fassent qu'une. Sa longueur ne doit pas dépasser 3 mètres. On la fait en bois blanc pour qu'elle soit moins lourde.

On doit vérifier fréquemment l'exactitude de cette latte. Pour cela, en supposant qu'elle a été bien faite et que l'on a marqué par un trait la ligne verticale, on pose la latte de manière que ses deux extrémités appuient sur deux points unis et solides, et que le fil à plomb corresponde exactement à la ligne qui indique la verticale. Alors on la retourne ; si le fil à plomb passe sur la même ligne, l'instrument est exact ; s'il marque une autre ligne, c'est au point intermédiaire entre les deux lignes que se trouve la verticale.

Cette latte peut encore être disposée de manière à mesurer l'inclinaison d'une ligne. Pour cela on place l'instrument horizontalement, le fil à plomb correspondant à la ligne déjà

3.

tracée sur le bois et qui indique la verticale. On élève alors une des extrémités, en plaçant dessous un petit bloc d'une épaisseur donnée, et on marque sur le bois la nouvelle ligne qu'indique le fil à plomb.

Si la longueur de la latte est de 3 mètres, par exemple, et que la cale qu'on a placée dessous ait une épaisseur de $0^m,03$, la longueur de latte indiquera une inclinaison de $0^m, 03$ ou de 1 p. 100. On conçoit qu'on peut à volonté augmenter ou diminuer cette inclinaison et faire ainsi servir l'instrument à chercher un certain niveau ou à donner une pente voulue.

Pour viser plus facilement avec la latte, on y fixe deux pinnules en tôle ou en cuivre.

Les *voyants*, au nombre de trois (*fig.* 32, 33, 34), sont des

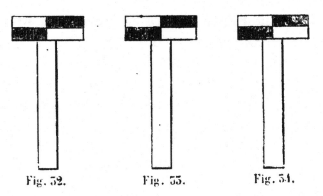

Fig. 32. Fig. 33. Fig. 34.

piquets hauts de $1^m,20$ à $1^m,50$, et garnis à leur partie supérieure d'une planchette longue de $0^m,24$ à $0^m,30$ et large de $0^m,02$ à $0^m,03$, divisée en quatre parties, dont deux peintes en noir et deux en blanc. Ces voyants servent, des points étant donnés, à trouver un ou plusieurs autres points, qui sont sur la même ligne que les premiers, dans une direction inclinée ou horizontale. Ils doivent avoir exactement la même longueur. La hauteur indiquée, de $1^m,20$ à $1^m,50$, est la plus commode pour viser d'un point à un autre.

Outre ces instruments que nous venons de décrire, il faut encore une *chaîne d'arpenteur*, une grande *équerre*, quelques *jalons* pour tirer les lignes et indiquer les directions, des *piquets* de différentes grandeurs et grosseurs et des *cordeaux*.

Par niveler on entend l'opération au moyen de laquelle **on** *tire d'un point donné une ligne horizontale* que l'on marque avec des jalons ou des piquets, ou bien on détermine la mesure de l'inclinaison formée par la ligne d'un terrain avec la ligne horizontale : en d'autres termes, *on mesure la pente d'un terrain;* ou bien enfin *on détermine*, sur le terrain, *les points par lesquels passera une ligne dont l'inclinaison est donnée.*

Pour de grandes lignes, on se sert du niveau d'eau ou mieux du niveau à mercure. Pour de petites lignes, l'emploi de la latte avec le fil à plomb est plus commode.

S'il s'agit de grands travaux qui nécessitent l'établissement de canaux considérables, il sera toujours prudent de recourir à un ingénieur. Aussi nous bornerons-nous à indiquer les procédés de nivellement pour les circonstances qui peuvent se présenter dans les travaux ordinaires d'irrigation.

Si l'on veut tirer une ligne horizontale d'un point donné *a* (*fig.* 35), à un autre point *x*, on place le niveau en *a* de ma-

Fig. 35.

nière à pouvoir viser commodément en *x*. Un aide se rend au point *x* avec la mire, et là, d'après les signaux de celui qui vise, il l'élève ou l'abaisse, jusqu'à ce qu'elle soit exactement à la hauteur indiquée par l'eau dans les deux verres de l'instrument. On compare alors la hauteur du sol au niveau de l'eau dans l'instrument à la hauteur du sol à la mire, et la différence en plus ou en moins indique de combien le point *x* est plus haut ou plus bas que le point *a*. Si, par exemple, la hauteur de l'eau du niveau au-dessus du sol est de 1^m,20 et que la hauteur de la mire soit de 1^m,40, il s'ensuit que le point x est de 0^m,20 plus bas que le point a, et que la tête du piquet placé en x, et qui indique la ligne horizontale avec a, doit être élevée de 0^m,20 au-dessus de la surface du sol. Il est entendu que le point A est au niveau du sol. Si au contraire la mire n'indique qu'une hauteur de 1 mètre, il en résulte que le point x est de 0^m,20 plus élevé que a, et le piquet qui indique la ligne horizontale devra être enfoncé en terre de 0^m,20.

Si, sur un terrain naturellement incliné, la ligne qu'on doit déterminer a une grande longueur, il est bon de prendre un ou plusieurs points intermédiaires.

Si l'on veut donner à une ligne une pente déterminée, si, par exemple, la ligne de a à x doit avoir 0^m,30 de pente, on procède de la manière suivante. On fixe la mire au jalon qui la porte à une hauteur de 1^m,20 + 0^m,30 = 1^{m}50 (on se rappellera que le niveau d'eau indique une hauteur de 1^m,20 au-dessus du sol). L'aide se rend alors au point x, et celui qui vise du point a cherche la hauteur à laquelle doit être placée la mire. Si le point x est trop élevé, il faut creuser en terre ; s'il est trop bas, on enfonce un piquet sur lequel on place le jalon, et on enfonce ce piquet jusqu'à ce que la planchette se trouve à la ligne horizontale indiquée par le niveau d'eau.

Si sur un sol incliné on veut trouver un point qui ait, par rapport au point a, la pente demandée, l'aide qui porte la planchette l'avance ou la recule, d'après les signaux de celui qui vise, jusqu'à ce qu'il ait trouvé ce point.

Si la pente de a en x est trop considérable pour que la hauteur du jalon puisse la mesurer, on divise la longueur en autant de parties qu'il est nécessaire pour les mesurer chacune séparément.

Pour viser avec l'aplomb, on enfonce à la hauteur de la ligne demandée deux piquets, sur lesquels reposent les deux extrémités de la latte, et qui doivent donner la ligne parfaitement horizontale. L'exactitude rigoureuse étant ici d'une grande importance, on ne doit pas se ménager la peine de retourner plusieurs fois la latte pour bien s'assurer que les piquets sont parfaitement de niveau. On peut alors viser, ou par les deux pointes fixées à la latte, ou en mettant de côté la latte et visant par-dessus la tête des piquets. On procède du reste de la même manière que si on se servait du niveau d'eau. Mais ce dernier instrument, le niveau d'eau, étant construit de manière qu'il tourne sur un pivot, on peut avec lui viser dans toutes les directions. On n'a pas cette facilité avec la latte-aplomb, et il faut enfoncer un nouveau piquet chaque fois qu'on veut viser dans une nouvelle direction, ce qui occasionne une perte de temps et exige une grande patience. On peut, par un moyen facile, simplifier le travail.

Au lieu de deux piquets, on en enfonce trois, *a*, *b*, *c*, qui forment ensemble un triangle aigu, ayant la forme d'un V. Au moyen de l'aplomb, on enfonce les trois piquets exactement à la même hauteur. Quand on a la certitude qu'ils sont bien de niveau, on prend un fil, aux extrémités duquel on attache deux petites pierres, et on le tend par-dessus les piquets *b* et *c* : le piquet *a* étant le point duquel on vise. De cette manière, on peut, du point *a*, viser par-dessus le fil, sur toute sa longueur, et sans qu'il soit besoin d'enfoncer un piquet pour chaque direction. On peut se passer même de l'aplomb, si l'on a sur place de l'eau à sa disposition.

On creuse un petit fossé en forme de T, et on le remplit d'eau. Aux trois extrémités, on enfonce trois piquets, qui s'élèvent au-dessus de l'eau exactement à la même hauteur. Si l'opération est faite avec soin, et que les piquets soient suffisamment distants l'un de l'autre, on obtient ainsi le niveau.

Quand, par l'un ou l'autre de ces moyens, on a fixé les deux points extrêmes de la ligne horizontale, on prend, au moyen des voyants, des points intermédiaires assez rapprochés pour pouvoir tendre le cordeau de l'un à l'autre. Il est bon de placer d'avance des piquets à chacun de ces points, pour que, quand on vise, on n'ait plus qu'à les enfoncer à la profondeur voulue. Pour déterminer la hauteur de ces piquets, trois voyants sont nécessaires. Deux sont placés aux deux extrémités de la ligne, à la hauteur demandée. Avec le troisième, un aide va successivement d'un piquet à l'autre, et celui qui vise lui indique du geste ou de la voix s'il doit élever ou enfoncer les piquets, jusqu'à ce qu'ils soient au point convenable, c'est-à-dire jusqu'à ce qu'ils soient tous à la même hauteur, et ne présentent qu'une ligne à celui qui regarde par-dessus leurs têtes.

Il arrive fréquemment que la ligne à tracer n'est pas droite, et que les voyants ne suffisent plus, puisque, avec leur aide, on ne peut viser qu'en ligne droite. Le fil, tendu sur deux piquets horizontaux, comme nous venons de l'indiquer tout à l'heure, peut, dans ce cas, beaucoup simplifier le travail. On peut alors viser par-dessus le fil, selon qu'il sera nécessaire, à droite ou à gauche de la ligne droite, sur chacun des points déterminés d'avance.

Malgré les précautions qu'on peut prendre, il arrive fréquemment que, pendant les travaux, les piquets sont dérangés. Il est bon d'apprendre aux ouvriers à les replacer à l'aide des voyants. En général, on doit de temps à autre vérifier l'exactitude de ces piquets, attendu que la moindre négligence à cet égard peut entraîner de fâcheuses erreurs.

Une ligne étant une fois tracée en déterminant ses deux points extrêmes, on conçoit qu'il est facile de la prolonger autant qu'on veut au moyen des voyants.

Nous croyons inutile d'indiquer la manière de mesurer avec la chaîne, de tracer une ligne au moyen de jalons, de faire usage de l'équerre, etc. Ces opérations sont si simples, qu'avec un peu de réflexion, ceux mêmes qui ne les auront pas encore vu pratiquer pourront cependant les exécuter.

Si l'on a à prendre le niveau sur une longue ligne, dont la pente soit telle qu'on ne puisse la mesurer par une seule opé-

ration, on opère de la manière suivante (*fig.* 36). Soit à niveler la ligne AB, ou plutôt soit à chercher de combien le point
p est plus élevé que le point *n*, le dernier étant beaucoup trop
bas pour que de *n* on puisse, avec le niveau d'eau, viser jus-

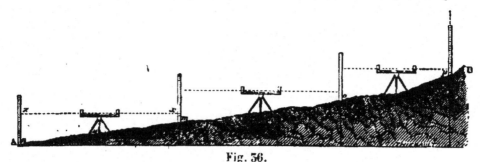

Fig. 36.

qu'à *p*. Nous plaçons le niveau d'eau au point *a*, que nous
choisissons de manière à pouvoir viser facilement en *n*. Nous
prenons la hauteur de la mire à ce point *n*. De là, l'aide se
rend au point *m*, le niveau restant toujours à la même place,
et nous y prenons également la hauteur de la mire. Nous
avons ainsi tiré une ligne horizontale *zx*, et la différence
des deux hauteurs en *m* et en *n* nous indique exactement
de combien le point *m* est plus élevé que le point *n*. Soit,
par exemple, la hauteur en *n* 3^m,40, et celle en *m* 0^m,50, il
en résulte que *m* est de 2^m,90 plus élevé que *n*. Si alors
nous mesurons la distance de *n* à *m*, et que nous trouvions
par exemple 58 mètres, il s'ensuit que la ligne a 20 p. 100
de pente (58 : 290 : : 100 : 20).

On mesure de la même manière les autres fractions *mo* et
op, de la ligne AB, et la somme des trois opérations donne la
différence de hauteur qui existe entre les points *p* et *n*.

CHAPITRE III

Des digues, barrages et écluses.

§ 1. — Des digues et barrages.

Le barrage est une construction par laquelle on barre le cours d'un ruisseau, pour arrêter l'eau, la faire remonter et s'en rendre maitre. Les barrages sont proportionnés à la force du cours d'eau ; ils peuvent être en pierre ou en bois. Leur convenance dépend des circonstances locales. Si le ruisseau a peu de pente, et que, arrêté dans son cours, il puisse, lors des fortes eaux, remonter assez loin pour nuire aux prés situés au-dessus, alors on doit donner la préférence à une écluse qu'on peut ouvrir à volonté. Là où cet inconvénient n'est pas à craindre, et particulièrement lorsque le ruisseau a une forte pente, le barrage est à préférer à l'écluse. Le barrage est plus solide, il n'a pas besoin d'être surveillé, et, sans qu'on s'en occupe, il remplit toujours sa destination.

La hauteur du barrage est déterminée par la quantité d'eau qui doit couler dans le canal de dérivation. Si l'on demande un écoulement de $0^m,30$ d'eau, et que le fond du canal soit de niveau avec la surface de l'eau, le barrage devra être élevé de $0^m,30$ au-dessus du niveau ordinaire de l'eau. A l'ouverture du canal de dérivation, il doit y avoir une écluse. Si l'on veut arroser, l'écluse est ouverte, et l'eau entre dans le canal ; si au contraire on ne veut pas d'eau sur le pré, l'écluse reste fermée, et l'eau s'écoule par-dessus le barrage.

Les barrages ne devant, comme nous l'avons dit, être construits que dans les cours d'eau rapides, il est nécessaire qu'ils soient construits avec une grande solidité. Quoique pour des constructions importantes il soit bon d'avoir recours à un homme de l'art, nous donnerons cependant quelques indications qui pourront aider dans l'exécution de travaux moins considérables.

Pour établir un barrage en pierre, on construit d'abord, en travers du cours du ruisseau, deux murs parallèles, distants l'un de l'autre d'environ 0^m,30, et qu'on élève jusqu'à 0^m,33 au-dessous de la hauteur que doit avoir le barrage.

L'intervalle entre les deux murs est rempli avec de l'argile et du sable fortement damés, puis ils sont unis ensemble par une maçonnerie continuée jusqu'à la hauteur totale que doivent avoir les deux murs, qui alors n'en font plus qu'un. On assure encore leur solidité en les faisant entrer des deux côtés dans les terres qui forment l'encaissement du ruisseau. De ces murs s'étendent en amont et en aval du ruisseau, deux plans inclinés qui doivent s'étendre d'autant plus loin que le barrage a plus de hauteur et que le cours d'eau est plus rapide.

En amont, une pente de 1 pied est ordinairement suffisante, tandis qu'il en faut une de 2 ou de 3 pieds en aval. Pour expliquer ceci, nous sommes obligés de conserver l'expression pied, qui ne signifie pas ici une mesure réelle de 1 pied.

Par inclinaison de 1 pied, on entend celle dont la longueur, mesurée au fond du ruisseau, est égale à la hauteur du barrage. Si la longueur est de deux fois ou trois fois la hauteur du barrage, on dit une inclinaison de 2 ou de 3 pieds, etc. Si, par exemple, le barrage a une hauteur de 4 pieds et que le talus doive avoir une inclinaison de 3 pieds, on aura $3 \times 4 = 12$ pieds. Le talus devra s'étendre à une longueur de 12 pieds, mesurée sur le fond du ruisseau. Le talus en amont consolide le barrage contre les efforts de l'eau, dont il facilite le passage; en aval, il prévient une chute rapide qui aurait pour effet de miner les constructions.

Patzig conseille de donner au talus la forme d'un cycloïde, ou d'une ligne courbe, dont l'extrémité se perd insensible-

ment dans le lit du ruisseau (*fig.* 37). Schenk, au contraire,
rejette cette forme et recommande la ligne droite (*fig.* 38).

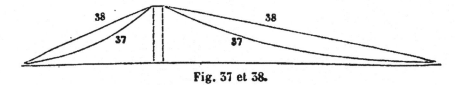

Fig. 37 et 38.

Les talus sont recouverts de grandes pierres, exactement
jointes, et unies avec du mortier hydraulique, de manière à
former une masse compacte que les eaux ne puissent enta-
mer. Les rives du ruisseau doivent être revêtues, aussi loin
que s'étendent les talus, de murailles solides : en amont

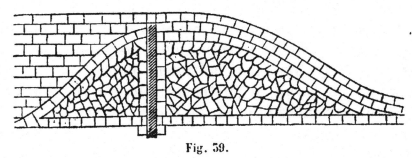

Fig. 39.

elles doivent s'élever jusqu'à la hauteur du sol ; en aval elles
s'abaissent graduellement comme le talus.

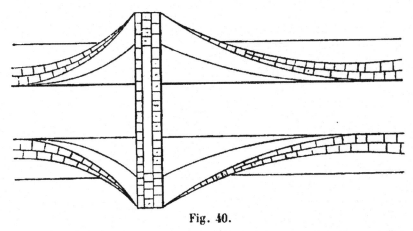

Fig. 40.

Les figures 39, 40, 41, donnent la coupe, le plan et la vue
par devant d'un barrage en pierre.

Pour un barrage en bois, il faut d'abord placer au fond et

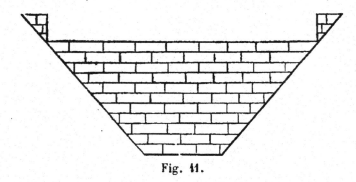

Fig. 41.

en travers du ruisseau une solive qui, autant que possible, doit reposer sur des pilotis auxquels elle est solidement fixée. Sur cette solive s'élèvent plusieurs poteaux soutenant une autre solive qui donne la hauteur du barrage. En aval et en amont, on garnit de pilotis les côtés du ruisseau et les points où doivent se terminer les plans inclinés.

Tous ces pilotis supportent des solives, comme l'indique le plan (*fig.* 42). On place ensuite des deux côtés, en arcs-boutants, des pièces de bois qui donnent la forme des talus. Le tout forme la carcasse du barrage. On la remplit d'un mélange d'argile, de sable et de pierres, que l'on tasse le mieux possible en le damant, puis on recouvre avec des madriers de 0^m,10 à 0^m,15 d'épaisseur.

On fera bien, pour prévenir le minage par l'eau, d'enfon-

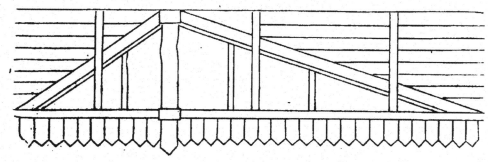

Fig. 42.

cer les constructions de 1 à 2 mètres dans les bords du ruis-

seau, et ces bords doivent être revêtus de madriers solidement fixés.

Là où finissent les talus, on garnit le fond du lit du ruisseau de grosses pierres non taillées, qui brisent la chute de
l'eau et l'empêchent de creuser. Les figures 42, 43, 44, 45
donnent les dessins d'un barrage en bois.

Pour les deux sortes de constructions que nous venons de

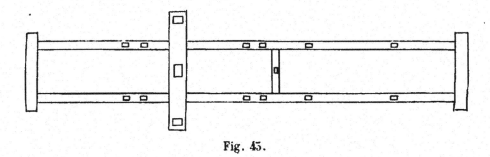

Fig. 43.

décrire, en pierre ou en bois, il faut l'aide, sinon d'un homme
de l'art pour diriger les travaux, du moins de maçons et de

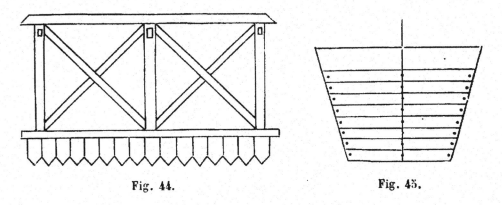

Fig. 44.   Fig. 45.

charpentiers pour les exécuter. On peut encore construire,
dans un faible cours d'eaú, des barrages qui ne demandent
que des piquets et des branchages, et que chaque cultivateur
est en état d'exécuter. Nous ne croyons pouvoir mieux faire
que d'emprunter à Patzig la description de cette sorte de
barrage.

« On creuse le lit du ruisseau sur tout l'espace que doit occuper le barrage à 0ᵐ,33 de profondeur. Au point le plus élevé du barrage on enfonce deux lignes de forts piquets, autant que possible en bois de chêne. Ces piquets doivent être enfoncés de 2 à 2ᵐ,50, et distants l'un de l'autre de 0ᵐ,33. Ils doivent non-seulement occuper toute la largeur du ruisseau, mais encore s'avancer de 1 à 2 mètres dans le sol des bords, et ils s'élèvent hors de terre à la hauteur que doit avoir le barrage. Aux deux points en amont et en aval, où doivent se terminer les talus, on enfonce, toujours en travers du ruisseau, deux lignes de piquets dont les têtes doivent être à la hauteur du fond du lit. De ces dernières lignes de piquets aux premières qui ont été enfoncées, on tend de chaque côté un cordeau qui donne l'inclinaison du talus. Alors, toujours en travers du lit et à environ 0ᵐ,33 de distance l'une de l'autre, on enfonce de nouvelles lignes de piquets, qui s'élèvent jusqu'au cordeau. Si quelques piquets ne peuvent être enfoncés à la profondeur voulue, on les coupe ensuite à la scie. Après que tous les piquets sont enfoncés, on les unit les uns aux autres, en long et en travers, par un clayonnage de branches de saule ou de sapin. A mesure qu'on fait les clayonnages, on en remplit les intervalles avec de la terre, et on consolide le tout en damant fortement. Lorsqu'on a atteint la hauteur voulue, et que les talus sont ainsi formés, on couvre toute la surface de gazons que l'on fixe avec des branches de 0ᵐ,60 de longueur. On emploie autant que possible non des carrés, mais des bandes de gazon. Plus tard nous expliquerons comment s'obtiennent ces bandes. Les parois du lit du ruisseau sont fortement damées et revêtues d'un mur vertical en gazon. Si l'on peut laisser reposer tout l'ouvrage pendant deux à trois semaines avant d'y faire passer l'eau, sa solidité sera d'autant plus assurée. Ces digues n'ont pas la durée de celles en pierres ou en bois, mais elles sont faciles à établir, elles coûtent peu, et elles remplissent parfaitement leur destination. »

Pour rendre plus intelligible la description de ce barrage, nous en donnons le dessin (*fig.* 46, 47, 48).

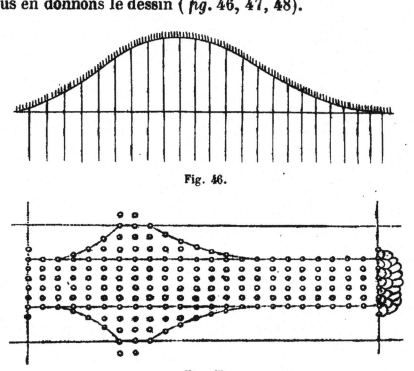

Fig. 46.

Fig. 47.

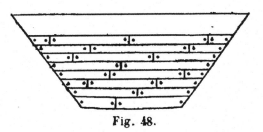

Fig. 48.

Les figures 49, 50 donnent le dessin d'une digue pour un faible cours d'eau, afin d'amener l'eau dans un canal de dérivation, etc.

La construction repose sur une pièce de bois, *a*, de 0ᵐ,15 à 0ᵐ,20 d'équarrissage, placée horizontalement; en travers du cours d'eau *b*, *b*, sont deux poteaux placés obliquement sur la première pièce de bois, et soutenus par deux montants perpendiculaires, *f*, *f*.

En amont, on pratique sur la longueur des poteaux, *b*, *b*, des entailles dans lesquelles on peut faire monter et descendre

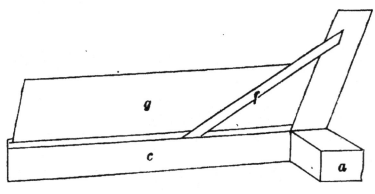

Fig. 49.

à volonté deux ou trois planches servant d'écluse. Ces planches sont retenues par de petites chaînes.

En aval, le fond, *d*, et les parois, *g*, *g*, du cours d'eau sont

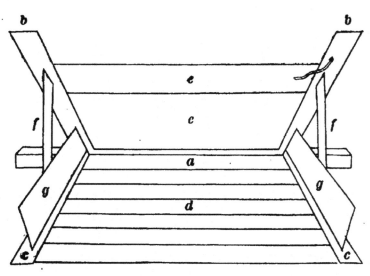

Fig. 50.

garnis de planches destinées à empêcher l'eau d'entraîner les terres.

Une construction semblable s'ajoute quelquefois aux digues en pierre ou en bois, afin de pouvoir élever l'eau plus haut qu'on ne le pourrait par la digue seule. Dans ce dernier cas, deux poteaux, avec les planches nécessaires, peuvent suffire. Souvent aussi on ajoute aux digues de petites écluses, que l'on ouvre de temps à autre pour écouler la vase.

Quelquefois, sur les barrages en pierres ou en bois, on établit un appareil, tel que nous venons de le décrire, pour pouvoir élever l'eau plus haut qu'elle ne le serait par le barrage seul. Mais, pour cela, il suffit de deux poteaux avec les planches nécessaires.

§ 2. — DES ÉCLUSES.

Les écluses sont des constructions analogues à celle que nous venons de décrire (*fig.* 49, 50). Il y a seulement cette différence qu'elles doivent être construites avec plus de solidité, selon la force du cours d'eau et que les pales se lèvent par un rouleau en bois, sur lequel s'enroulent les chaînes. Si l'on veut éviter l'emploi des chaînes qui, parfois, sont exposées à être volées, on peut garnir chaque vanne d'une queue

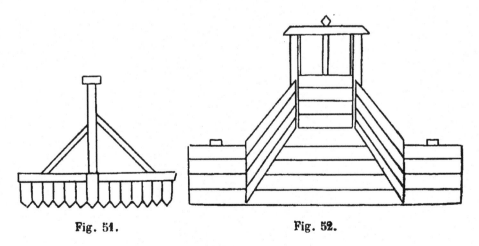

Fig. 51.　　　　　　　　Fig. 52.

qui traverse le chapeau du vannage. Cette queue est percée de trous (*fig.* 51, 52, 53, 54).

Les figures 55, 56, 57, donnent le dessin d'une écluse : nous

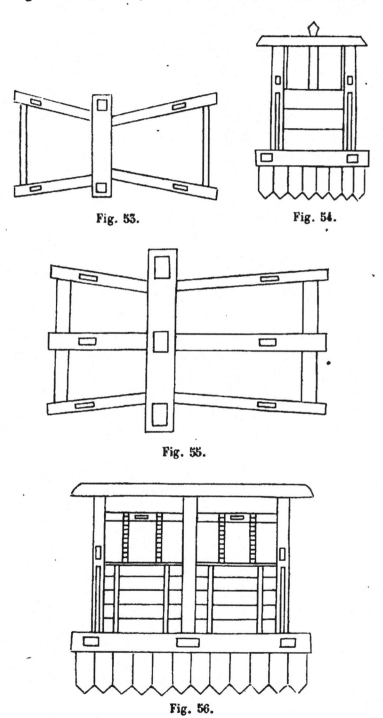

Fig. 53.

Fig. 54.

Fig. 55.

Fig. 56.

ne croyons pas nécessaire d'en donner la description. Nous
ferons seulement observer que les palés ne doivent pas avoir
plus de 1ᵐ,50 à 2 mètres de largeur. Avec une largeur plus
considérable, elles seraient plus difficiles à mouvoir, ou même

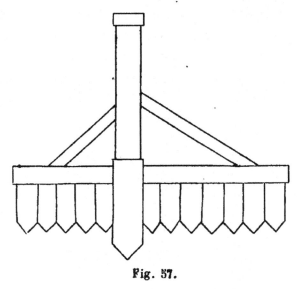

Fig. 57.

elles ne résisteraient pas à la pression de l'eau, à moins d'une
très-grande solidité.

Pour les personnes auxquelles la connaissance exacte de
cette pression de l'eau offrira de l'intérêt, voici la manière
de la calculer.

Le pression latérale, exprimée en kilogrammes, que l'eau
exerce sur une paroi verticale, se trouve en multipliant la
surface plongée de l'écluse, exprimée en décimètres carrés,
par la profondeur du centre de pression mesuré en décimètres.

Une écluse a, par exemple, 20 décimètres de largeur, et
elle est plongée de 12 décimètres; sa surface sera, par conséquent, $12 \times 20 = 240$ décimètres carrés. La profondeur
du centre de pression est la moitié de la hauteur de la surface
plongée; ici, la moitié de 12 décimètres = 6 décimètres;
le poids ou la pression exercée sera donc $240 \times 6 = 1440$ kilogrammes.

Les travaux d'irrigation doivent toujours être établis avec la plus grande simplicité et aux moindres frais possibles.

Pour lever les petites écluses, l'irrigateur se sert ordinairement de sa pioche, pour les grandes, il faut des chaînes qui s'enroulent sur un cylindre en bois fixé au haut de l'écluse. On peut suppléer à cet appareil, déjà compliqué et coûteux, par une disposition indiquée par Zeller et que représente la figure 58. Cette figure n'a pas besoin d'explications ; le même

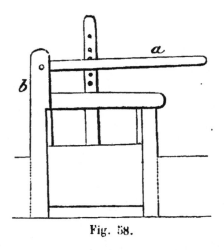

Fig. 58.

levier *a*, arrêté par une cheville en fer dans le poteau *b*, sert à toutes les écluses. Il agit sur une cheville mobile qu'on place dans un des trous de la queue de la vanne.

Dans les fossés de peu de largeur, au lieu de petites écluses, dont la construction est toujours coûteuse, Schwerz conseille l'usage de planches trouées. Ce sont des planches d'environ 0^m, 05 d'épaisseur, et d'une longueur et largeur telles qu'elles barrent exactement le fossé, et entrent encore de quelques centimètres dans les parois et dans le fond du fossé. On les enfonce de manière qu'elles arrêtent exactement l'eau. Dans chacune de ces planches on a percé un trou rond de 0^m, 10 à 0^m, 15 de diamètre, et que l'on peut boucher avec un bondon. On peut ainsi à volonté arrêter ou laisser couler l'eau.

La figure 59 représente la planche, et la figure 60 le bon-

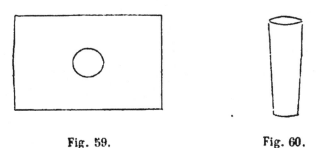

Fig. 59.   Fig. 60.

don. Il est à remarquer que, pour fermer, on doit enfoncer le bondon dans la direction du courant, et non pas contre ce courant.

Pour arrêter l'eau dans de petites rigoles, ou pour fermer l'entrée des rigoles d'irrigation, on a d'autres planches proportionnées à la largeur des rigoles. Elles ont plus de solidité si on les enfonce, non en travers, mais dans le sens de la longueur des fibres du bois.

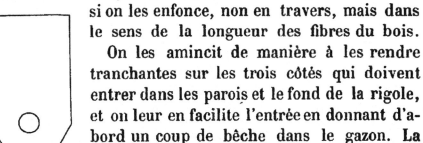

Fig. 61.

On les amincit de manière à les rendre tranchantes sur les trois côtés qui doivent entrer dans les parois et le fond de la rigole, et on leur en facilite l'entrée en donnant d'abord un coup de bêche dans le gazon. La partie supérieure de la planche est percée d'un trou assez grand pour y passer le manche de la bêche, de manière qu'on peut se servir des deux mains pour lever la planche (*fig.* 61).

§ 3. — DES AQUEDUCS.

Il arrive fréquemment, dans les irrigations, qu'on doit faire passer l'eau au-dessus, ou au-dessous d'un autre cours d'eau. Dans le premier cas (*fig.* 62), l'aqueduc consiste en un conduit formé de madriers solidement assemblés ; dans le second cas, si la quantité d'eau est peu considérable, on peut se servir d'un conduit en bois *foré*, et, pour plus d'eau, d'un conduit formé de quatre madriers.

Le conduit *foré* peut être facilement bouché. Un pin de

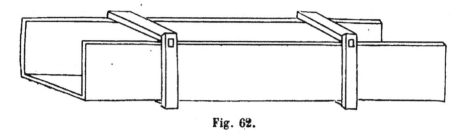

Fig. 62.

grosseur proportionnée à la quantité d'eau, non équarri et grossièrement creusé, remplit très-bien cette destination. Si les pierres et la maçonnerie ne sont pas chères, une construction en pierres sera moins coûteuse et plus durable qu'en bois.

CHAPITRE IV

Manière de procéder à la confection des rigoles et fossés.

Creuser une rigole ou un fossé est l'un des travaux qui se présentent le plus fréquemment dans les irrigations. Quoique une habileté particulière ne soit pas pour cela nécessaire, il y a cependant bien des détails d'exécution que ceux qui manquent encore d'expérience pourront nous savoir gré de leur avoir fait connaître.

§ 1. — RIGOLES PEU PROFONDES DANS UN TERRAIN UNI.

Les rigoles peu profondes ont leurs parois verticales, tandis que les autres les ont inclinées, formant un angle obtus avec le fond de la rigole ou du fossé. On a imaginé des charrues pour tracer les rigoles dans des travaux considérables d'irrigation ; mais il y a peu de cas où elles puissent être employées avec avantage, et la bêche et le cordeau seront toujours le plus ordinairement employés.

On trace d'abord la direction de la rigole de la manière que nous avons indiquée à l'article des nivellements. On marque par des piquets tous les points où la rigole s'écarte de la ligne droite, et entre ces points, on enfonce encore d'autres piquets suffisamment rapprochés pour pouvoir tendre le cordeau de l'un à l'autre. Le cordeau étant tendu, on coupe avec la bêche d'abord un côté, puis l'autre côté de la rigole. Si la profondeur n'excède pas 0ᵐ,30, les parois peuvent être verticales ; au delà de cette profondeur, elles doivent être obliques, et le fossé plus large à sa partie supérieure qu'au fond. Lorsqu'un sol est peu consistant, on se sert de la bêche (*fig.* 2), page 34, ou bien de la bêche ronde (*fig.* 10), qui par sa forme, pénètre facilement dans le sol, et avec laquelle un ouvrier habile avance rapidement la besogne.

Si la rigole n'a pas plus de 0^m,10 de profondeur, on peut très-bien se servir du croissant (*fig.* 16) pour tailler les parois. Si l'ouvrier a la main sûre et exercée, les parois seront aussi droites et unies que si elles étaient taillées à la bêche. Les deux parois étant taillées, la bande de gazon est divisée avec le croissant en morceaux longs d'environ 0^m,30, que l'on détache et que l'on enlève avec la pelle (*fig.* 9) pour les mettre de côté.

La bande de gazon s'enlève beaucoup plus facilement avec le couteau à rigoles, p. 38.

§ 2. — Fossés PROFONDS DANS UN TERRAIN UNI.

Ici, une inclinaison des parois est nécessaire, et elle doit être d'autant plus forte que le sol a moins de consistance et que le cours d'eau doit être plus rapide.

La pente des parois d'un fossé, ou des côtés d'une digue, se nomme *talus*. Cette pente, ou inclinaison, doit être d'autant plus forte que le sol a moins de consistance. Les constructeurs de prés allemands ont adopté, pour s'entendre sur l'inclinaison du talus, une mesure conventionnelle, ils disent un talus de 1, de 2, de 3 pieds, ce que nous pensons pouvoir traduire en français par talus à base simple, double, triple.

Soit (*fig.* 65) a, b, c, d, un fossé ; c, d, est la base, ou la largeur au fond, a, b, est la largeur en haut ; a, c, b, d, sont les parois. Les lignes a, x et y, b, égales à s, c, et d, e, se nomment la base du talus. Si l'on suppose retranché de la figure 63 le carré x, c, d, y, les deux talus rapprochés formeront un triangle (*fig.* 64) dont la ligne supérieure *a*, *b*, est la base. Un talus à base simple est celui dont la base, ou la

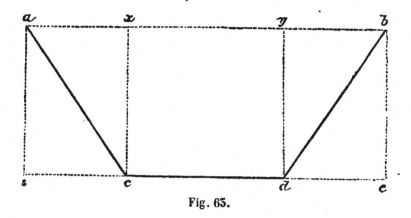

Fig. 65.

ligne *a*, *b*, est égale à la hauteur du triangle, ou ce qui est la même chose, à la profondeur du fossé. Il est à base double,

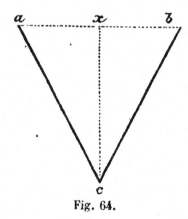

Fig. 64.

si la base *a*, *b*, est deux fois aussi grande que la hauteur *x*, *c* ; à base triple, si elle est trois fois aussi grande.

Dans la construction d'un canal, il est souvent nécessaire d'en calculer toutes les dimensions et la largeur du haut *a b* (*fig.* 63), peut seule être indiquée sur le sol. L'inclinaison des parois et la profondeur étant déterminées, un calcul fort simple fera trouver la largeur du haut. Soit, par exemple, la profondeur 0^m,75, la largeur du fond 1^m,25, et le talus demandé à base double ; la base (*a*, *x*, *y*, *b*, *fig.* 63) du talus est $2 \times 0,75 = 1,50$. Si nous y ajoutons la largeur du fond (c, d, $= x$, y,) $1^m,25$, nous avons $2^m,75$ qui donne la largeur du fossé à sa partie supérieure.

Pour trouver quel est le talus d'un fossé déjà terminé, on mesure la largeur en haut, la profondeur et la largeur au fond. De la largeur en haut, on retranche la largeur au fond, on divise le reste par la profondeur et le quotient donne le talus. Prenons l'exemple précédent : la largeur en haut $= 2^m,75$, au fond $1^m,25$, la profondeur $0^m,75$, $2^m,75$ — $1^m,25 = 1^m,50$; ce reste, divisé par $0^m,75$, donne 2 pour facteur, c'est-à-dire que le talus est à base double.

Cette règle pour les fossés est facile à appliquer aux digues, la digue n'étant autre chose qu'un fossé renversé et en relief.

Pour que dans un fossé d'une profondeur un peu considérable l'inclinaison des parois soit régulière, on doit d'abord creuser le fossé en ne lui donnant pas plus de largeur en haut qu'en bas, et de manière que ses parois soient verticales. Lorsqu'il est creusé ainsi, on tend de nouveau le cordeau, et on donne aux parois l'inclinaison voulue. Pour les fossés profonds, on fait bien de donner d'abord l'inclinaison sur de petites parties à 3 ou 4 mètres de distance. Ces parcelles serviront de norme aux ouvriers pour le reste.

Lorsque plusieurs ouvriers travaillent en même temps à tailler les parois, en peut voir si tous observent la même inclinaison en se plaçant à quelque distance d'eux, sur la même ligne où ils travaillent. Si de là on observe que les manches des bêches n'ont pas la même inclinaison, on peut en conclure qu'il n'y a pas de régularité dans le travail, attendu que l'angle de l'inclinaison de la paroi est nécessairement le résultat de l'inclinaison de la bêche.

C'est une chose qu'on doit faire comprendre aux ouvriers, et à laquelle doit être attentif celui qui surveille les travaux.

La terre qui glisse dans le fossé dont on enlève les parois ne doit pas en être immédiatement sortie par le même ou-

vrier. Il y aurait perte de temps. On attend que le travail
des parois soit terminé, puis un ouvrier spécial est chargé
de nettoyer le fossé et d'en sortir toute la terre qui y est
retombée. Il exécute ce travail non avec la bêche, mais avec
la pelle.

Si pour les fossés, creusés dans un sol compacte et qui
ont peu de pente, une forte inclinaison des parois n'est pas
nécessaire, elle est d'autant plus indispensable pour les rives
des ruisseaux.

Si le sous-sol le permet, le gazon doit être enlevé à une
distance de 3, 6, jusqu'à 9 mètres selon la hauteur des rives.
On donne alors au sol, en enlevant la terre qui se trouve de
trop, une pente régulière, et on l'abaisse aux bords du ruisseau jusqu'au point où vient l'eau lorsqu'elle est la plus basse.
On rapporte alors le gazon et on le replace en commençant
par le bas, et s'il est possible dans le lit même du ruisseau.
On continue ainsi en remontant aussi loin qu'on peut arriver
avec le gazon.

Lorsque les eaux du ruisseau s'élèvent, elles trouvent de
l'espace pour s'étendre et elles coulent sur une surface gazonnée sans pouvoir creuser ni causer de dégâts.

Il y a des ruisseaux très-faibles, pendant une grande partie de l'année, qui en été suffisent à peine à alimenter une rigole d'irrigation, tandis qu'à certaines époques ils gonflent
et deviennent des torrents qui exigent un large lit, et font
ainsi perdre une bonne partie de la vallée.

Dans ce cas, on peut gagner une grande étendue de terrain
en abaissant les rives, et surtout si, renonçant à l'ancien lit
du ruisseau, on lui en prépare un nouveau. On ne doit pas
s'inquiéter des moyens de combler l'ancien lit, le nouveau
fournira pour cela les matériaux suffisants.

Ce nouveau lit aura la forme indiquée figure 65. *a* représente
le fossé plat, qui présente l'espace suffisant au cours d'eau
ordinaire. *b, b* représentent l'inclinaison des rives, entre lesquelles les plus fortes eaux peuvent s'écouler, et qui cepen-

dant peuvent être fauchées et donnéront plus d'herbe qu'aucune autre partie du pré.

Hors ce cas exceptionnel, l'inclinaison de 45 degrés est la

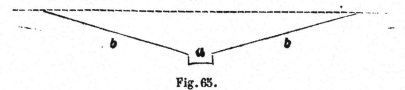

Fig. 65.

plus forte qu'on puisse adopter, surtout pour les canaux où le courant est rapide.

Lorsqu'on a déterminé la largeur du fond du canal et qu'on a mesuré la profondeur qu'il doit avoir, par un nivellement ou tout autrement, la largeur à la surface du sol s'obtient facilement, dès qu'on a fixé le rapport qui existe entre ce

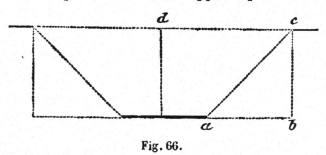

Fig. 66.

qu'on appelle la base a, b, et la hauteur b, c du talus a, c (*fig*. 66).

Pour une inclinaison de 45 degrés la base a, b, est égale à la hauteur b, c.

Si l'on veut un talus moins incliné, on fera la base de 1 1/4, 1 1/2, 1 3/4, ou enfin 2 fois la hauteur.

Si par exemple on prend le rapport de 1 à 1 1/2, que la profondeur du canal soit de 40 centimètres, que la largeur au fond soit de 50 centimètres. La base a, b, du talus sera $40 \times 1\ 1/2 = 60$ centimètres, et la demi-largeur c, d, du canal à la surface du sol sera de ces 60 centimètres augmentés de la demi-largeur au fond, soit par conséquent de 85 centimètres.

§ 3. — Fossés dans un terrain a surface inégale.

Nous avons vu dans le paragraphe précédent que la largeur d'un fossé à sa partie supérieure est déterminée par sa profondeur, et que cette largeur est plus ou moins grande, selon que le fossé est plus ou moins profond. Si la surface du terrain est inégale, la largeur du fossé doit être tantôt plus, tantôt moins grande, pour que les parois conservent la même inclinaison. L'ouvrier qui manque d'expérience aura de la peine à conserver cette régularité d'inclinaison ; nous allons indiquer la manière dont on doit procéder pour l'obtenir.

Nous supposons un fossé (*fig.* 67), d'une profondeur de

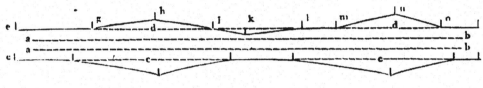

Fig. 67.

0^m,90, large au fond de 0^m,60, et dont les parois doivent être inclinées à 45 degrés. D'après ce que nous avons dit précédemment, on fait le calcul suivant : $2 \times 0^m,90 + 0^m,60 = 2^m,40$. La largeur normale du fossé à sa partie supérieure sera donc 2^m,40. On creuse d'abord le fossé verticalement, en lui donnant en haut la même largeur qu'au fond. Dans les endroits où le terrain est uni, où par conséquent le fossé a 0^m,90 de profondeur, il reste de chaque côté une largeur de 0^m,90 pour l'inclinaison des parois. Si on tend le cordeau à cette distance du bord du fossé *a b* en ligne droite de *e* en *f*, et si on travaille selon la direction de ce cordeau, le fossé aura partout la même largeur, mais l'inclinaison des parois sera tout à fait irrégulière.

Pour prévenir ce défaut, on prend un piquet égal en longueur à la profondeur normale du fossé. Ce piquet à la main, on parcourt le fossé, mesurant d'espace en espace la hauteur de ces parois (on n'oubliera pas que les parois sont encore verticales). Là où la paroi est plus élevée, on recule d'autant le cordeau ; là au contraire où elle est moins élevée, on le rapproche d'autant.

L'examen de la figure 67 fera mieux comprendre l'explication.

Nous laissons d'abord le cordeau tendu en ligne droite, et nous marquons par de petits piquets les points où il doit être éloigné ou rapproché. Nous mesurons ensuite et nous trouvons de *e* en *g* hauteur normale ; mais comme le sol commence à s'élever en *g*, nous enfonçons là un petit piquet contre le cordeau.

En *h*, le sol s'élève de 0^m,16 au-dessus de la hauteur normale, nous enfonçons un autre petit piquet éloigné de 0^m,16 du cordeau tendu en ligne droite.

En *j*, nous retrouvons la hauteur normale et nous y enfonçons un autre piquet.

En *k*, nous trouvons 0^m,16 au-dessus de la hauteur normale, et nous enfonçons un piquet à 0^m,16 du cordeau en dedans du côté du fossé.

En *l*, de nouveau la hauteur normale et un piquet contre le cordeau.

En *m*, la hauteur normale cesse, ainsi un nouveau piquet.

En *n*, nous trouverons 0^m,16 de plus, et nous enfonçons un piquet à 0^m,16 au delà du cordeau.

En *o*, la hauteur s'est abaissée, et nous marquons encore ce point par un piquet contre le cordeau.

De ce point la hauteur normale continue jusqu'en *f*.

Cela fait, nous accrochons le cordeau à chaque piquet, tantôt en dedans, tantôt en dehors, et il trace la ligne anguleuse *ef*.

Nous marquons cette ligne avec la bêche, et nous transportons le cordeau de l'autre côté du fossé pour y faire la même opération dans la direction *ab*.

Le travail étant ainsi préparé, si les ouvriers s'y prennent bien, il en résultera une inclinaison régulière des parois pour tout le fossé.

Si l'on voulait donner aux parois une plus forte inclinaison, les piquets devraient être moins éloignés du cordeau. Pour obtenir une inclinaison de 2^m,20 à 2^m,30, une élévation de 0^m,32 au-dessus de la hauteur normale nécessiterait seulement 0^m,16 de plus de largeur au fossé, et ainsi de suite.

CHAPITRE V

Des fossés et rigoles nécessaires pour l'irrigation.

Selon leur destination, on donne différents noms aux fossés nécessaires pour l'irrigation. On a :

1. Canal de dérivation.
2. Canal de répartition.
3. Rigoles d'introduction.
4. Rigoles d'irrigation.
5. Rigoles d'écoulement.
6. Canal de desséchement.

§ 1. — CANAL DE DÉRIVATION.

On donne ce nom au canal qui amène l'eau à la prairie, et qui la fournit aux canaux de répartition. Ce canal sort ordinairement d'un ruisseau, d'une rivière, d'un étang ou d'un lac. Ou bien sa position est déterminée par la configuration du terrain, ou l'usage de l'eau est dépendant de droits dont jouissent des moulins ou autres usines, ou enfin l'irrigateur peut disposer à son gré des eaux. Dans aucun cas on ne doit, pour l'établissement de ce canal, s'en rapporter à l'œil ; il faut toujours commencer par procéder à un nivellement.

On n'imagine pas combien l'œil peut tromper ; lors même que le canal est terminé et que l'eau suit le lit qui lui a été préparé, on serait parfois disposé à croire qu'elle remonte.

Si le point où commence le canal de dérivation est déterminé d'avance, c'est de là qu'il faut commencer à niveler, afin d'élever l'eau aussi haut que possible. Peut-on choisir à volonté ce point, alors on commence le nivellement en partant de la prairie, ou du terrain sur lequel on veut amener l'eau, et on arrive naturellement à l'endroit où la prise d'eau peut être établie le plus avantageusement.

La pente à donner au canal de dérivation n'est pas arbitraire, mais elle doit être plus ou moins forte, selon les circonstances locales et selon la nature du sol. Une pente trop forte amène la détérioration des bords du canal, l'étendue du terrain à arroser est diminuée, et le sable grossier ou la vase qu'entraîne l'eau n'ayant pas le temps de se déposer, arrivent jusque sur le pré et lui font du tort.

Dans un sol peu consistant et perméable, on perd beaucoup d'eau si le canal a peu de pente. Dans la plupart des circonstances une pente de 1 mètre sur 3,000 à 4,000 mètres sera la plus avantageuse.

Il est à remarquer que le canal de dérivation ne doit pas prendre l'eau immédiatement près du barrage ou de l'écluse, mais 5 ou 6 mètres au-dessus, et qu'à 2 mètres de son ouverture il doit être pourvu d'une écluse pour qu'on puisse à volonté le fermer ou l'ouvrir.

En outre, pour que ce canal ne puisse pas amener trop de sable sur le pré, il ne doit pas être aussi profond que le lit du ruisseau qui lui fournit l'eau, mais il doit être plus élevé de $0^m,15$ à $0^m,30$.

Si le canal de dérivation doit transporter une grande quantité d'eau, il vaut mieux augmenter sa largeur que sa profondeur.

On ne peut pas indiquer quelles dimensions doit avoir le canal de dérivation. Elles sont déterminées par la quantité d'eau dont on a besoin, ou dont on peut disposer. Dans tous les cas, les dimensions de ce canal doivent être plutôt trop grandes que trop petites, et il est bon que ses rives soient levées de $0^m,30$ au-dessus du plus haut niveau de l'eau, afin que dans aucun cas ses bords ne puissent être endommagés.

Plus on peut élever le canal de dérivation au-dessus du niveau du pré, mieux il remplira sa destination. On ne doit pas même, si l'exécution est possible, craindre les frais d'une digue, pour élever l'eau d'un tiers de mètre au-dessus du pré. On peut alors d'autant plus facilement remplir les canaux d'alimentation, et lorsque, par la suite des temps, le sol du pré s'est élevé, l'irrigation reste toujours praticable sans que de nouveaux travaux soient nécessaires.

Depuis le point où le canal de dérivation arrive au pré à arroser jusqu'à son extrémité, sa largeur diminue graduellement, de manière qu'à la fin il n'a plus qu'un tiers de la largeur qu'il a au commencement. De cette manière la hauteur de l'eau reste partout la même, et toute l'étendue de la prairie est également pourvue d'eau.

§ 2. — CANAL DE RÉPARTITION.

Ce canal est alimenté par le canal de dérivation, et il distribue l'eau aux rigoles d'irrigation.

Dans l'irrigation en planches, il est parfaitement horizontal. Dans l'irrigation en pente naturelle, il est quelquefois perpendiculaire au canal de dérivation et dans ce cas il a la même pente que le terrain à arroser.

Il arrive souvent, dans des irrigations peu considérables, que le canal de dérivation est en même temps canal de répartition.

Lorsqu'un canal de répartition est nécessaire, il doit être un peu plus bas que le canal de dérivation dont il doit recevoir l'eau.

De même les rigoles d'irrigation doivent être un peu plus basses que le canal de répartition qui les alimente.

Avec un fort cours d'eau une écluse, et avec un faible cours d'eau une planche trouée sont nécessaires pour que le canal

de répartition se remplisse. Si cependant le canal de dérivation est suffisamment élevé au-dessus de l'autre, on peut se
passer de l'écluse et de la planche trouée.

Dans l'irrigation en planches, la dispositon horizontale du
canal de répartition doit être telle, qu'il déverse l'eau dans
toutes les rigoles d'irrigation, lorsqu'on lève les planches dont
l'entrée de chaque rigole est pourvue. Si cependant les rigoles
d'irrigation n'étaient pas plus basses que le canal de répartition, il faudrait dans le lit de celui-ci établir, pour chaque
planche, un obstacle qui forçât l'eau à entrer dans la rigole
d'irrigation. Cet obstacle est ou un gazon, ou une petite
planche qu'on enfonce en travers du canal, ou même une
pierre plate.

De même que le canal de dérivation, celui de répartition
ne doit conserver à son extrémité qu'un tiers de la largeur
qu'il a à son commencement.

M. Vorländer laisse à ses canaux de répartition la même
largeur d'une extrémité à l'autre, et il leur donne un peu de
pente qui supplée au rétrécissement du lit [1].

§ 3. — RIGOLES D'INTRODUCTION.

Ce sont les petites rigoles qui reçoivent l'eau du canal de
répartition et la conduisent dans les rigoles d'irrigation. On
proportionne leur largeur à la quantité d'eau qu'elles doivent
fournir. Ordinairement on doit pouvoir les fermer avec une
petite planche de $0^m,15$; quelquefois même un gazon suffit.
La même planchette avec laquelle on ferme la rigole d'introduction peut aussi servir à barrer le canal d'alimentation,
lorsque ses dimensions le permettent. Si on ne veut pas arrêter la totalité de l'eau, on n'enfonce la planchette qu'à une
profondeur suffisante, la moitié, le tiers, le quart de sa hauteur, pour refouler la quantité d'eau dont on a besoin.

[1] Vorländer, *die Kunstwiese*.

Si le canal d'alimentation amène parfois de l'eau trouble fortement chargée, alors il doit être un peu plus profond que les rigoles, pour que le sable ou la vase puissent s'y déposer ; si au contraire ce canal ne doit amener que de l'eau claire, alors les rigoles doivent être un peu plus basses, pour que le pré profite de tout l'effet utile de l'eau.

§ 4. — Rigoles d'irrigation.

Du canal de répartition, l'eau coule dans les rigoles d'irrigation, qui sont destinées à la répandre sur le pré. Leur établissement exige des soins particuliers, parce que c'est d'elles que dépend surtout le succès de l'irrigation. Elles doivent être parfaitement horizontales, et leurs bords doivent être unis de manière que l'eau s'épanche également sur tous les points.

La latte à plomb est de la plus grande utilité pour l'établissement des rigoles d'irrigation. L'emploi du niveau d'eau prend beaucoup de temps et exige un ou plusieurs aides, tandis qu'un homme seul peut opérer avec la latte.

Il y a des prés dans leur état naturel, où il n'est pas possible de tirer des lignes droites pour les rigoles d'irrigation, et où les frais seraient trop considérables pour qu'on puisse avec profit les disposer régulièrement pour l'irrigation. Dans ces prés, on cherche seulement à obtenir l'horizontalité des rigoles, en leur faisant suivre les irrégularités du terrain.

Pour cela, on place une extrémité de la latte à plomb au point où la rigole d'irrigation doit recevoir l'eau du canal vertical de répartition. Avec l'autre extrémité on cherche le point où la latte doit être placée pour donner la direction horizontale. Ce point trouvé, on incline la latte en l'appuyant contre un piquet, et s'en servant comme d'un cordeau, on taille avec le croissant une ligne qui doit donner la paroi inférieure de la rigole. On avance ensuite la latte et on continue de la même manière le tracé de la rigole. S'il se trouve un creux entre les extrémités de la latte, on taille la ligne en lui faisant décrire le contour de ce creux au-dessus de la latte. Si au contraire on rencontre une élévation, on la tourne de même en taillant la rigole au-dessous de la latte. Il résulte de là une ligne qui donne à la rigole à peu près la configuration que voici (*fig.* 68) :

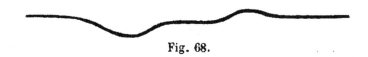

Fig. 68.

La paroi inférieure de la rigole étant ainsi taillée, il est facile à un ouvrier un peu exercé de tailler la paroi supérieure. On détache ensuite le gazon, on l'enlève, puis on unit le fond de la rigole.

Les opinions des irrigateurs sont partagées sur les dimensions à donner aux rigoles d'irrigation. Le plus grand nombre donnent la préférence aux rigoles peu profondes, qui ont à leur commencement 0^m,05 de profondeur sur 0^m,15 à 0^m,18 de largeur. Elles diminuent graduellement de largeur, de manière que quand elles sont remplies, l'eau déborde sur toute la longueur.

La longueur de ces rigoles ne doit pas être trop considérable. Si elles ont au delà de 25 mètres de longueur, elles ne remplissent plus très-bien leur destination, et il faudrait une quantité d'eau très-considérable pour qu'elle pût déborder sur tous les points à la fois.

Mais en ceci, comme en tant d'autres choses, on est ordinairement déterminé par les circonstances. Les rigoles peuvent être d'autant plus longues qu'on a plus d'eau à sa disposition et que le sol est plus uni. Dans de longues rigoles l'horizontalité est plus difficile à obtenir, et par contre, si elles ont peu de longueur, elles demandent plus de soins et plus de surveillance pour l'irrigation.

Nous avons déjà dit que l'horizontalité est la première condition d'une bonne rigole d'irrigation, et nous avons aussi dit comment, sur un terrain en pente, on suit les inégalités du terrain pour conserver l'horizontalité. Lorsqu'on trace ainsi une rigole au moyen de la latte à plomb, on rencontre très-fréquemment ou un enfoncement ou une élévation peu considérable, telle, par exemple, qu'une vieille taupinière ou fourmilière. De tels obstacles ne doivent pas faire dévier de la ligne droite, et toutes les fois que la différence n'excède pas 0m,05, on ne doit pas hésiter à abaisser ou à élever le terrain à la hauteur voulue. L'ouvrage n'acquiert pas seulement par là une régularité qui plaît à la vue, mais aussi la répartition de l'eau se fait mieux, et il reste moins de places non arrosées que quand on suit toutes les inégalités du terrain.

Dans tous les cas, il est à observer que, si l'on a à choisir d'élever ou d'abaisser le bord de la rigole, il vaut mieux élever ; on obtient pour cela, de la rigole même que l'on creuse, une quantité suffisante de gazon. L'eau, qui déborde par-dessus la paroi d'une rigole tirée en ligne droite, a plus de mouvement et se répartit mieux sur le pré que si elle suit lentement les détours d'une rigole sinueuse. Le curage des fossés et rigoles fournit toujours des matériaux pour élever les parties trop basses. Si l'on veut abaisser les bords trop élevés d'une rigole, il faut, ou enlever le gazon, ou bien le détacher, enlever la terre au-dessous, puis le replacer ensuite. Mais ordinairement il ne suffit pas d'abaisser le bord de la rigole, et cette opération doit être prolongée plus loin, ce qui augmente d'autant le travail.

Lorsque la rigole est faite, on y met de l'eau, pour s'assurer si elle remplit bien sa destination. Presque toujours il se trouve des endroits trop bas, où l'eau s'échappe en trop grande quantité, et d'autres trop élevés, par-dessus lesquels il ne passe pas d'eau du tout. Une différence de 0m,01 suffit pour cela, attendu que rarement l'eau coulera plus haut que 0m,01 par-dessus le bord de la rigole. Pour corriger ces défauts, on foule et on abaisse avec les pieds les parties trop

5.

élevées. Si cela ne suffit pas, on entaille perpendiculairement à la rigole, puis on enlève de distance à autre de petites lanières de gazon. On foule de nouveau, et, les vides se remplissant par la pression, tout le bord s'abaisse.

Si l'élévation est très-peu considérable, il suffit souvent, sans enlever de gazon, de le hacher avec le croissant avant de le presser.

On ne doit pas ménager le nombre des rigoles d'irrigation ; il est rare qu'il puisse y en avoir trop sur un pré. Plus il y a de rigoles, plus il y a d'herbe.

Si le terrain est disposé en planches, le nombre des rigoles est déterminé par celui des planches. Si l'on arrose une pente qui ait peu d'inclinaison, les rigoles devront être espacées à 3 ou 4 mètres l'une de l'autre. Dans le cas où l'inclinaison serait forte, on les espacerait à 5 ou 6 mètres.

En général, de petites rigoles, par-dessus lesquelles la faux passe comme si elles n'y étaient pas, ne diminuent aucunement le produit de l'herbe, pas plus que le produit des grains n'est diminué quand ils sont semés en lignes. Sur les bords des rigoles, l'herbe a une végétation plus vigoureuse, et ordinairement, déjà avant la fenaison, la croissance du gazon les a remplies.

Quant aux fossés, on doit les ménager autant que possible. Ils gênent le fauchage, et ils sont pour les faucheurs maladroits ou paresseux une occasion ou un prétexte de perte de temps. Il y a en agriculture tant de choses à observer, et le résultat dépend de tant de petits détails, que souvent on est forcé de rejeter des choses bonnes cependant en elles-mêmes.

§ 5. — Fossés d'écoulement.

Ces fossés sont destinés à recevoir l'eau qui a servi à l'irrigation ; ils la déversent dans le canal de desséchement, ou bien ils la rendent à un terrain inférieur, qu'elle sert de nouveau à arroser.

Dans l'irrigation en planches, ces fossés d'écoulement sont indispensables. Dans l'irrigation en pente (plan incliné), le même fossé est fossé d'écoulement et de desséchement. Cependant, dans l'irrigation en pente, les fossés d'écoulement sont aussi nécessaires, si la prairie a plusieurs plans, et que l'on ait assez d'eau pour fournir à chaque plan de l'eau fraîche. Si les deux modes d'irrigation, en plan incliné et en planches, sont réunis, le fossé d'écoulement de la pente sert de canal d'alimentation pour les planches situées au-dessous. Il reçoit l'eau qui a arrosé la pente, et il la distribue aux rigoles d'irrigation des planches.

Dans les prés humides et aigres, où l'on n'a pas changé la configuration naturelle du terrain, les fossés d'écoulement servent beaucoup à entraîner les eaux stagnantes. Selon la nature du sol et surtout du sous-sol, ils doivent être plus ou moins larges, plus ou moins profonds.

Le sol de toutes les vallées est sol d'alluvion. Les vallées n'étaient primitivement que des creux, de larges crevasses, que l'eau a successivement remplis de vase, de sable, etc., et avec le temps des ravins sont devenus des vallées unies. Par cette raison, les vallées ont, dans la règle, un autre sol que les montagnes qui les environnent. L'eau qui descend des montagnes s'infiltre dans le sol d'alluvion qui est à leur pied, et pénètre jusqu'au fond de la vallée primitive. Arrêtée là et ne trouvant plus d'issue, elle remonte, pénètre toute la masse de terre, et rend le sol de la prairie humide et marécageux.

Cette humidité des prés provient souvent aussi d'un sous-sol imperméable qui arrête l'eau. Dans l'un et l'autre cas, il faut, par des fossés, amener l'écoulement de l'eau. Si, comme dans le premier cas, l'eau s'élève d'une grande profondeur, les fossés doivent être profonds, et si le sol est spongieux et sans consistance, on doit les faire larges, en donnant à leurs bords une forte inclinaison. Si le séjour de l'eau a pour cause un sous-sol imperméable, il suffit que le fond du fossé soit un peu creusé dans le sous-sol, assez seulement pour que l'eau puisse facilement s'y écouler.

La direction à donner aux fossés d'écoulement n'est pas indifférente ; elle est au contraire d'une grande importance, et c'est de là surtout que dépend le succès de l'irrigation.

Nous consacrerons aux prés tourbeux un chapitre particulier, dans lequel nous traiterons aussi du desséchement des prés

§ 6. — CANAL DE DESSÉCHEMENT.

Nous donnons ce nom au principal fossé par lequel s'écoule toute l'eau qui vient du pré, après avoir servi à l'irrigation. Tout ce qu'il y a à remarquer relativement à ce canal, c'est qu'on doit le diriger par les parties les plus basses du pré et des terrains inférieurs, et le tracer à l'aide du niveau, au lieu de s'en rapporter à l'œil qui trompe souvent, et qui nous fait souvent voir une élévation du terrain là où il y a réellement un enfoncement. Plus on peut donner de pente à ce fossé, mieux il remplit sa destination. Il ne peut y avoir trop de pente que dans le cas où l'on aurait à craindre que l'eau creusât le fond du canal et minât ses bords.

La largeur et la profondeur sont déterminées par la quantité d'eau à écouler. Si l'eau coule lentement, il peut avoir d'abord moins de largeur et s'élargir successivement à mesure que la quantité d'eau augmente. Quant à la profondeur, ce fossé doit être plus bas que tous les autres dont il reçoit les eaux.

[1] V. *Drainage*, p. 299.

TROISIÈME PARTIE

DES TRAVAUX NÉCESSAIRES POUR DISPOSER LE SOL A L'IRRIGATION

La première difficulté que présente cette partie de notre travail, c'est le titre à lui donner. Les Allemands, dans leur langue si riche et qui se prête si bien à la composition de mots nouveaux, disent *Wiesenbau*, et on a dit en français la *culture des prés*. On pourrait donner le nom de *Prairiculture* à l'ensemble des soins à donner aux prairies, tout comme on dit horticulture, silviculture, etc. Mais nous ne pouvons admettre cette traduction, parce qu'elle ne rend nullement l'idée. Il ne s'agit pas de *cultiver* un pré, il s'agit de le *bâtir*, en travaillant, remuant le sol et lui donnant la meilleure conformation pour en faire un pré arrosé.

Le mot *bauen* signifie littéralement bâtir, et ce n'est que par figure qu'on l'emploie pour signifier la culture de la terre. L'irrigateur est d'abord architecte, *Wiesenbauer*; en remuant la terre, il ne la cultive pas, il n'est pas un laboureur; il *construit* des prés pour l'irrigation. En attendant un mot propre, car nous avouons ne pas en trouver un qui nous satisfasse, nous prions nos lecteurs de se contenter d'une périphrase.

L'eau est employée de plusieurs manières à fertiliser les prés. Ou bien on la fait couler à la surface du sol, ou bien on la fait séjourner sur le sol pour que, par un repos complet, elle y dépose tous les principes fertilisants dont elle est chargée. Ou bien encore on l'emploie par arrosement et par infiltration pour fournir aux plantes, par les temps de sécheresse, l'humidité dont elles ont besoin.

La première manière est l'irrigation proprement dite, la seconde est l'inondation.

Chacune de ces méthodes a ses avantages et ses inconvénients ; mais en général l'emploi de l'une ou de l'autre est déterminé par la disposition du terrain, les qualités et l'abondance de l'eau, et rarement il dépend de la volonté du cultivateur de choisir entre les deux méthodes.

L'inondation suppose un terrain qui est entièrement ou à peu près de niveau. Dans ce cas, on donnera ordinairement la préférence à l'inondation, parce que ce n'est qu'avec des frais considérables qu'on peut donner à un sol la pente nécessaire pour l'irrigation. En outre, avec un sol horizontal, il arrive souvent qu'on n'a pas de l'eau à sa disposition à toutes les époques de l'année, comme cela est nécessaire à une bonne irrigation, mais qu'on a de l'eau seulement dans les temps de pluie. Par l'irrigation, on peut mieux utiliser une petite quantité d'eau ; enfin par l'irrigation, mieux que par l'inondation, on s'approprie les principes fertilisants de l'eau.

« Le cultivateur, dans toutes ses entreprises, doit se régler « d'après les circonstances ; s'il ne le fait pas, il s'expose à « des pertes presque certaines. Il est dans la nature des choses « qu'elles ne se prêtent pas toujours aux volontés de l'homme, « mais qu'elles suivent la marche que leur a tracée le Créa- « teur. Entre les éléments de la vie des choses, le cultivateur « doit savoir choisir ceux qui se prêtent le mieux à ses vues, « et il ne faut pas qu'il prétende faire droit ce qui est tortu, « faire monter ce qui de sa nature tend à descendre.

« Cependant, il ne doit pas non plus se laisser maîtriser « par les circonstances ; il ne faut pas que chaque obstacle « qu'il rencontre le fasse s'écarter du plan qu'il a adopté ; il

« faut qu'il sache distinguer les circonstances qui ne sont
« qu'accidentelles, et qu'il peut dominer par sa persévérance.
« C'est surtout dans tout ce qui a rapport à l'irrigation des
« prés que ces règles de conduite peuvent trouver leur appli-
« cation. » (Schwerz.)

Nous allons nous occuper d'abord de l'irrigation, puis ensuite
de l'inondation.

L'irrigation a lieu de deux manières : 1° dans les prés tels
que la nature les a faits ; 2° dans les prés dont le sol a été disposé de la manière la plus favorable pour l'irrigation.

CHAPITRE PREMIER

Irrigations des prés naturels.

Les principales conditions de l'irrigation sont: que l'eau soit également répartie sur toute la surface du pré et qu'aucune partie n'échappe à l'irrigation ; que l'on tire de l'eau tout le profit possible, qu'après que l'eau a servi, elle ne séjourne nulle part, qu'elle s'écoule sans obstacle, et qu'on puisse ainsi à volonté mettre le pré complétement à sec.

On remplit toutes ces conditions par une disposition bien entendue des fossés et rigoles.

Les rigoles d'irrigation doivent être parfaitement horizontales et leurs bords bien aplanis pour qu'elles déversent partout également l'eau.

Pour amener l'eau sur tous les points, si un nivellement complet du terrain n'a pas lieu, on y supplée par des rigoles bien dirigées et en abaissant quelques parties.

On tire le plus grand parti de l'eau en la faisant servir plusieurs fois, à moins qu'on n'en ait une assez grande abondance pour que cette économie ne soit pas nécessaire.

On opère le desséchement par les déblais et remblais nécessaires, et en pratiquant des fossés suffisants et bien dirigés.

A ces règles, que nous empruntons à Schwerz (*Traité d'agriculture pratique*), nous voudrions pouvoir joindre l'indication précise des rapports qui existent entre la pente du terrain, l'étendue à arroser et la quantité d'eau nécessaire. Il ne serait pas difficile de donner des formules mathématiques approximatives ; nous préférons nous en abstenir, parce que les faits et les observations pratiques nous manquent.

Nous avons précédemment déjà appelé l'attention de nos lecteurs sur l'effet remarquable que produit un petit filet d'eau qui suit en ligne droite la pente rapide d'une montagne ; et tous ceux qui ne sont pas étrangers aux irrigations savent que sur un terrain fortement incliné une grande quantité d'eau n'est pas utile, qu'au contraire elle serait nuisible en enlevant la terre végétale et mettant à nu les racines de l'herbe. Il en est tout autrement sur un pré qui a fort peu de pente : là une faible source est sans effet ; elle sert tout au plus à donner de l'humidité à l'herbe, et il faut une eau abondante pour arroser avec profit.

Si une petite quantité d'eau produit sur une pente rapide dix fois plus d'effet qu'elle n'en produit sur un terrain qui se rapproche de la disposition horizontale, et si une grande quantité d'eau est nécessaire pour arroser le sol peu incliné des vallées, il résulte de ces faits que la pente d'un pré doit être en rapport avec la quantité d'eau dont on peut disposer pour l'arroser.

Plus on a d'eau, plus le sol du pré peut se rapprocher de la disposition horizontale, et moins on a d'eau, plus il lui faut de pente, ou, en d'autres termes, *plus un pré a de pente et moins il faut d'eau pour l'arroser*, *moins il a de pente*, *plus il faut d'eau*.

Cependant, cette règle générale subit des modifications d'après la nature de l'eau.

Nous avons déjà vu que l'eau contient en dissolution des matières fertilisantes qui lui sont unies plus ou moins fortement. Les premières se séparent plus facilement par un repos complet de l'eau qui les dépose ; les secondes ont besoin de mouvement pour que l'eau les laisse échapper. Si donc on a à sa disposition de l'eau trouble, on doit donner au sol d'autant moins de pente qu'on tient plus à l'enrichir de la vase et des matières que l'eau tient en dissolution, et si c'est de l'eau limpide de source, on doit, au contraire, lui donner le mouvement sans lequel elle n'a point d'efficacité.

Le propriétaire de prés n'est pas toujours maître de leur donner la pente qu'il juge la plus convenable ; le plus souvent il est obligé de les prendre tels qu'ils sont. Si la pente est trop forte pour la quantité d'eau, il est toujours facile de se débarrasser d'une partie de l'eau. Si, au contraire, le pré manque de pente, on supplée en partie à ce défaut en faisant les plans moins larges ; et en faisant passer l'eau par un plus grand nombre de rigoles, on parvient à activer un peu son mouvement.

Les prés, selon leur nature, peuvent être divisés en prés de vallées ou prés unis, et prés de montagnes ou prés en pente.

Les prés de vallées ont ordinairement peu ou point de pente. L'irrigation n'y est alors possible qu'en disposant le sol en planches, en dos d'âne. Sur le milieu de chaque planche, on pratique une rigole d'irrigation qui déverse l'eau sur les deux côtés.

§ 1. — PRÉS DE VALLÉES.

Dans beaucoup de vallées, les prés sont humides et marécageux : ils ne produisent que des joncs et des herbes aigres. Là, il faut avant tout faire écouler les eaux stagnantes et dessécher complétement. S'il y a une pente suffisante, le dessèchement est facile ; mais très-souvent on peut se procurer de la pente, lorsqu'on croit qu'il n'en existe point. Dans la plupart de ces vallées, les ruisseaux serpentent avec des sinuosités qui leur font parcourir une étendue double de la longueur de la vallée en ligne droite. En outre, leurs rives sont ordinairement élevées, de sorte que dans les inondations l'eau qui se répand sur le pré y reste faute de pouvoir s'écouler et achève de le gâter.

La première amélioration consiste à tirer le ruisseau en droite ligne dans la partie la plus basse de la vallée. Pour combler l'ancien lit, on a la terre que fournit le nouveau et celle qu'on obtient en abaissant les bords de l'ancien lit, et en donnant de l'inclinaison à ceux du nouveau. Si tout cela ne suffit pas, il est rare que les terres, ordinairement montagnes ou collines, qui bordent la vallée, ne puissent pas fournir les matériaux dont on a besoin.

Après qu'on a creusé au ruisseau un nouveau lit, qui est le principal canal de desséchement, on s'occupe des autres fossés nécessaires. L'eau vient ordinairement des hauteurs qui des deux côtés bordent la vallée ; c'est pourquoi des fossés, tirés en travers de la prairie et perpendiculaires au ruisseau principal, ne remplissent qu'imparfaitement le but. Dans la plupart des cas, il convient de tirer les fossés dans la longueur de la vallée, et seulement tous les 100 mètres, plus ou moins, de pratiquer un fossé transversal qui reçoit les eaux des autres et les déverse dans le ruisseau ; et partout il est bon de tirer au bord et sur la longueur de la prairie un fossé qui arrête les eaux qui suintent de la montagne. Il est bien entendu que tous ces fossés doivent avoir une pente suffisante pour écouler leurs eaux dans le ruisseau principal. Si la disposition horizontale du terrain ne permettait pas d'obtenir cette pente, il faudrait creuser le ruisseau principal plus profondément que tous les autres fossés, ou donner aux fossés transversaux de l'obliquité dans le sens de la pente générale.

La figure 69 représente ce système de desséchement ; *a* est l'ancien lit qui doit être comblé et remplacé par le nouveau lit *b*. *c* est le principal canal de desséchement dans lequel s'écoulent les eaux de tous les autres. Une partie des fossés de desséchement est tirée dans la longueur et une partie dans la largeur de la vallée. Ces derniers ne vont pas jusqu'au fossé qui borde la prairie au pied de la côte ; on laisse libre un espace *x* qui sert au passage des voitures, et dans lequel,

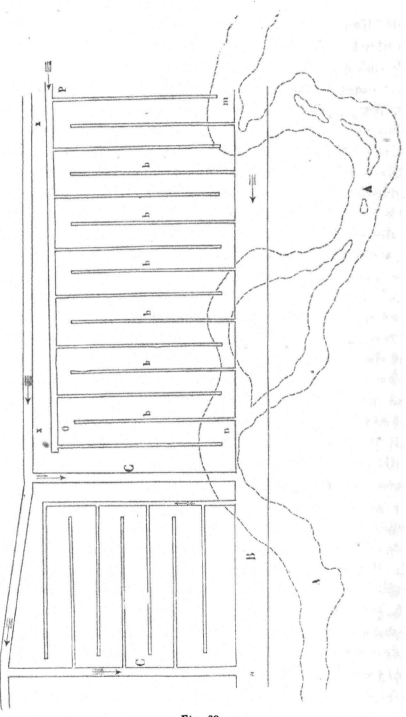

Fig. 69.

quand on arrosera, sera pratiqué le canal de dérivation. Pour décider si les fossés de desséchement doivent être tirés en long ou en travers, on doit d'abord consulter la disposition du terrain parce qu'on doit chercher à tirer les fossés de manière que les planches soient autant que possible horizontales, ou que du moins leur pente ait lieu à partir et en s'éloignant du canal de dérivation qui devra plus tard être établi. Si par exemple, dans la figure 69, le sol de *n* en *m*, creusé le long du ruisseau, est plus élevé que de *o* en *p*, les fossés de desséchement devraient être tirés dans le sens de la longueur, parce que ces fossés de desséchement (*b*, *b*, *b*, *b*) doivent se vider directement dans le ruisseau, par conséquent le canal de dérivation doit passer en *x*, et que le terrain s'élève de *a* en *n m*.

A la vérité on pourrait ainsi tirer le canal de dérivation au bord du ruisseau en *n m*. Mais les fossés d'écoulement auraient alors à faire un grand détour pour écouler leurs eaux dans le ruisseau ; il faudrait qu'ils les déversassent d'abord dans le fossé latéral, puis de celui-ci dans le fossé principal d'écoulement, et de là enfin dans le ruisseau, ce qui occasionnerait une perte considérable de pente.

L'avantage qu'il y a à faire déboucher les fossés d'écoulement dans le ruisseau principal devient moindre dans le cas où le ruisseau, gonflé par les pluies, amène beaucoup de sable ou de vase qui obstrue les embouchures de ses fossés, ce qui occasionne souvent des frais de curage.

La largeur et la profondeur des rigoles d'écoulement dépendent de la nature du sol. Si ce sol manque de consistance ou s'il est marécageux, ces fossés doivent être d'autant plus larges et leurs bords avoir plus d'inclinaison. S'il était possible, on ne leur donnerait que 0^m,30 de largeur. Dans un sol solide et consistant, on peut leur donner 0^m,60 de profondeur et 0^m,15 de largeur au fond. Les principaux fossés de desséchement doivent naturellement avoir plus de largeur ; cependant cette largeur devra rarement excéder 1 mètre.

Les rigoles d'écoulement gênent la circulation des voitures. Peu de chevaux les passent sans difficulté. Quand ils le font, c'est ordinairement en s'élançant comme pour les franchir, et il arrive fréquemment qu'ils rompent ou déchirent quelque partie de leur harnais, ou qu'ils se blessent en tombant. Pour le passage des rigoles, un pont portatif est d'un emploi facile et commode. Il consiste en trois traverses d'environ $0^m,15$ de grosseur et $1^m,50$ de longueur, sur lesquelles on cloue deux fortes planches. Ce pont se transporte facilement d'une rigole à l'autre ; on peut l'accrocher pour cela sous la voiture.

Pour sortir le foin, comme pour tous les transports qui ont lieu dans les prés entrecoupés de fossés et rigoles et dont le sol n'est pas tout à fait ferme, les bœufs sont beaucoup préférables aux chevaux.

S'il se trouve dans la prairie des points où à chaque récolte un fossé doive être souvent traversé par les voitures, on aura de l'avantage à y établir un pont permanent. On peut établir de semblables ponts à très-peu de frais. On place en travers du fossé trois ou quatre pièces de bois d'environ $0^m,15$ de diamètre ; on étend par-dessus une couche suffisamment épaisse de branchages, et on recouvre de gazon. Ce pont simple et peu coûteux peut durer des années.

On peut encore, pour des fossés de peu de largeur, faire ces ponts d'une autre manière également simple : on prend 10 à 12 piquets d'environ $0^m,06$ de diamètre et d'une longueur proportionnée à la largeur du fossé ; on les enfonce dans le fossé deux par deux et en croix, de sorte que chacun entre obliquement dans un des angles du fossé, et que son extrémité supérieure repose sur l'angle formé par le bord supérieur du fossé du côté opposé ; on les place ainsi, deux par deux, à $0^m,50$ de distance.

L'angle inférieur que forment au fond du fossé ces piquets disposés en X reste libre pour le passage de l'eau, et on remplit l'angle supérieur par une fascine formée de branches for-

tement liées ensemble, puis on recouvre de gazon. La figure 70
représente ce pont en fascines.

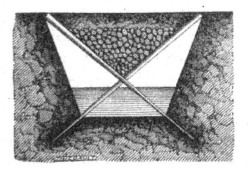

Fig. 70.

On peut de la même manière faire des fossés couverts pour
assurer l'écoulement de sources souterraines et en général de
toutes les eaux qui ne se montrent que sur un point. On enfonce les piquets de manière que le fossé soit un peu plus
qu'à moitié rempli par les fascines, puis on achève de le combler avec du gazon et de la terre. Le passage de l'eau est assuré sous l'angle inférieur formé par les piquets, et les fascines, qui sont ainsi continuellement dans l'eau, se conservent
longtemps. Ces rigoles souterraines, bien construites en pierres, si on en a de convenables à sa disposition, seront d'une
durée beaucoup plus longue et plus certaine qu'avec des
fascines. On les construit alors comme celles qu'on fait dans
les champs dans le même but de les débarrasser des eaux souterraines.

La distance des rigoles d'écoulement entre elles, ou la largeur des planches dépend de la nature du sol. Plus le sol
est mouillé et acide, plus les rigoles doivent être rapprochées
ou plus les planches doivent être étroites. On peut donner
aux planches une largeur de 5 mètres jusqu'à 20 mètres et
au delà.

Les planches étroites sont plus faciles à niveler et l'irrigation y est plus facile à bien diriger que sur des planches
larges. L'eau filtrée par le passage sur le gazon ne porte

presque plus de dépôt au delà de 7 mètres avec pente de
0m,03 par mètre, et plus la planche est large, plus il est
difficile d'augmenter sa pente. Partout où la disposition du
sol n'est pas naturellement favorable à l'irrigation, on doit
donner la préférence aux planches étroites.

Aussitôt que les rigoles d'écoulement sont terminées et les
planches tracées, on fait les dispositions nécessaires pour
pouvoir arroser. Ordinairement il faut d'abord niveler le terrain.

On arrache et on brûle les broussailles, on ramasse et on
enlève les petites pierres. Quant aux grosses pierres, on peut
s'en débarrasser en les enterrant à l'endroit même où elles
se trouvent. On répand les taupinières fraîches et les fourmilières, et on unit avec le râteau. Quant aux taupinières
anciennes et déjà gazonnées, on les fend en croix avec la
bêche, on détache et on renverse le gazon, on enlève la terre
qui est de trop, puis on replace le gazon. On peut faire disparaître de petites inégalités de terrain en les damant.

Lorsqu'on creuse les rigoles d'écoulement, on met de côté
les gazons qui en proviennent. La terre qui est au-dessous
sert à niveler les parties trop basses, puis les gazons ont la
même destination, en les plaçant régulièrement à côté les uns
des autres.

Si l'on a des parties trop élevées à abaisser, on doit d'abord
en enlever le gazon. Pour cela, on le coupe d'abord en carrés
avec le croissant; on le détache avec la pelle à une épaisseur
de 0m,06 à 0m,08; on l'enlève et on le met de côté. On enlève ensuite la terre qui est de trop, puis on replace le gazon.
On peut aussi utiliser ce gazon dans les parties trop basses,
et alors piocher et ensemencer les parties où l'on a mis la
terre à nu par l'enlèvement du gazon.

Jamais on ne doit se dispenser de piocher et d'ensemencer
ces parties dépouillées de leur gazon, autrement il se passe
un très-long temps jusqu'à ce qu'elles soient recouvertes
d'herbe. Ordinairement il se trouve sous le gazon une mince

couche de terre végétale. Si on l'enlève, il ne reste plus qu'un sous-sol infertile sur lequel les herbes semées n'auraient qu'une végétation languissante. Par cette raison, il convient de mettre de côté la terre végétale pour la replacer après qu'on aura enlevé du sous-sol la profondeur suffisante. Si on ne prend pas ce soin, on sera plus tard obligé d'activer la végétation par des engrais.

Les rigoles d'irrigation sont pratiquées, comme nous l'avons déjà dit, sur le haut de chaque planche. On doit alors chercher à donner de l'élévation à cette partie, afin que l'eau trouve une pente de chaque côté et arrive dans les rigoles d'écoulement. On commence par tailler la rigole d'irrigation, on en enlève le gazon à une faible épaisseur; on divise en deux ce gazon sur sa longueur, et on en place les bandes ainsi obtenues des deux côtés de la rigole, qui prend alors la forme de la figure 71. Aux deux bords de la planche, le long

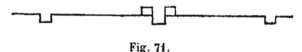

Fig. 71.

des rigoles d'écoulement, on peut alors enlever de chaque côté une bande de gazon large de 0ᵐ,30 à 0ᵐ,35 et qu'on coupe obliquement de manière que, formant un angle très-aigu du côté du milieu de la planche, elle augmente d'épaisseur vers la rigole d'écoulement. Cette bande est placée le long de la rigole d'irrigation, appliquée et pressée contre celle qu'on y a déjà mise, et la planche prend alors la forme

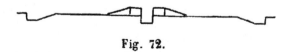

Fig. 72.

de la figure 72. Chaque année les gazons et tous les matériaux

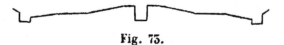

Fig. 73.

que procure le curage des rigoles sont étendus sur les côtés de la planche, les parties trop basses se remplissent, la rigole d'irrigation s'élève, et le tout finit par arriver à une forme régulière, avec la pente voulue (*fig.* 73 et 74).

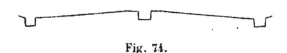

Fig. 74.

La rigole d'irrigation doit être autant que possible horizontale. S'il se rencontre un enfoncement sur la ligne qu'elle doit parcourir, on le traverse en formant avec deux petites digues en gazon le lit de la rigole. En général on doit toujours chercher à élever ces rigoles; l'eau qu'elles distribuent coule plus rapidement et son effet est plus énergique. Les rigoles d'irrigation doivent diminuer de largeur à mesure qu'elles s'éloignent du canal d'alimentation, de manière qu'à leur extrémité elles ne conservent que la moitié de la largeur qu'elles ont au point où elles reçoivent l'eau.

Quelquefois il arrive que les planches ont de la pente non-seulement sur leur longueur, mais aussi sur leur largeur. Dans ce cas, si l'on voulait établir la rigole d'irrigation au milieu de la planche, on ne le pourrait qu'avec des frais considérables, parce qu'il faudrait abaisser tout un côté. Il est alors préférable d'établir la rigole d'irrigation sur le côté le plus élevé de la planche, à 1 mètre de la rigole d'écoulement de la planche voisine, et de manière que l'eau n'est déversée que sur une seule pente. On a ainsi la moitié d'une planche en dos d'âne.

Les figures 75 et 76 donnent le plan et la coupe d'une planche semblable.

a est la rigole d'irrigation, *b* le canal d'alimentation, *cc* les rigoles d'écoulement, *d* le canal principal d'écoulement.

Dans l'établissement d'une prairie arrosée, tel que nous le décrivons, on ne pourra pas toujours dès le commencement remplir tous les creux et élever suffisamment les parties basses. On se contentera d'abord d'abaisser les élévations,

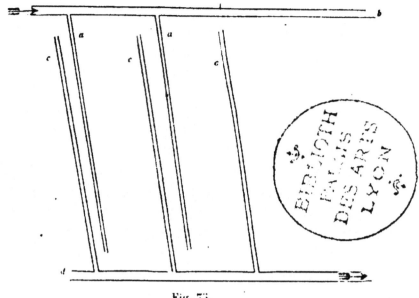

Fig. 75.

et on remplira ensuite successivement les creux, selon que le temps et les circonstances le permettront. C'est ordinaire-

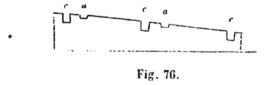

Fig. 76.

ment en hiver, lorsque la terre est assez gelée pour porter les voitures, qu'on exécute ces remblais.

§ 2. — PRÉS DE MONTAGNES.

Les prés de montagnes se distinguent des prés de vallées, en ce que les premiers ont une pente considérable, qui rend inutile l'établissement des planches nécessaires pour arroser un sol naturellement uni. Tout l'art consiste, pour ces prés en pente, à répartir l'eau aussi également que possible sur toute leur surface. L'écoulement de l'eau est assuré par la forte inclinaison du sol, et à la rigueur il suffirait d'une rigole d'irrigation à la partie la plus élevée du pré et d'une rigole d'écoulement à la partie inférieure. Mais alors le plan à arroser aurait trop d'étendue, et on est forcé de le diviser en établissant un nombre de rigoles d'irrigation proportionné à la longueur du terrain à arroser. Aussi un pré de montagne, dont l'irrigation est bien organisée, a-t-il toujours plusieurs rigoles d'irrigation horizontales.

En opposition avec l'irrigation qui est un art véritable et qui dispose le terrain de la manière la plus favorable pour l'irrigation, il existe dans les montagnes un mode d'irrigation que l'on peut nommer grossier et qui se borne à de petites coupures qu'on fait dans la rigole, et par lesquelles l'eau se répand ; on lui barre le passage par une petite planche ou un gazon. Ce mode grossier d'irrigation est quelquefois la suite de la négligence; mais souvent aussi dans des terrains encore sauvages et à surface inégale on aurait tort de vouloir tout de suite en introduire un autre.

A Gerhardsbrunn on a, depuis quarante ans, converti en prés beaucoup de revers incultes de montagnes et des terrains qui étaient précédemment couverts de bois. On y pratique cette méthode d'irrigation, et les circonstances n'en permettent pas d'autres. Comme on ne pouvait pas faire disparaître tous les obstacles qui s'opposent à une irrigation régulière, on s'est contenté de tirer de la rigole principale de petites rigoles qui suivent dans toutes les directions les sinuosités du terrain tournant les rochers, les vieilles souches d'arbres, les creux, et portant l'eau partout où on peut l'amener. Cette manière d'arroser se trouve encore sur beaucoup de pentes, et on la regarde comme la plus convenable, jusqu'à ce que successivement on soit parvenu à niveler le sol.

Il ne faut pas seulement pour atteindre ce résultat beaucoup de travail, il faut encore du temps.

Sur la pente rapide d'une montagne, l'établissement du fossé qui doit distribuer l'eau à tout le pré présente des difficultés qu'on ne connaît pas sur un terrain peu incliné. Si même on n'a qu'une rigole de peu de largeur, il faut cependant lui donner du côté de la montagne une forte inclinaison. Ordinairement encore le sol a peu de consistance, et on est forcé de donner à la rigole une profondeur considérable pour que la paroi inférieure puisse avoir une largeur suffisante. Cette largeur est nécessaire, non-seulement pour la solidité de la rigole, mais encore parce qu'elle fournit un sentier nécessaire à celui qui soigne l'irrigation. Si le sol est mouillé, il est exposé à des éboulements, et il faut construire une muraille pour soutenir la paroi supérieure du fossé. Cette muraille peut être faite à peu de frais quand on a des pierres sur place, comme cela est ordinaire dans les montagnes. On commence par élargir la rigole, en lui donnant $0^m,30$ de largeur ou plus, selon les dimensions des pierres. On prend ensuite de grandes pierres, telles qu'on les trouve, sans les tailler, longues, plutôt plates qu'épaisses, et on les dresse obliquement en les enfonçant d'environ $0^m,15$ dans le fond de la rigole et de manière qu'elles en forment la paroi supérieure. Plus elles sont longues, ou plus elles s'élèvent haut, et plus elles soutiennent solidement les terres, et on tâche que cette petite muraille soit formée d'une seule longueur de pierres. On remplit les intervalles qui se trouvent entre les grandes pierres avec d'autres plus petites solidement enfoncées dans la terre, puis on recouvre de gazons qui forment un talus régulier. Si ce travail a été exécuté avec soin et avec quelque adresse, on obtient assez de solidité pour que l'eau provenant de l'irrigation d'un plan supérieur puisse couler partout sans occasionner d'éboulement. Ces rigoles sur les revers de montagnes sont représentées par les figures 77 et 78.

6.

D'après tout ce que nous venons de dire, on peut voir que
l'établissement d'un canal d'irrigation sur une pente rapide
exige beaucoup de travail et de dépense, et qu'il prend une

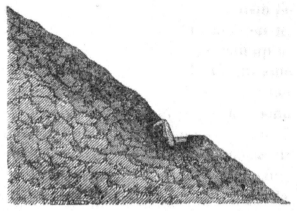

Fig. 77.

surface considérable de terrain. Aussi cherche-t-on à diminuer le plus possible le nombre de ces canaux et se borne-
t-on à ceux qui sont d'une nécessité indispensable. Mais pour

Fig. 78.

pouvoir cependant donner de l'eau fraîche à la partie inférieure du pré, on tire du canal principal de petites rigoles
verticales qui amènent l'eau jusqu'aux parties inférieures du
pré, et qui, à leur extrémité, répartissent l'eau par une rigole
horizontale, ce qui leur donne la forme du T. Ces rigoles
verticales sont chaque année changées de place pour que.le
passage continuel et rapide de l'eau ne leur donne pas trop
de profondeur.

Les figures 79 et 80 nous représentent un de ces prés de
montagnes.

a a et *b b* sont les fossés qui distribuent l'un au haut,

l'autre au bas du pré l'eau provenant de la source $c — b\,b$
reçoit, en outre, l'eau qui vient de $a\,a$ et qui a arrosé l'es-

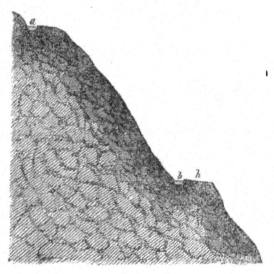

Fig. 79.

pace compris entre les deux canaux ; $d\,d\,d$ sont des rochers ;

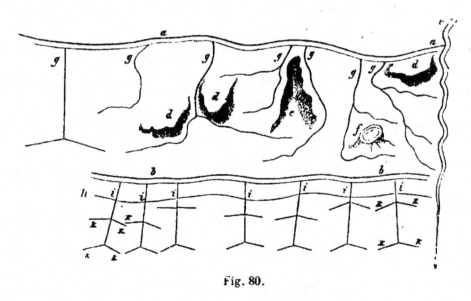

Fig. 80.

c est un enfoncement ; f la souche d'un arbre abattu ; $g\,g$ les
rigoles d'irrigation. Au-dessous du canal ou fossé b, il y a

un chemin *h* pour les voitures qui doivent enlever le foin produit par le plan supérieur.

i i sont des rigoles verticales qui se terminent par les rigoles horizontales *k k*. Le chemin *h* est disposé de manière qu'il peut être arrosé et fauché. Une roue étant dans le fossé et l'autre sur le chemin, on peut donner à celui-ci assez d'inclinaison pour qu'il puisse être convenablement arrosé.

Beaucoup de prés de la commune de Gerhardsbrunn sont aujourd'hui encore ainsi disposés.

Mais lorsqu'on est parvenu à remplir les creux, à abattre les éminences, à faire disparaître tous les obstacles, alors on pratique un autre mode d'irrigation plus parfait que celui qui vient d'être décrit.

Le nivellement des prés de montagnes s'opère de la même manière que celui des prés de vallées. Sur les parties où l'on a opéré des remblais, on cherche autant que possible à recouvrir de gazon la terre rapportée, ou bien on l'ensemence. Si l'on n'a pas une suffisante quantité de gazon pour recouvrir les parties qui en manquent, on peut recourir à une opération que Schwerz nomme *greffer* le gazon. Pour cela, on les divise en bandes étroites que l'on étend sur la terre à des distances plus ou moins grandes, selon la quantité de gazon qu'on a à sa disposition. On presse fortement ces bandes en les damant ; elles ne tardent pas à pousser des racines, et en peu d'années le sol se trouve complétement gazonné.

Il est inutile de dire que ce procédé s'applique à tous les prés dans les vallées comme sur les pentes des montagnes.

L'irrigation perfectionnée des prés de montagnes consiste à remplacer les coupures irrégulières par des rigoles horizontales, qui sont alimentées par une rigole de distribution. Les rigoles d'irrigation doivent être tracées au moyen de la latte à plomb. Il faut qu'elles soient parfaitement horizontales, sans qu'il soit absolument nécessaire qu'elles soient dirigées en ligne droite; elles décrivent au contraire autant d'angles qu'en nécessite la configuration du sol (*fig.* 81).

Fig. 81.

La distance à mettre entre les rigoles dépend, comme nous l'avons déjà dit, de la quantité d'eau disponible, de la nature de l'eau et de la pente du terrain.

Il serait difficile de donner pour cela une règle précise, parce qu'il faudrait mesurer la quantité d'eau et mesurer la pente. En général, on ne doit pas ménager les rigoles d'irrigation, et on pourrait presque dire qu'il ne saurait y en avoir trop. Dans des prés de 4 à 5 p. 100 de pente, leur éloignement entre elles ne doit pas excéder 5 mètres.

Les rigoles d'irrigation peuvent être alimentées par une rigole verticale de distribution qui part du canal de dérivation, ou bien chaque rigole d'irrigation peut être mise en

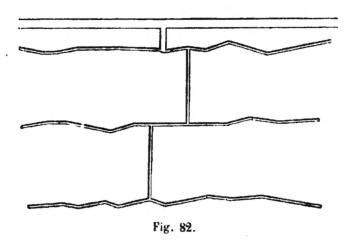

Fig. 82.

rapport directement et par une rigole particulière avec le canal de dérivation (*fig.* 82, 83).

Dans l'exemple fourni par la figure 82, on a pris la précaution de ne pas faire correspondre directement les unes aux autres les rigoles verticales, parce que, avec une forte pente, telle qu'on la suppose dans ce cas-ci, si ces rigoles ne

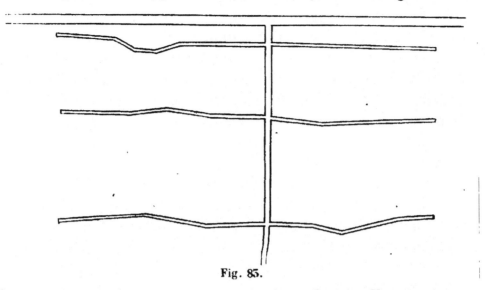

Fig. 85.

formaient ensemble qu'une seule ligne droite, elles seraient bientôt creusées et détériorées par les eaux.

Un arrangement meilleur encore consiste à donner à cha-que rigole d'irrigation une rigole particulière de distribution

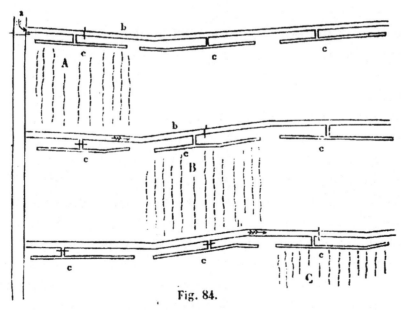

Fig. 84.

(*fig.* 84). Si, par exemple, on n'a pas assez d'eau pour arroser

tout un plan, on peut la faire couler dans la rigole d'irrigation *a*. La seconde rigole de distribution reçoit ensuite cette
eau et la rend à la rigole d'irrigation *b* qui la répand sur une
seconde surface. Une troisième rigole de distribution la reçoit
à son tour et la verse dans la rigole *c*, pour arroser une
troisième surface. De cette manière l'eau, après avoir arrosé
un certain espace, est de nouveau réunie dans un fossé de
distribution qu'elle parcourt dans toute sa longueur, avant
de servir à arroser l'espace suivant. De cette manière encore,
l'eau peut mieux se réunir ; elle forme une masse plus considérable, le parcours dans la rigole la met en contact avec
l'atmosphère et lui permet de se charger de nouveau d'air et
d'acide carbonique, et elle a plus d'efficacité que si, après
avoir arrosé la première surface, elle eût immédiatement
coulé sur la seconde.

Si l'on a une quantité d'eau suffisante, on peut arroser iso-
lément chaque plan tout entier en distribuant les rigoles
comme l'indique la figure 84.

a canal de dérivation; *b b b* canaux de distribution; *c* rigoles d'irrigation.

Ce dernier mode d'irrigation n'est pratiqué que sur les prés
qui ont peu de pente, et où les canaux de distribution n'ont
pas besoin d'une grande largeur. Ce grand nombre de canaux
de distribution serait un mal sur une pente rapide.

Par cette raison, Schwerz recommande l'arrangement qu'il
a introduit à Hohenheim, et que représente la figure 85.

Ce mode d'irrigation diffère du précédent en ce que, au
milieu du plan, il y aura une seconde ligne de rigoles d'irrigation, qui ne reçoivent pas l'eau immédiatement du canal
de distribution, mais qui la reprennent après qu'elle a arrosé
la partie supérieure du plan. Il est évident que, dans cet
arrangement, on a eu pour but de diminuer le nombre des
canaux de distribution, tout en empêchant que les eaux, dans
une longue pente, ne se rassemblent et ne ravinent le terrain.

Si nous examinons les méthodes d'irrigation les plus par-

faites que nous avons jusqu'à présent décrites, nous verrons
que toutes se réduisent à ce principe d'arroser au moyen de

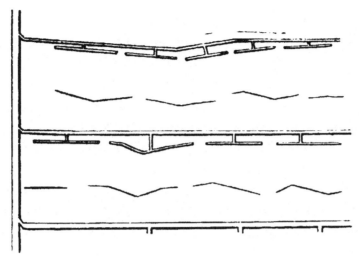

Fig. 85.

rigoles *horizontales*, auxquelles on peut à volonté fournir de
l'eau fraîche par les canaux de distribution.

Le plus grand nombre de rigoles d'irrigation, et par suite
la moindre largeur des plans, contribuent encore à la perfection de l'irrigation.

Une observation à faire, c'est qu'il n'est pas du tout nécessaire que les rigoles de distribution soient en droite ligne, ni
qu'elles soient à angle droit avec le canal de dérivation. Il
en est de même des rigoles d'irrigation ; elles doivent être
horizontales pour déverser également l'eau, et peu importe
l'angle qu'elles forment avec le canal de distribution.

Il est bon de changer de place tous les ans ou tous les deux
ans les rigoles d'irrigation. Si de petites rigoles verticales
suffisent à la distribution de l'eau, il est bon de les changer
de même.

Il est souvent plus facile de faire une nouvelle rigole que
d'en réparer une ancienne. Si on laisse toujours les rigoles à
la même place, l'eau les creuse trop profondément. Enfin le
gazon qu'on obtient en creusant une nouvelle rigole sert à

boucher l'ancienne, et c'est ordinairement sur ces vieilles rigoles ainsi comblées que se développe la plus vigoureuse végétation. Quand on fait une rigole nouvelle, il suffit de l'éloigner de quelques centimètres de l'ancienne, et il y a aussi des cas où il convient mieux de laisser subsister les anciennes rigoles que de les changer de place.

Jusqu'à présent, nous n'avons pas fait mention de fossés d'écoulement dans l'irrigation des prés de montagnes. L'eau de ces prés a ordinairement un écoulement assuré, et l'établissement d'un fossé là où il est nécessaire est trop simple pour qu'il soit besoin d'instructions à cet égard.

Il y a cependant des prés dont le sol est presque horizontal et qu'on ne pourrait, sans des frais considérables, distribuer en planches. Ces prés ont souvent dans leur milieu des enfoncements où l'eau qui a servi à l'irrigation se réunissant, resterait stagnante et ferait beaucoup de tort, si on n'avait soin d'assurer son écoulement par un canal spécial.

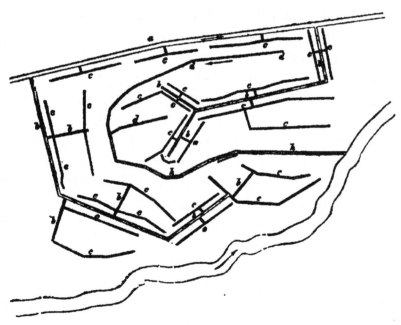

Fig. 86.

Nous donnons ici (*fig.* 86) le plan d'une semblable prairie;

7

il servira en même temps à montrer comment on établit les canaux et rigoles sur un terrain de forme irrégulière.

a est le canal de dérivation.

$b...b$ les canaux de distribution.

$c...c$ les rigoles d'irrigation.

$d...d$ les rigoles et le principal canal d'écoulement.

Il peut arriver qu'on soit dans la nécessité de faire passer un canal d'écoulement sous un canal de distribution. Dans ce cas, on fait écouler l'eau par un conduit souterrain en pierres, ou si la quantité d'eau est peu considérable, par un conduit en bois foré. Dans des cas semblables, qui tous ne peuvent être prévus ou indiqués, l'intelligence du cultivateur doit lui suggérer les moyens d'arriver au but de la manière la plus convenable.

Nous avons tout à l'heure cité les prés de montagnes de Gerhardsbrunn. C'est dans des localités semblables que bien des jeunes cultivateurs devraient venir apprendre comment l'homme peut lutter contre une nature ingrate et surmonter les obstacles à force de travail et de persévérance.

D'immenses améliorations peuvent être facilement introduites par les irrigations dans l'agriculture française, chacun le voit et le sait; mais ce que la très-grande majorité des propriétaires ne soupçonne pas, c'est qu'il y a bien des montagnes, aujourd'hui arides, qui pourraient, à peu de frais, être couvertes d'une riche verdure.

Nous connaissons un charmant vallon[1], dont on admire aujourd'hui les eaux, les riches récoltes de fourrage, les plantations d'arbres, et qui, il y a vingt ans, n'était qu'un stérile ravin, entouré de terres nues, soumises à l'assolement triennal, et dont les maigres récoltes payaient à peine les frais de culture. Un homme qui avait l'amour de l'agriculture, qui avait la volonté et les moyens d'améliorer, comprit les ressources qu'offraient la disposition du ter-

---

[1] A Fremmerdorf, près de Saarlouis, Prusse rhénane.

rain et les eaux qu'il contenait. Par des achats et par des échanges, il parvint, non sans peine, à arrondir sa propriété, et à acquérir ce qui était nécessaire à l'exécution de ses plans.

Pendant la sécheresse, le cours d'eau était presque nul ; par les pluies, les eaux qui descendaient de toutes parts des montagnes en faisaient un torrent. Deux digues furent établies : l'une au haut, l'autre vers le milieu du vallon, et formèrent deux étangs qui retiennent les eaux surabondantes pour les rendre plus tard lorsque le besoin s'en fait sentir. Elles alimentent un beau moulin situé au bas du vallon, et dont la roue a sept mètres de diamètre. Les terres situées des deux côtés du ravin étant depuis longtemps soumises à la culture, les travaux de nivellement ont été peu considérables. Avec les pierres qui se trouvaient sur place en abondance, on a comblé les trous et on a construit quelques murailles sèches. Des chemins praticables aux voitures ont été établis, et on a pris les précautions nécessaires pour que les grandes eaux ne puissent plus causer de dégâts. Nous venons tout à l'heure de voir comment, à Gerhardsbrunn, on établit un chemin le long du canal d'irrigation, sur une pente rapide, et sans enlever à la prairie la moindre portion de son étendue ; ici les circonstances étaient toutes différentes. L'inclinaison du terrain était moindre ; le sol, au lieu d'être sablonneux, était argilo-calcaire, par conséquent assez compacte ; enfin on avait à craindre de très-fortes eaux. On a alors pratiqué de chaque côté un large canal avec une pente régulière jusqu'à l'extrémité de la propriété. Ce canal a au fond deux mètres de largeur et il est macadamisé, ce qui s'est fait sans peine et avec peu de frais, parce que la terre était partout couverte de pierres calcaires dont on avait à se débarrasser. Il sert de chemin aux voitures pour la sortie des récoltes, en même temps qu'il fournit les eaux pour l'irrigation et qu'il assure l'écoulement (sans qu'elles puissent causer aucun dégât) de celles qu'on ne peut utiliser.

Ainsi chaque étang a trois issues : l'une a sa partie la plus profonde au milieu et sous la digue. Cette ouverture, garnie d'une pale, laisse sortir à volonté la quantité d'eau dont on a besoin pour le service du moulin, et elle peut mettre l'étang complétement à sec. Les deux autres issues ou déchargeoirs sont à la partie supérieure et à chaque extrémité de la digue ; elles laissent s'échapper le trop-plein qui s'écoule par les canaux servant de chemins.

On a donc obtenu un beau moulin d'un bon rapport ; on a créé plusieurs hectares de prés remarquables par l'abondance et la qualité du fourrage ; les bords des étangs, le fond de l'ancien ravin sont plantés de saules, de peupliers et d'autres arbres ; tous les chemins et sentiers sont bordés d'arbres fruitiers, et toutes ces plantations donneront aussi bientôt un revenu certain.

L'homme qui a exécuté ces travaux, et beaucoup d'autres encore, était Charles Villeroy, enlevé trop tôt à ses amis et à l'agriculture.

Combien de terres sauvages et d'une valeur presque nulle pourraient être ainsi transformées et se couvrir de riches récoltes ! Si le simple cultivateur a l'idée de ces améliorations, les moyens d'exécution lui manquent, et le propriétaire qui a les connaissances nécessaires pour combiner et diriger les travaux, l'argent pour les payer, celui-là n'a pas la volonté de faire. Il ne sait pas combien les entreprises d'irrigation sont lucratives, combien elles amènent d'heureux résultats dans l'intérêt public comme dans l'intérêt privé, sans entraîner avec elles tous les embarras et tous les risques de la culture des terres. Il court souvent après la fortune dans des entreprises hasardeuses, et il ne voit pas les placements de capitaux certains et avantageux qu'il a près de lui. Il ignore surtout les jouissances si douces, si pures qu'éprouve celui qui a couvert d'une riche végétation un sol auparavant aride, qui voit croître les plantes qu'il a semées, qui cueille les premiers fruits des arbres qu'il a élevés, qui en contemplant une riche production qui sans lui ne serait pas, en se voyant entouré d'hommes qu'il fait vivre par le travail, dont il assure la santé et la moralité, peut tous les jours se dire : *Mes œuvres sont bonnes.*

CHAPITRE II

Construction des prés selon la méthode de Siegen.

Quoique l'emploi des divers modes d'irrigation que nous venons de décrire soit toujours avantageux, quoique par eux on puisse beaucoup améliorer les prés et augmenter leurs produits, ils n'amèneront pourtant pas complétement tous les résultats qu'on peut obtenir de l'irrigation. La prairie qui, au premier coup d'œil, semble être le plus unie, présente, quand on l'examine attentivement, de petites éminences où l'eau n'arrive pas, de petits creux dans lesquels elle séjourne. Pour que l'irrigation s'opère parfaitement, un nivellement complet est nécessaire.

Ce nivellement des prés d'après des règles résultant de l'expérience, dans le but de donner au sol la forme la plus parfaite pour l'irrigation, les Allemands le nomment *umbau :* la *reconstruction* d'un pré. La nature a fait un pré, l'art le défait pour le reconstruire.

« Le métier, dit Schwerz, devient ici un art, et ce n'est pas à tort qu'on considère la bonne disposition d'un pré pour l'irrigation comme la plus intelligente et la plus utile de toutes les opérations agricoles. »

La reconstruction des prés, selon les règles de l'art, est originaire des environs de la ville de Siegen [1]. De 1750 à 1780, elle y a été introduite et perfectionnée par Albert-Adolphe Dresler, bourgmestre à Siegen. Aujourd'hui encore

---

[1] Siegen, sur la Sieg, petite ville de la Prusse, sur la rive droite et à environ 40 kilomètres du Rhin à la hauteur de Bonn.

ce sont les maîtres irrigateurs de Siegen auxquels on donne la préférence, quoique cet art se soit répandu dans toute l'Allemagne, et que dans plusieurs États on ait établi des écoles spéciales pour l'irrigation des prés et tous les travaux qui y ont rapport.

Cette reconstruction des prés est une conquête des temps modernes ; elle a été amenée par l'accroissement de la population, l'augmentation de la valeur de la terre, et l'importance qu'a prise la production du fourrage. C'est en Allemagne que cet art a pris naissance et s'est perfectionné. L'Angleterre elle-même, dont l'agriculture occupe un rang si élevé, a reçu de l'Allemagne l'art de l'irrigation, et ce n'est qu'en 1812 que le fermier Blomfield a répandu en Angleterre la connaissance de cet art.

Quoique la reconstruction des prés soit une des plus belles opérations de l'agriculture, elle est cependant toujours une amélioration coûteuse, et on ne doit l'entreprendre que sur un sol qui donne la certitude de résultats avantageux.

Ainsi donc, avant de se décider à reconstrire un pré, on doit l'examiner attentivement, sans prévention, et acquérir la conviction qu'il réunit réellement les conditions qui rendent l'opération nécessaire ou du moins convenable.

Voici comment Schenk s'exprime à cet égard :

« La reconstruction ne doit pas être prise pour règle générale ; au contraire *on doit la considérer comme une exception amenée par la nécessité ou par la certitude d'un produit plus considérable.*

« Si la surface du pré est tellement inégale qu'on ne puisse, sans des frais considérables, la niveler pour que l'eau se répande partout et s'écoule promptement ; si le sol, dans certains endroits, retient l'eau de manière à devenir marécageux par l'irrigation, tandis que dans d'autres parties l'eau s'infiltre dans un sol sec ; si l'on a alternativement des élévations où on ne peut amener l'eau, et des creux où elle s'amasse ou bien remonte dès qu'elle est un peu haute ; si le ruisseau creuse et déchire ses rives et qu'on ne puisse remédier à cet inconvénient, ni en élevant le canal de dérivation, ni en donnant plus de profondeur au canal d'écoulement, ni en faisant des digues en gazon......, alors il y a *nécessité* de reconstruire le pré.

« Si tous ces défauts n'existent pas dans un pré, mais s'il manque de pente dans certains endroits, tandis que dans d'autres il y en a une trop forte, que par suite il croîtra là où l'eau séjourne des plantes de mauvaise qualité ; si dans certaines parties le sol laisse trop facilement filtrer l'eau, tandis que dans d'autres il la retient, soit par sa nature même, soit à cause d'un sous-sol imperméable, et que par suite de toutes ces circonstances on récolte sur une partie du bon foin, sur une autre du foin aigre, alors la reconstruction du pré paraît être *utile*, elle doit amener d'heureux résultats, tant pour la quantité que pour la qualité du fourrage.

« Mais là où ces défauts peu importants ne se trouvent pas, où le pré peut être facilement disposé pour l'irrigation naturelle, où l'on obtient déjà le bon fourrage, que le bétail mange volontiers, dans ce cas, la reconstruction n'est pas à conseiller. »

Outre ces considérations relatives à la configuration du sol, il est important d'avoir aussi égard à la quantité et à la nature de l'eau, avant de se décider à reconstruire un pré. Il faut que l'on ait *en tout temps*, à sa disposition, de bonne eau, en suffisante quantité. Les eaux qui proviennent de marais ou de forêts ne peuvent pas amener d'heureux résultats, et si l'eau est fréquemment trouble et chargée de vase, elle élève le sol du pré et met bientôt dans la nécessité de le reconstruire de nouveau.

Schenk établit que la plus petite quantité d'eau avec laquelle on puisse arroser avec succès doit couler sur le sol à une hauteur de une ligne décimale (la ligne décimale égale $3^{mm},18$). Enfin entre le canal de dérivation et le canal de desséchement, il doit exister une pente suffisante, afin que l'eau ne reflue pas dans les rigoles d'écoulement. Les irrigateurs de Siegen pensent que cette pente ne peut pas être moindre de 3 p. 100.

Lorsque toutes ces conditions se trouvent réunies et qu'on s'est décidé à la reconstruction, on doit s'occuper des travaux préparatoires, et d'abord de l'établissement du principal *canal de desséchement*, du *canal de dérivation* et du *tracé du plan*.

Il est bon de commencer par le canal de desséchement, d'abord pour que les eaux s'écoulent et ne puissent pas gêner les travaux, ensuite pour bien constater la pente et acquérir la certitude que les opérations de nivellement ont été faites avec exactitude.

Autant que possible, le canal de dérivation doit être établi assez haut pour que son fond soit au moins aussi élevé que la surface du pré dans la partie qui l'avoisine. Les irrigateurs de Siegen considèrent comme une condition importante d'une bonne construction que le canal de dérivation soit de 0^m,33 plus élevé que le niveau du pré. Par le fait de l'irrigation, le sol du pré s'exhausse successivement, et s'il est de niveau avec le canal de dérivation, l'irrigation deviendra bientôt impossible, et il faudra recourir à une nouvelle construction du pré.

Ces canaux étant établis, on procède à la division du pré, c'est-à-dire qu'on détermine dans quelles parties aura lieu l'irrigation en plan incliné, et dans quelles parties l'irrigation en ados.

Si le pré a passablement de pente, au moins 4 p. 100, s'il n'est pas disposé à devenir marécageux ou à produire du fourrage aigre, si avec cela on n'a pas de l'eau en suffisante quantité pour une irrigation vigoureuse, alors on doit préférer l'irrigation *en plan incliné*. Elle doit être aussi préférée si, pendant les mois d'été, on n'a que peu d'eau à sa disposition pour humecter le pré. Le pré en pente s'humecte mieux et conserve mieux l'humidité que celui en ados.

Les parties aigres et marécageuses pour lesquelles on a suffisamment d'eau doivent être mises *en ados étroits*. Ce sont aussi ces ados étroits qui nécessitent le moins de pente naturelle du terrain.

Avec une faible inclinaison du sol, qui ne se prête plus à l'irrigation en plan incliné, et si l'on n'a pas dans tous les temps de l'eau en abondance à sa disposition, pourvu que le sol ne soit pas trop aigre ou marécageux, on les divisera *en ados larges.*

L'irrigation en plan incliné convient à un sol sec; c'est elle qui demande la plus forte inclinaison du sol et qui exige le moins d'eau.

Les ados étroits conviennent à un sol humide, aigre, avec peu de pente, et demandent la plus grande quantité d'eau.

Entre ces deux extrêmes sont les ados larges.

On ne pourra pas toujours disposer toute l'étendue d'un pré d'après le même système. Au contraire, il arrivera qu'à une partie conviennent mieux les ados étroits, à une autre les ados larges, à une autre l'irrigation en plan incliné. Lorsque deux ou trois modes d'irrigation sont ainsi réunis dans un pré, on le nomme en allemand *zusammengesetzter Bau*, que nous ne saurions mieux traduire que par *construction compliquée.*

Une des grandes difficultés, quand on trace le plan d'un pré, est de l'ordonner de telle manière que les déblais et remblais se compensent, que la terre qui est de trop ne doive pas être transportée trop loin, et que pour les endroits où il en manque il ne faille pas non plus aller la chercher trop loin. Pour atteindre plus facilement ce but, on fractionne l'étendue du pré, et on fait pour chaque fraction un plan particulier.

C'est d'un bon plan que dépend le succès de l'opération, c'est-à-dire le prix de revient de la construction, et plus tard le produit du pré.

1. Un pré qui a été disposé pour l'irrigation avec des frais considérables doit être traité avec les plus grands ménagements. Ainsi on doit, autant que possible, éviter le passage

des voitures sur les planches; ce passage est d'ailleurs difficile et incommode. Il faut donc, dès le principe, s'assurer de chemins sûrs et commodes. On peut admettre en principe qu'un chemin est nécessaire pour une largeur de 100 mètres, de manière qu'il y ait une espace de 50 mètres de chaque côté du chemin. Une plus grande distance serait incommode, et il faudrait plutôt la diminuer que l'augmenter, attendu qu'il est important de pouvoir enlever le foin promptement et facilement. Les chemins peuvent à la vérité être aussi arrosés si l'on a beaucoup d'eau à sa disposition ; mais dans la construction d'un pré on évite de toucher au sol des chemins, parce que si on l'ameublit, les pieds des animaux y enfoncent et les roues y tracent des ornières. Les cultivateurs du pays de Siegen sont d'avis que pour une distance qui n'excède pas 500 mètres il vaut mieux rentrer le foin en le portant dans des draps que de le charger sur des voitures.

2. Quand on s'est assuré de la pente du pré et de la nature du sol, et qu'on en a tracé les divisions, on vérifie de même les divisions et subdivisions. Chaque subdivision est marquée par des piquets, et au moyen du niveau d'eau on cherche à s'assurer de la quantité de terre à enlever ou à rapporter. Ces déblais et remblais ne peuvent être calculés rigoureusement; d'une part, parce qu'on ne peut pas apprécier toutes les petites irrégularités du terrain ; de l'autre, parce que la terre remuée occupe plus ou moins d'espace, selon qu'elle a plus ou moins de consistance.

Cependant ces calculs sont à recommander au moins à ceux qui manquent encore de l'expérience de ces sortes de travaux et qui n'ont pas encore acquis le coup d'œil exercé qui peut suffire à celui qui le possède pour tracer un plan.

Pour donner une idée de ces calculs, nous nous bornerons à un exemple tout à fait simple et facile.

Nous supposons une surface unie qui doit être formée en ados. La longueur est 50 mètres et la largeur 30 mètres. On veut former 5 ados ayant chacun 10 mètres de largeur et

30 mètres de longueur. Si la hauteur de chaque ados, dans sa partie la plus élevée, est de $0^m,60$, on a un prisme de 10 mètres de base, $0^m,60$ de hauteur et 30 mètres de longueur, ou une contenance de 90 mètres cubes. Ainsi les cinq planches nécessiteront une masse de terre de 5×90 ou 450 mètres cubes.

On suppose ici que les planches sont construites en les élevant sur l'ancien sol et en rapportant la totalité de la terre dont elles sont formées. Cependant ce cas se présente rarement. Le plus souvent les planches sont formées avec le sol même du pré, et ce qu'on enlève sur les côtés suffit pour leur donner au milieu la hauteur nécessaire.

Si la surface unie que nous venons de supposer devait être disposée pour l'irrigation en plan incliné, il faudrait, pour obtenir une inclinaison de 5 p. 100, abaisser au bas du pré le sol de $0^m,75$, pour le reporter à la partie supérieure.

On aurait ainsi un prisme de 30 mètres de largeur, 50 mètres de longueur, une épaisseur moyenne de $0^m,75$ et un cube de 1,125 mètres.

Ces calculs peuvent être d'autant plus exacts que la surface du sol est plus unie. L'inclinaison, pourvu qu'elle soit régulière, n'est d'aucune conséquence.

Supposons que la surface qui nous a servi d'exemple ait 2 p. 100 de pente, son bord inférieur devrait être encore abaissé de 3 p. 100 pour obtenir l'inclinaison de 5 p. 100, ce qui ferait $0^m,90$. L'épaisseur moyenne de la terre à enlever serait de $0^m,45$, et la masse totale de 675 mètres cubes.

Si la surface du pré est très-inégale, il faut calculer séparément chaque élévation et chaque enfoncement un peu considérables, et évaluer les autres à vue d'œil.

Dans le calcul des terres à transporter, on doit remarquer qu'une masse solide de 5 mètres cubes de terre à transporter donne, étant remuée, 6 à 7 mètres cubes. Cette différence varie suivant la nature du sol qui augmente d'autant plus de volume qu'il s'ameublit plus en le travaillant. Il est vrai qu'un tassement de la terre rapportée a toujours lieu ensuite, mais elle ne devient jamais aussi ferme qu'elle était auparavant.

3. La somme des frais qu'entraine la construction d'un pré dépend moins de la masse des terres à remuer que de la distance à laquelle elles doivent être transportées. Il est facile de comprendre que les frais ne doivent pas dépendre seulement de la quantité de terre à remuer; car tous les autres travaux, couper et enlever le gazon, unir, battre le sol, etc., sont dans tous les cas les mêmes, soit qu'il y ait peu ou beaucoup de mouvements de terres.

La manière la plus facile et la moins chère de remuer la terre, c'est de la jeter à la pelle. Schenk dit qu'un bon ouvrier, en dix heures de travail, jette à la pelle 9 mètres cubes de terre à 2 et 3 mètres de distance. Pour cela, il faut que la terre se travaille bien, qu'elle ne s'émiette pas trop et qu'elle ne s'attache pas à la pelle.

Quand la terre se colle aux outils, on doit être content si le même ouvrier en jette 6 mètres cubes au lieu de 9. Quand on jette successivement la même terre deux fois, elle s'émiette de manière que le second ouvrier ne peut faire autant d'ouvrage que le premier dans le même temps.

C'est un fait constaté par l'expérience que, si on peut transporter la terre à sa destination en la jetant à la pelle deux fois, ce moyen est préférable au transport par voitures. Mais s'il fallait la jeter une troisième fois, on la transporte ordinairement avec un tombereau à bras mis en mouvement par deux hommes. On compte que trois hommes transportent autant que deux chevaux attelés à une voiture. Le travail au moyen du tombereau à bras est plus cher de deux tiers que celui à la pelle.

Rarement le sol d'un pré est partout de même nature; tantôt on rencontrera une terre légère et friable, tantôt une glaise tenace qui reste collée aux outils, et cette diversité de nature du sol amène une énorme différence dans la facilité du travail et dans les frais, lors même qu'on les a calculés avec tout le soin possible. Cependant nous donnons à la fin de ce volume (*Appendice* 1) un tableau des travaux et des frais. Pour ceux qui manquent encore d'expérience dans la construction des prés, ce tableau, s'il ne peut pas servir à faire un devis des frais, aidera à juger des travaux isolés, et surtout fournira des données à l'aide desquelles on exercera la surveillance sur les ouvriers.

Ceux qui, par état, s'occupent de la construction des prés, s'en rapportent ordinairement au coup d'œil pour faire le devis des frais ; en cela, ils ont l'avantage d'avoir pour point de comparaison les travaux qu'ils ont déjà précédemment exécutés.

En général, on doit chercher à éviter, autant que possible, les transports éloignés de terre. Ces transports, au moyen d'attelages, sont toujours très-coûteux, à moins que les bêtes de trait n'aient pas en hiver d'autre occupation, comme cela arrive souvent chez les petits cultivateurs. On peut, au moins en partie, atteindre ce but d'économie des transports, par une distribution bien combinée du terrain pour l'irrigation en plan incliné et en ados.

4. Il n'est pas possible de déterminer, par des règles générales et applicables partout, dans quels cas on doit disposer le terrain en ados ou en plan incliné. La préférence à donner à l'un ou à l'autre mode dépend, comme nous l'avons déjà dit, de la disposition du terrain.

Un exemple fera mieux comprendre par quelles considéra-

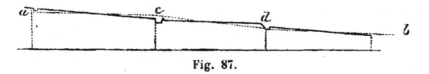

Fig. 87.

tions on doit être déterminé. La ligne *a b* (*fig.* 87) indique la pente naturelle d'un pré qu'on veut reconstruire. Comme dans la règle il n'y a pas ordinairement de terre à enlever immédiatement au-dessous du canal de distribution, on établit une pente de *a* en *c*, et la terre qu'on obtient en abaissant le sol trouve un emploi facile avec un transport peu éloigné, en formant des ados de *c* en *d*. Au-dessous de ces ados on établit de nouveau un plan incliné de *d* en *b*, puis au-dessous encore des ados, et ainsi de suite. On donne aux ados la longueur suffisante pour faire emploi de la terre provenant des déblais du plan incliné qui est au-dessus.

Si, au contraire, il y avait près du canal de distribution de la terre à enlever, on commencerait par construire là des ados au-dessous desquels on formerait un plan incliné, et ainsi de suite.

En général on peut admettre comme règle que la construction d'un plan incliné produit de la terre à enlever, et que la construction d'un ados exige de la terre qu'on doit rapporter. Mais ces règles ne trouvent leur application que là où le sol se prête également aux deux modes d'irrigation en plan incliné et en ados.

5. C'est à la partie supérieure du pré et en partant du canal de distribution qu'il est le plus convenable de commencer les travaux de construction. On les entreprend par fractions, chaque fraction occupant la largeur du pré entre le canal de distribution et le canal d'écoulement, et on continue ainsi en suivant le cours de l'eau. Si dès le début des travaux on a terminé le canal de distribution sur toute sa longueur, on peut aussi commencer en aval, à la partie la plus basse et en remontant le cours de l'eau, mais toujours en opérant à la fois sur toute la largeur.

Si pour ménager les récoltes de fourrage, on prend sans ordre et çà et là une portion du pré après l'autre pour le construire, il arrive que les parties déjà construites ont à souffrir par suite des travaux des parties voisines, et qu'en définitive l'ensemble du travail manque nécessairement de la régularité désirable.

6. Si le tracé des travaux, les calculs et les devis étant terminés, on trouve que dans une partie il y aura de la terre de reste, tandis qu'elle manquera dans une autre, on fait marcher de front la construction de ces deux parties, lors même qu'elles ne sont pas immédiatement près l'une de l'autre. La terre est alors de suite transportée là où on en a besoin, et il y a économie de temps et de travail.

On cherche à tout disposer de manière que dans la partie qui sera construite la dernière, les déblais suffisent aux remblais, c'est-à-dire qu'elle puisse être terminée avec les matériaux qui seront alors disponibles. Si, malgré les précautions prises, il se trouvait de la terre de reste et qu'il ne fût pas possible pour l'employer d'élever le niveau de toute cette partie, on forme de cette terre un tas qui reste disponible pour remédier aux affaissements de terrain qui, plus tard, peuvent avoir lieu, ou réparer les dégâts qui pourront être faits par les eaux. Si les circonstances locales ne permettent pas de recourir à ce moyen, on peut souvent se débarrasser des terres dont on n'a aucun emploi, en les faisant couler dans le ruisseau voisin au moyen d'un profond canal.

Dans la construction des ados, on peut, au besoin, faire entrer une plus grande quantité de terre, en leur donnant une forme bombée au lieu de la forme prismatique qu'ils doivent avoir (*fig.* 88). De cette manière, on peut trouver à

Fig. 88.

placer, sans qu'il en résulte d'inconvénient, une quantité de terre considérable.

La forme bombée donnée sans nécessité aux ados est une faute que nous avons souvent remarquée et contre laquelle nous devons prévenir ceux qui ont des prés à construire. La surface plane est plus facile à arroser , plus facile surtout à faucher et il n'y a aucun motif pour faire les planches bombées, si l'on n'y est en quelque sorte forcé pour faire emploi de terres dont on ne saurait se débarrasser autrement.

Si, au contraire, on manque de terre et qu'on ne puisse pas en prendre à une distance rapprochée, on peut s'aider, en raccourcissant les extrémités des ados, et, plus tard, avec les matériaux provenant du curage des fossés, on leur donne successivement la forme qu'ils doivent avoir (*fig.* 89).

Fig. 89.

On peut aussi, d'espace en espace, creuser de petits bassins dans lesquels s'amassent du sable et de la vase qui servent plus tard à remplir les vides.

Lorsque la construction s'avance régulièrement d'une extrémité du pré à l'autre, les canaux de distribution peuvent être faits en même temps que les autres travaux ; mais si l'on construit partiellement et sans ordre, les canaux de distribution doivent être terminés avant de commencer les autres travaux.

Ces canaux ne peuvent être faits sans qu'il y ait des terres à enlever ou à rapporter, et, si on ne les exécutait qu'après, il en résulterait désordre dans les travaux, perte de temps et de main-d'œuvre.

7. Si l'on a des travaux un peu considérables à exécuter, il est bon, et nous pourrions presque dire qu'il est indispensable, de lever un plan de tout le pré. Dans ce plan, on indique la pente de chaque division et en général les résultats de chaque nivellement pour les avoir sous les yeux toutes les fois qu'on en a besoin et ne pas être dans le cas de recom-

mencer des opérations déjà faites. Ce plan doit, en outre, contenir :

a. La direction de la digue à construire dans la rivière ou
dans le ruisseau, le principal canal de dérivation, les canaux
de distribution, les rigoles d'écoulement et le principal canal
de desséchement. Pour chacun de ces canaux, on note la pente,
la largeur et la profondeur, enfin tout ce qu'il est utile de savoir pendant le cours des travaux.

b. Le tracé des divisions qu'on a intention d'établir dans le
pré.

c. L'indication de la forme que doit recevoir le sol de
chaque division, plan incliné ou ados, ou l'un et l'autre. On
a soin de noter la longueur, la largeur et l'inclinaison du
terrain.

d. Enfin, les chemins doivent aussi être tracés. Ce plan doit
encore contenir les autres notes qu'on est dans le cas de prendre sur la nature du sol, du sous-sol, etc., et pour la conservation desquelles on ne peut se fier à sa mémoire.

Les irrigateurs de profession travaillent à la vérité sans
faire de plan. Une longue expérience leur fait acquérir cette
sûreté de tact et de mémoire qu'on rencontre souvent chez
des hommes uniquement adonnés à un travail pratique. Mais
un cultivateur, qui peut-être n'aura qu'une fois en sa vie
l'occasion d'exécuter un travail semblable, ne peut pas avoir
cette expérience, et pour lui un plan exact est presque de nécessité indispensable. A l'aide du plan, il repasse chez lui,
dans son esprit, toutes les opérations et les soumet à un examen attentif ; il peut avoir à toute heure, sous les yeux, le
tableau du pré qu'il va créer, et il peut être amené à bien des
observations que sans cela il n'eût pas pu faire. Nous con-
seillerons même, à celui qui manque d'expérience, de faire
deux plans, l'un représentant le pré dans son état naturel,
l'autre dans l'état où on se propose de le mettre. Les diverses
opérations de la construction se présentent ainsi d'une manière
beaucoup plus saillante et plus claire, et on reconnaît comme

étant d'une facile exécution bien des dispositions qu'à un examen superficiel on avait regardées comme impossibles.

§ 1. — Époque de la reconstruction.

L'époque de l'année à laquelle on entreprend la construction d'un pré n'est pas indifférente. A la vérité, pour une entreprise considérable, il faut travailler toute l'année ; mais si les travaux peuvent se terminer en peu de temps, on doit choisir l'époque et les circonstances les plus favorables. .

L'époque la plus favorable, dit Schenk, pour commencer les travaux, arrive lorsque la terre est dégelée et qu'on n'a plus à craindre de grands froids, ordinairement au commencement du mois de mars. La terre et le gazon ont encore de la fraîcheur, la végétation se ranime, le soleil n'a pas encore assez de force pour brûler les gazons détachés du sol et dessécher la terre mise à découvert, et la reprise des gazons est ordinairement prompte. Si avec cela on prend des précautions, comme de ne pas laisser lever plus de gazons qu'on ne peut en remplacer en deux jours, de ne leur donner qu'environ 0^m,04 d'épaisseur, de les damer dès qu'ils sont replacés, enfin d'attendre qu'ils aient repris racine pour arroser, ce qui demande cinq à six semaines ; avec ces soins, on peut la même année, à la fin du mois de juin, faucher déjà, sur les parties construites en mars, autant et souvent plus d'herbe que le pré n'en donnait précédemment dans son état naturel.

Schwerz dit que les gazons peuvent rester longtemps en tas, que même ils peuvent passer ainsi l'hiver exposés à la gelée, à la neige et à la pluie, sans en souffrir beaucoup. Les irrigateurs de Siegen sont, au contraire, d'avis qu'on doit replacer les gazons aussitôt que possible, avant que le vent et le soleil ne les ait desséchés ; ils ne les laissent jamais attendre plus de deux ou trois jours, et ils attachent à cette précaution beaucoup d'importance. Elle peut en effet avoir une grande influence sur la récolte d'herbe de l'année ; mais si on ne tient pas beaucoup à ce produit, les gazons peuvent rester un certain temps avant d'être replacés et sans en souffrir.

Plus la température est sèche, plus le soleil est déjà chaud et la végétation avancée, et plus le déplacement du gazon diminue le produit d'herbe de la première année. Les parties terminées en avril donnent encore deux tiers ; celles terminées en mai seulement moitié du produit qu'elles donnaient dans leur état brut; et, passé cette époque, on n'aura plus la même année qu'un produit très-faible ou nul.

Par un temps sec et chaud, la terre est plus facile à travailler; mais pour replacer et battre le gazon, cette température n'est pas favorable, et un temps humide vaut mieux. A l'automne, on ne doit plus entreprendre de travaux de construction, si les gazons ne peuvent plus avoir repris racine avant les gelées. Par la gelée, la terre se soulève, les gazons se détachent du sol sur lequel on les a placés, la terre s'affaisse inégalement et la surface du pré n'est plus unie.

Par la même raison, on doit éviter de travailler en hiver. Les prés construits immédiatement avant ou pendant l'hiver sont ordinairement d'un moindre rapport les premières années, et ne se remettent que petit à petit. Schenk recommande de lever les gazons d'autant plus minces que la végétation de l'herbe est plus avancée, et d'autant plus épais que la végétation est moins avancée ou plus près de cesser.

Du 15 avril au 15 août, il ne donne aux gazons que $0^m,03$ d'épaisseur ; du 15 août au 15 septembre, $0^m,04$, et plus tard jusqu'à $0^m,06$. Il pense que, si en levant les gazons très-minces on a tranché les racines des plantes à l'époque où la végétation est en activité, alors elles poussent mieux que si elles n'eussent pas été tranchées, semblables à un arbre qu'on transplante et dont on rogne les racines pour lui assurer une végétation plus vigoureuse. Telle est l'opinion de Schenk ; mais on pourrait lui objecter qu'une plante levée et transplantée en motte est d'une reprise beaucoup plus certaine que celle dont les racines ont été dépouillées de terre et plus ou moins raccourcies. Ces gazons, levés très-minces et qui se dessèchent d'autant plus facilement, ne peuvent, sans en souffrjr, rester que très-peu de temps exposés à l'air et au soleil; et toutes les fois qu'on ne peut replacer de suite les gazons, il vaut mieux leur donner une épaisseur de $0^m,10$ à $0^m,12$.

§ 2. — DÉTAIL DES TRAVAUX DE LA RECONSTRUCTION.

Avant de commencer à décrire la construction des ados et des plans inclinés, pour éviter les répétitions et les longueurs, nous passerons rapidement en revue les travaux de la reconstruction : ces travaux consistent à tailler les gazons, les détacher, remuer la terre, la jeter à la pelle ou la transporter à l'aide de brouettes ou de voitures, la niveler, la recouvrir de gazons, battre le gazon, creuser les rigoles. La bonne exécution de tous ces travaux ne contribue pas seulement à la perfection de l'ouvrage, mais encore elle diminue beaucoup les frais.

1. On taille les gazons avec le croissant (*fig.* 17); on les coupe d'abord en bandes larges de $0^m,32$, puis on divise les bandes de manière à obtenir des morceaux de $0^m,32$ carrés.

Récemment, on a introduit la méthode de couper des bandes longues d'environ 4 mètres, et qu'on roule sur elles-mêmes lorsque le gazon est assez solide pour se prêter à cette opération. On cherche à couper les bandes de gazon en ligne droite, dût-on même pour cela se servir du cordeau, et à couper les morceaux à l'angle droit et d'égales dimensions. Il est plus facile de les replacer lorsqu'ils ont tous la même grandeur et la même forme. Au lieu du *croissant* (*fig.* 16), on emploie aussi le *coupe-gazon* (*fig.* 25), instrument qui porte une lame tranchante sur un essieu et deux petites roues. Un homme le pousse devant lui et la lame coupe le gazon à la profondeur qu'on veut avoir. On a encore inventé d'autres instruments, mais on est toujours revenu au *croissant*, comme le plus facile et le plus simple.

2. On détache le gazon avec la *pelle à couper* (*fig.* 8). Une première bande étant détachée, l'ouvrier est placé sur le sol qu'elle couvrait, ayant devant lui la bande suivante. Lorsque le gazon est détaché, un ouvrier saisit à une extrémité la bande longue de 4 mètres et la roule sur elle-même, en l'amenant vers l'endroit où elle doit être placée.

La bande étant entièrement roulée, on peut ou la laisser au point où elle est arrivée, ou bien passer au milieu un bâton à l'aide duquel deux hommes la transportent plus loin. On ne donne pas aux bandes destinées à être roulées plus de 4 mètres de longueur ; plus longues, elles deviendraient trop lourdes à transporter. Lorsque le gazon est cassant, il est inutile de dire qu'on ne peut pas le rouler.

Ordinairement, on fait marcher ensemble les deux opérations de couper et de détacher le gazon : un homme coupe les bandes, deux autres les détachent et un quatrième roule. Ainsi que nous l'avons déjà dit, l'épaisseur des gazons varie de $0^m,06$ à $0^m,12$.

3. Après que le gazon est enlevé, on donne au sol la forme qu'il doit avoir, et en même temps on l'ameublit par un labour pour lequel les irrigateurs emploient, au lieu de la bêche, la pelle de Siegen (*fig.* 8).

Pour les planches, on commence ordinairement par leur extrémité inférieure, celle à laquelle sa forme a fait donner le nom de *pignon*, et pour les plans inclinés, on commence à la partie supérieure, immédiatement au-dessous du canal de distribution. Il est important que la bonne terre végétale se retrouve immédiatement sous les gazons ; pour cela on commence par l'enlever et la mettre de côté, sur une largeur d'environ 2 mètres. On remue alors le sous-sol en lui donnant la forme qu'il doit avoir. S'il est trop bas, on rapporte la quantité de terre nécessaire pour lui donner la hauteur voulue ; s'il est trop élevé, on enlève ce qu'il y a de trop, et toujours on bêche ce qui reste.

Pour donner la forme voulue, on ne s'en rapporte pas au

coup d'œil, et les hauteurs doivent avoir été d'avance mar-
quées par des piquets. Pendant le travail, on vérifie encore,
au moyen de la latte à plomb, l'exactitude de ces piquets, et
on s'assure qu'ils n'ont pas été dérangés. Lorsque le travail
du sous-sol est terminé, on le recouvre avec la terre végétale
que l'on étend également partout; si elle contient des pierres,
on les enlève soigneusement et on s'en débarrasse en les enterrant dans le sous-sol. Cet ameublissement du sous-sol et de
la terre végétale, et le soin de rendre à chacun la place qu'il
occupait, sont une condition importante de la reconstruction
des prés, et ce qui distingue essentiellement ce mode d'irrigation de l'irrigation naturelle.

4. Après qu'on a donné au sol la forme qu'il doit avoir, on
s'occupe de l'unir. On se sert pour cela d'un râteau en fer,
ou d'un rabot. Pendant cette opération, on a fréquemment
recours à la latte à plomb pour bien s'assurer que les piquets
sont à la hauteur qu'ils doivent avoir. Ces piquets sont alors
au-dessus de la surface du sol de toute l'épaisseur du gazon
qui doit le recouvrir. L'exactitude des piquets étant constatée,
on tend le cordeau de l'un à l'autre, on le tend même diago-
nalement, enfin on ne néglige aucune précaution pour obtenir
l'aplanissement parfait du terrain. On tasse, en les frappant
avec la pelle, les parties sur lesquelles doivent être établies
les rigoles d'irrigation.

Quelques constructeurs, pour prévenir le tassement qui
doit s'opérer plus tard, dament le sol partout après qu'il est
aplani, mais cette opération est longue et coûteuse, et elle
ne remplit pas complétement le but qu'on se propose.

5. Plus le sol est sec et disposé à se dessécher, plus il faut
se hâter de le couvrir en replaçant le gazon. Si, au contraire,
il est marécageux ou tourbeux, il est bon de le laisser découvert dix à quinze jours, même plus longtemps. Il s'améliore
sensiblement par l'influence de l'air et du soleil. Les bandes
de gazons ne sont pas étendues en long parallèlement aux
rigoles d'irrigation, mais dans le sens de la largeur de la

planche de la rigole d'irrigation à la rigole d'écoulement. Si on les étendait en long, l'eau pendant l'irrigation pénétrerait dans les interstices que laissent les bandes entre elles, et l'excès d'humidité arrêterait la croissance des racines. Nous avons déjà dit qu'on transporte les rouleaux au moyen d'un bâton passé au travers. A mesure qu'on étend les bandes de gazon, on les serre le plus exactement possible les unes contre les autres au moyen d'une fourche et on les presse sur le sol, afin qu'il ne reste point de vides dans lesquels l'air puisse pénétrer. Si l'on n'a pas suffisamment de gazons pour tout couvrir dans les endroits où ils manquent, on remplit les vides par de bonne terre végétale sur laquelle on répand des semences de graminées. Mais ces endroits ne doivent pas être arrosés pendant la première année.

On doit, autant que possible, recouvrir avec des gazons, même quand on doit aller les chercher à une certaine distance et qu'ils sont de mauvaise qualité. En recouvrant de gazon, on gagne une ou deux années, comparativement à l'ensemencement, et le plus mauvais gazon, placé sur une bonne terre végétale, s'améliore par l'irrigation.

Il y a même des constructeurs qui prétendent qu'on n'obtiendra jamais un bon pré arrosé si on ne recouvre pas de gazons, mais nous ne partageons pas cette opinion, et nous croyons qu'une bonne terre bien préparée peut aussi donner un bon pré, étant ensemencée de graminées bien choisies.

6. Aussitôt que les gazons sont placés, ils doivent être battus. Si on leur laisse le temps de se dessécher, ils ne s'unissent plus bien avec la terre qui est au-dessous. Mais s'il arrivait que les gazons fussent desséchés avant d'avoir pu être battus, on doit les humecter en laissant couler dans les rigoles la quantité d'eau suffisante. Pour que les gazons soient exactement et complétement tassés, on doit battre une fois sur la longueur et une autre sur la largeur de la planche.

7. Après qu'on a battu, on s'occupe de confectionner les rigoles d'irrigation. Au lieu de laisser vide l'espace qu'elles

doivent occuper, il vaut mieux couvrir tout de gazon et tailler ensuite les rigoles. Si on veut tracer les rigoles en plaçant les gazons, on est cependant obligé de les retoucher, parce que le battage amène toujours des dérangements.

8. Les canaux de distribution doivent être élevés au-dessus du pré. Pour cela il est nécessaire de retenir leurs eaux par une digue.

Cette digue doit être construite avec beaucoup de soin; si l'eau la pénètre et s'échappe, elle peut faire beaucoup de tort à la nouvelle construction. On prend pour cela de la terre, telle qu'on l'a à sa disposition; mais si on a le choix, on doit donner la préférence à la glaise ou à l'argile. Une terre sablonneuse ne s'emploie que quand on ne peut pas en avoir d'autre. Si l'on a de la glaise ou de l'argile, on ne les dame pas; on les enlève en morceaux carrés, qu'on place ensuite les uns contre les autres, et qu'on frappe avec la pelle. Si l'on n'a qu'une terre sablonneuse, il faut la damer de suite. On donne à ces digues une forte inclinaison, en dedans du canal et en dehors. En dehors, le talus doit s'étendre d'autant plus loin que le canal est plus élevé. Cette inclinaison extérieure présente encore cet avantage, qu'elle s'unit avec la pente du pré. La figure 84 présente le profil d'un canal de distribution ainsi construit.

§ 3. — IRRIGATION EN PLAN INCLINÉ.

Cette irrigation est la plus naturelle, mais on ne peut pas la pratiquer partout. On lui consacre ordinairement les parties latérales des vallées, qui présentent naturellement la configuration la plus favorable à ce genre d'irrigation.

Pour rendre notre explication plus courte et en même temps plus claire, nous prenons sous les yeux la figure 90. Soit *a b c d* une surface que nous voulons construire pour l'irrigation en plan incliné. *A* est le canal de distribution que nous supposons terminé de même que le canal d'écoulement *f. L*

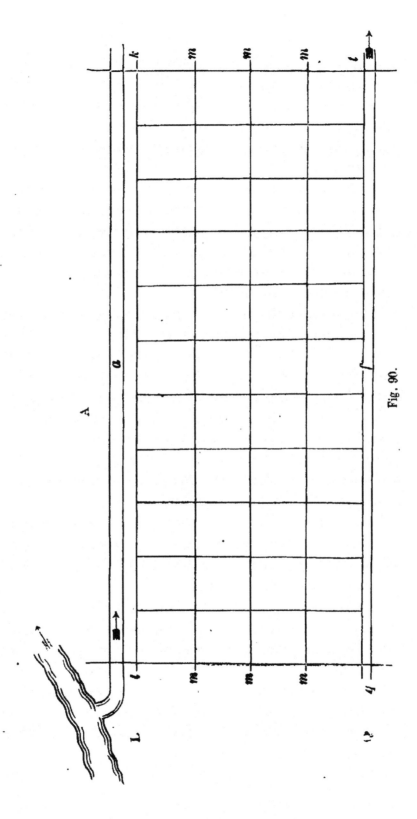

Fig. 90.

et K sont deux points plus bas de $0^m,10$ que le fond du canal de distribution. La ligne tirée de l'un à l'autre point est horizontale, de même que la ligne tracée par le canal de distribution. Sur le canal d'écoulement nous marquons de même deux points Q et T, qui sont aussi les extrémités d'une ligne horizontale.

Nous divisons ensuite toute la surface en quatre planches, que nous marquons par des piquets, aux points m m... m.

De L à K et de Q à T nous enfonçons de même des piquets m d'abord entre Q et L, puis entre T et K, de manière que leurs sommités se trouvent sur deux lignes, ayant de haut en bas la même inclinaison.

Les piquets entre Q et T et entre L et K sont ensuite disposés de manière que leurs sommités se trouvent sur deux lignes horizontales. Nous avons alors toute l'enceinte du pré marquée par quatre lignes de piquets ; en haut et en bas deux lignes horizontales, et aux deux côtés deux lignes inclinées, qui déterminent la pente que doit avoir le pré. Au moyen de ces lignes ou plutôt des piquets qui les indiquent, il est facile de diviser le pré en carrés, ayant tous la même pente que le pré doit avoir, et tous à leurs parties inférieure et supérieure tracés par des lignes horizontales.

Pour le placement des piquets, il est entendu que là où l'on rencontre une éminence, il faut creuser un trou, et que là, au contraire, où il se trouve un creux, le piquet doit d'autant s'élever au-dessus du sol.

La surface du pré est actuellement divisée en carrés, telle qu'elle est représentée par la figure 90, et de manière que chaque carré peut être construit seul et indépendamment des autres.

Pour construire, on enlève d'abord le gazon, puis on ameublit et aplanit le sol, on replace de suite le gazon, et on termine ainsi un carré après l'autre, jusqu'à ce qu'on ait construit toute la surface du pré.

Ce travail terminé, on tire la rigole d'irrigation d'après les

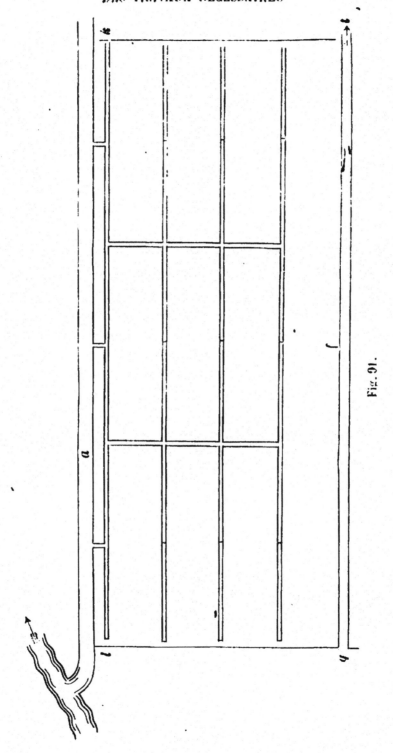

Fig. 91.

piquets qui ont servi à tracer les carrés, puis, pour tout le pré, on tire en ligne verticale trois rigoles de distribution.

Les travaux sont alors terminés, et le pré disposé pour l'ir-

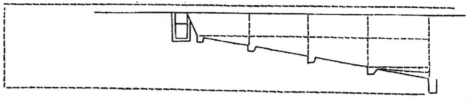

Fig. 92.

rigation en pente. La figure 91 en représente le plan, et la 92 la coupe.

L'exemple que nous venons de supposer est le plus simple et le plus facile qui puisse se présenter dans la réalité. On ne trouvera pas toujours un terrain qui se prête de même à la construction ; on n'aura pas toujours des pentes régulières. Mais tous les autres cas qui se présenteront peuvent se rapporter à celui-ci, et si au premier coup d'œil ils présentent des difficultés, elles disparaissent devant un examen plus attentif, où on verra qu'elles sont faciles à surmonter.

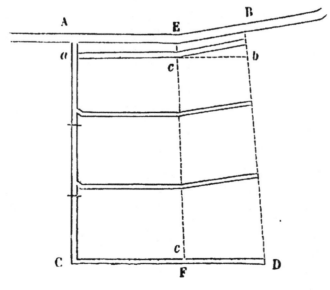

Fig. 93.

Supposons que nous ayons à travailler une surface (*fig.* 93)

A B C D, qui en *E F* s'incline ou se contourne tellement, que si on tire la ligne droite *a b*, le point *c* se trouve plus élevé de quelques décimètres que les deux points extrêmes *a* et *b*. Si l'on voulait former de toute cette surface un plan régulier, il y aurait emploi inutile de temps et de travail. Pour l'éviter, nous divisons en *c* le terrain en deux parties ; à l'espace compris entre *c* et *b*, nous donnons une autre direction plus conforme à la disposition naturelle du terrain, et la rigole d'irrigation parcourt une ligne brisée, au lieu de suivre une ligne droite. De cette manière nous atteignons toujours notre but, horizontalité des rigoles d'irrigation et régularité de la pente.

Si le sol se contournait encore plus fortement, ainsi, par

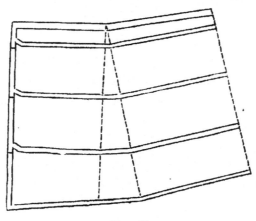

Fig. 94.

exemple, que le représente la figure 94, nous pourrions nous tirer d'affaire en construisant un triangle entre les deux divisions. Si la courbure du terrain existait dans le sens opposé et que la pente fût en dedans, nous donnerions au pré la forme que représente la figure 95.

Il se présentera encore d'autres cas qui mettront dans la nécessité de s'écarter des règles. Ainsi un pré peut avoir dans sa partie inférieure, près du canal d'écoulement, une pente beaucoup plus forte qu'en haut, le long du canal de distribution, la direction restant cependant la même.

Nous disons une pente *beaucoup plus forte*, car si la diffé-

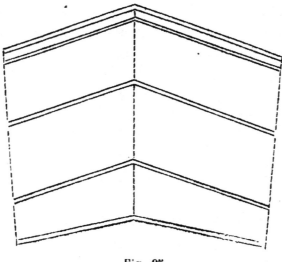

Fig. 95.

rence était peu sensible, on la ferait disparaître en enlevant de la terre d'une part pour la transporter de l'autre. Si, dans le cas que nous supposons, on laissait au pré sa pente natu-

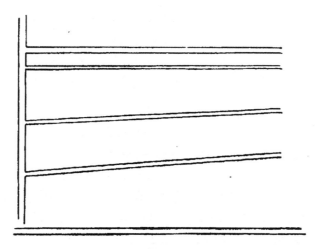

Fig. 96.

relle, il en résulterait la forme représentée par la figure 96. Les rigoles d'irrigation, pour être horizontales, devraient être tirées obliquement, et il en résulterait qu'au moins deux planches, la première et la dernière, seraient irrégulières dans leur forme, ce qui entraînerait une irrigation irrégulière. Pour éviter cet inconvénient, on donne aux premières planches une pente régulière et on laisse à la dernière seule toute l'irrégularité de pente. Le pré prend alors la forme de la

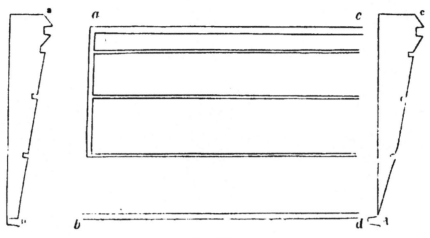

Fig. 97.

figure 97. Les deux planches supérieures sont en étendue et en inclinaison parfaitement égales, la troisième planche a la même inclinaison près du canal de distribution, mais cette inclinaison augmente à mesure qu'on s'avance vers l'autre extrémité. Cette différence est représentée par les deux coupes de *a* en *b* et de *c* en *d* (*fig.* 97).

On ne peut pas toujours donner la même inclinaison aux planches qui se trouvent à côté ou au-dessus les unes des autres. On forme alors autant de divisions qu'il y a de pentes différentes, et on construit chaque division séparément.

La terre végétale doit être ménagée avec soin, et toujours on doit avoir attention qu'elle se trouve immédiatement sous le gazon.

Cette attention est d'autant plus nécessaire que l'irrigation en pente est ordinairement établie sur des revers où la bonne terre a peu de profondeur, et où, dans la règle, des déblais considérables sont ordinairement nécessaires.

Lorsqu'on est occupé des nivellements, il faut vérifier fréquemment et ne pas s'en rapporter au coup d'œil qui, sur une pente, trompe plus encore qu'ailleurs. On se trouvera très-bien de l'emploi de lattes en sapin, de longueur suffisante pour que, en les plaçant sur deux piquets, elles fassent voir de suite si l'intervalle de l'un à l'autre est parfaitement nivelé. Un homme peut facilement manier une semblable latte, et elle est bien plus commode et plus expéditive que le cordeau pour l'emploi duquel deux hommes sont presque toujours nécessaires.

Dans l'irrigation en pente, les planches ne devraient jamais avoir plus de 15 mètres de longueur et 4 mètres de largeur. Plus longues, les planches sont non-seulement beaucoup plus coûteuses et plus difficiles à établir, mais lors même qu'elles sont parfaitement construites, l'irrigation demande une surveillance continuelle ; le moindre obstacle, une feuille, de l'herbe, même le dépôt que laisse toujours l'eau, en dérangent le cours et font qu'elle s'épanche inégalement.

La largeur des planches peut être modifiée d'après la quantité et la bonté de l'eau qu'on a à sa disposition, de même que par la pente du terrain ; mais c'est seulement avec de très-bonne eau et une forte pente qu'on pourra sans inconvénient dépasser la largeur de 4 mètres que nous avons indiquée. Avec des planches trop larges, la répartition de l'eau ne peut être parfaitement régulière et l'herbe est inégale.

A la tête de chaque planche, par conséquent de 15 en 15 mètres, on tire verticalement un canal de distribution, par lequel on donne à volonté de l'eau fraîche à chaque rigole d'irrigation.

Si l'on conduit les canaux de distribution jusqu'au canal de desséchement, ils servent en même temps de canaux d'écoulement, de manière que par eux on peut à volonté ôter l'eau du pré, ce qui est une perfection de l'irrigation.

Aux points où les rigoles d'irrigation sont en communication avec le canal de distribution, elles peuvent pour faciliter l'abord de l'eau, former un coude de quelques centimètres (*fig.* 98).

Il est bon que le fond de la rigole d'irrigation soit plus élevé d'environ 0^m,03 que le fond du canal de distribution, afin que le sable grossier ou la vase que l'eau peut entraîner avec elle n'entrent pas dans la rigole.

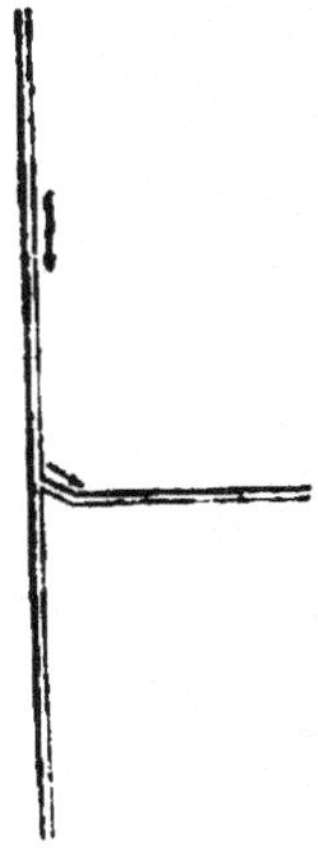

Dans une prairie en plan incliné bien construite, toutes les rigoles d'irrigation doivent être en ligne droite et parfaitement horizontales. Sur une largeur de 0^m,16, leur profondeur ne doit pas excéder 0^m,05 à 0^m,04.

Plus on peut donner d'inclinaison, plus la croissance de l'herbe est vigoureuse, moins on a à craindre que la gelée ne soulève le gazon ou que quelques parties ne deviennent marécageuses.

Fig. 98.

Si l'on n'a pas au moins 4 p. 100 d'inclinaison, on ne doit pas disposer un pré pour l'irrigation en pente.

Schenk recommande une règle de pratique dont il n'explique pas les motifs. Quelle que soit son inclinaison, on doit soigneusement éviter de laisser couler l'eau sur un pré en plan incliné dans les chaudes journées d'été et dans les froides journées d'hiver.

Ce qui, dit-il, a lieu ordinairement sans inconvénient dans un pré en plan incliné, qui a été formé par la nature, peut souvent causer beaucoup de dommage dans celui qui a été créé par la main des hommes. Le pré façonné par les hommes doit avec le temps se consolider et acquérir les qualités du pré naturel.

Quand on n'a pas suffisamment d'eau pour arroser toute une pente, on en arrose successivement les diverses parties.

Comme l'eau coule d'une planche sur l'autre, c'est l'irrigation en plan incliné qui exige la moindre quantité d'eau.

Cependant il est toujours bon de donner de temps à autre

de l'eau fraîche aux planches inférieures au moyen du canal de distribution.

Lorsque l'eau, au lieu de couler à la surface pénètre dans le sol, et coule entre deux terres, alors elle devient nuisible et fait croître des joncs et d'autres plantes de mauvaise qualité. Ce mal peut avoir lieu dans la partie inférieure d'un plan incliné par l'infiltration des eaux d'une rigole supérieure ; il peut aussi être occasionné par des galeries de taupes. Si l'on ne peut pas arrêter l'eau en bouchant les trous et en damant le sol, il devient nécessaire de l'arrêter par une rigole transversale dont les circonstances déterminent la profondeur. Le plan à arroser se trouve alors partagé en deux et la nouvelle rigole sert à la fois de rigole d'écoulement et d'irrigation.

Les règles suivantes compléteront ce que nous avons à dire sur la construction des planches en ados.

Lorsqu'un pré a peu de pente, qu'il est disposé à devenir marécageux, que le sous-sol retient l'eau, ce n'est plus en plan incliné, c'est en *ados* qu'on doit le disposer.

La planche disposée en *ados* est formée de deux plans inclinés, séparés par la rigole d'irrigation.

On distingue les *ados étroits* dont les deux côtés sont arrosés par une seule rigole, et les *ados larges* dans lesquels il y a encore une rigole au milieu de chaque côté. Ainsi il y a dans un ados large trois rigoles d'irrigation.

Un ados complet représente un prisme triangulaire dont le cube s'obtient en multipliant la moitié de la hauteur par la largeur et par la longueur.

§ 4. — IRRIGATION EN ADOS.

1. Le pré divisé en ados doit être pourvu à sa partie supérieure d'un canal de distribution, et à sa partie inférieure d'un canal de desséchement. Cependant, si les planches étaient au-dessous d'un plan incliné, si elles étaient peu

longues et que par conséquent elles eussent besoin de peu
d'eau, on pourrait remplacer le canal de distribution par des
rigoles auxquelles on a donné le nom de rigoles en ailes (*Flü-
gelgräben*).

Ce sont deux rigoles *a*, *a* (*fig.* 99) tirées obliquement, qui

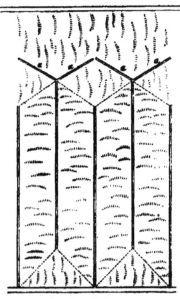

Fig. 99.

aboutissent à la rigole d'irrigation, et lui amènent l'eau qui a
coulé sur le plan incliné. Il est pourtant à remarquer que ces
rigoles ne s'emploient pas généralement, mais seulement
dans des cas particuliers.

2. Plusieurs planches qui ont le même niveau ou la même
hauteur forment une division et peuvent être pourvues d'eau
par le même canal de distribution.

Le nombre des planches qui reçoivent l'eau d'un même
canal de distribution dépend de la position du terrain. Si le
sol a naturellement beaucoup de pente, il serait coûteux
d'établir beaucoup de planches sous un même canal horizontal de distribution. Il faudrait pour cela abaisser les planches
de la partie supérieure et exhausser celles de la partie inférieure. Au contraire, sur un terrain qui a très-peu de pente,

on peut beaucoup augmenter le nombre des planches. Ce nombre a cependant ses limites ; s'il y avait trop de planches, le canal de distribution ne pourrait plus leur fournir une suffisante quantité d'eau. Par cette raison, lorsqu'on a un grand nombre de planches sous un même niveau, on en forme ordinairement deux ou plusieurs divisions, à chacune desquelles on donne son canal de distribution particulier.

3. Si, pour la longueur des planches, le constructeur est forcé de se soumettre aux circonstances, il a plus de liberté pour la largeur à leur donner. Cependant il y a aussi pour la largeur des considérations qu'on ne peut pas négliger. Plus les planches sont étroites et plus les ados ont de pente, plus aussi leur desséchement s'opère complétement. Par cette raison, on doit faire les planches d'autant plus étroites que le sol est plus humide et marécageux.

Si le terrain est sec et le sous-sol perméable, on peut, avec une pente de 4 p. 100 entre la rigole d'irrigation et la rigole d'écoulement, donner à la planche une largeur de 12 mètres, c'est-à-dire 6 mètres de chaque côté de la rigole d'irrigation.

Mais si le sol est mouillé, que le sous-sol retienne l'eau, que la position du pré soit basse, la largeur des planches ne doit pas excéder 8 mètres. Dans un terrain tout à fait humide et tourbeux, on ne devrait pas donner aux planches plus de 4 mètres de largeur. Dans le doute, s'il convient mieux de construire les planches larges ou étroites, on donnera la préférence aux planches étroites. Un avantage qu'ont encore les planches étroites, c'est d'être plus faciles et moins coûteuses à construire, parce que la terre arrive à sa destination d'un seul jet de pelle, tandis que cela n'a pas lieu pour une planche large. Schenk compte que sur une largeur de 5 mètres les frais ne s'élèvent qu'à la moitié de ce qu'ils seraient pour une largeur de 8 mètres, et au quart de ce qu'ils seraient pour une largeur de 12 mètres.

4. Il existe un rapport rigoureux entre la largeur et la

pente de l'ados. Une pente insuffisante est un grand défaut. L'eau qui coule trop lentement perd une partie de son efficacité, et si elle séjourne, le pré devient marécageux, acide, il fournit peu d'herbe et de mauvaise qualité. Comme, dans ce cas, on cherche à augmenter la pente des rigoles d'écoulement, il arrive que les planches perdent leur régularité et qu'elles deviennent plus hautes à mesure qu'on s'avance vers le pignon et que la rigole d'écoulement augmente de profondeur. Si, par exemple, la rigole d'écoulement a $0^m,16$ de pente, la planche, que nous supposons construite horizontalement, aura au pignon $0^m,16$ de hauteur de plus qu'à l'autre extrémité là où commence la rigole d'écoulement. On peut donner aux planches une hauteur de $0^m,45$ jusqu'à 1 mètre et même plus. Naturellement pour obtenir la pente convenable, la hauteur des planches doit toujours être en rapport avec leur largeur. Plus une planche a de hauteur relativement à sa largeur, et plus elle a de pente. Si la hauteur est, par exemple, $0^m,48$ et la largeur d'un côté 4 mètres entre la rigole d'irrigation et la rigole d'écoulement, l'ados a une pente de $0^m,12$ par mètre, ou de 12 p. 100. La pente à l'extrémité, près du pignon, est toujours un peu plus forte, parce que la pente que doit avoir la rigole d'écoulement donne un peu plus de hauteur à la planche à cette extrémité.

Ainsi que nous l'avons déjà dit, l'inclinaison que doivent avoir les ados est déterminée par la nature et la quantité de l'eau dont on dispose. Il y a des planches qui, avec une pente de 33 p. 100, produisent une herbe d'une abondance remarquable. Comme pente moyenne pour des prés non humides on peut admettre 5 à 10 p. 100.

5. Avec des ados courts, les rigoles d'irrigation sont complétement horizontales, ou on leur donne seulement une pente de $0^m,01$ à $0^m,02$. Si les planches sont longues, il est bon d'augmenter la pente que l'on répartit de la manière suivante :

Supposons une planche de 20 à 30 mètres de longueur, la

pente la plus convenable à lui donner sera de $0^m,045$. On donne alors :

Aux 3 premiers mètres une pente de.	0,015
Aux 3 seconds.	0,012
3es.	0,009
4es.	0,006
5es.	0,003
Total de la pente.	0,045

pour les premiers 15 mètres, qui font la moitié de la longueur de la planche, et pour les 15 autres mètres formant la seconde, la rigole est tout à fait horizontale.

Si on donnait une plus forte pente, l'eau s'écoulerait trop rapidement vers le pignon de la planche, ce qui mettrait dans la nécessité de faire de distance à autre des barrages dans la rigole, avec des morceaux de gazon. On force ainsi l'eau à déborder, mais elle se répand beaucoup moins également.

6. La pente à donner aux rigoles d'écoulement a moins d'importance, et si l'on a des ouvriers exercés, on peut pour cela s'en rapporter à leur coup d'œil. Cependant il est toujours plus prudent de marquer avec des piquets, et au moyen du niveau d'eau, la ligne qui sépare deux planches voisines l'une de l'autre, et qui doit être occupée par la rigole d'écoulement.

7. Ordinairement ce n'est qu'à 1 mètre du canal de distribution que commencent les rigoles d'écoulement. Alors, depuis le commencement de la rigole d'écoulement jusqu'au canal de distribution, on forme un talus qui, s'étendant de chaque côté jusqu'au milieu des ados, prend la forme d'un triangle (*fig.* 100). Si le sol est marécageux, on prolonge la rigole d'écoulement aussi près qu'on peut le faire sans nuire à la solidité, et il n'y a point de talus. On peut même, au-dessous du canal de distribution et parallèlement avec lui, tirer une petite rigole d'écoulement, qui empêche l'eau de s'infiltrer dans les ados (*fig.* 101).

8. Dans la construction des ados, on bat tout de suite avec

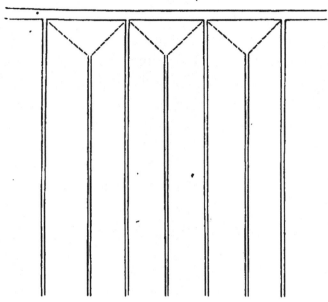

Fig. 100.

la pelle tout l'espacé que doivent occuper les rigoles d'écou-

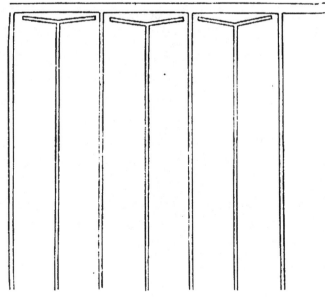

Fig. 101.

lement, afin que l'eau ne pénètre pas aussi facilement dans

le sol. Tous les travaux de construction : niveler, replacer le gazon, le battre, etc., se font de même que nous les avons décrits pour le plan incliné.

Les rigoles d'irrigation, sur la crête des ados, n'ont pas la même largeur sur toute leur longueur ; elles doivent être plus larges à leur origine et diminuer graduellement, de manière qu'elles aient un tiers de moins à l'extrémité. La largeur se proportionne à la quantité d'eau qu'elles doivent répandre. Les rigoles d'écoulement, au contraire, sont plus étroites au commencement et vont en augmentant, de manière qu'à la fin elles soient plus larges d'un tiers.

§ 5. — CONSTRUCTION DES ADOS ÉTROITS.

La construction des ados est simple et facile. Il n'y a que la hauteur qu'on doit leur donner, ou, ce qui est la même chose, la hauteur à laquelle doit être placé le canal de distribution, qui peut être un objet de difficulté pour celui qui manque d'expérience. C'est de cette hauteur que dépend en grande partie la réussite de la construction, et quelques centimètres de trop ou de trop peu peuvent augmenter les frais dans une proportion considérable. Avec trop peu de hauteur on a des terres de reste, avec trop de hauteur on n'en a pas assez, et, dans bien des cas, on ne peut enlever ou transporter ces terres qu'avec des frais considérables.

Dans une construction bien calculée, on doit arriver à un emploi complet des terres disponibles, et voici comment on peut y parvenir.

Au-dessous du canal de dérivation que nous supposons déjà établi, nous plaçons le niveau d'eau (l'instrument qui sert à niveler au moyen de l'eau) sur un point duquel on puisse facilement voir tout le terrain qu'on veut former en ados.

Nous parcourons ensuite ce terrain dans tous les sens et nous marquons avec des piquets tous les enfoncements et toutes les élévations du sol ; on cherche à marquer tous ces points aussi exactement qu'on peut le faire à vue d'œil.

Cela fait, on constate exactement, à l'aide du niveau d'eau, la situation de chaque point, et on en tient note. Le résultat de ce nivellement doit donner la hauteur à laquelle l'ados doit être élevé.

Supposons que nous ayons nivelé 8 points, enfoncements ou élévations. Nous désignons ces 8 points par autant de lettres, et nous notons :

a plus bas de 1,80 que le niveau de l'instrument
b —   1,50
c —   1,40
d —   1,92
e plus haut de 1,20
f —   1,00
g —   0,50
h —   0,60
                 ‾‾‾‾‾
                 9,92

La hauteur de l'instrument est de $1^m,20$ au-dessus du sol. Les points a, b, c, d sont des enfoncements et se trouvent, $a - 0^m,60$, $b - 0^m,30$, $c - 0^m,20$, $d - 0^m,72$, plus bas que le point sur lequel est placé le niveau d'eau ; e, f, g, h sont des élévations, e est à la même hauteur que le point de niveau d'eau, $f - 0,20$, $g - 0^m,30$, $h - 0^m,40$ plus haut que ce point.

Nous additionnons alors les différences des hauteurs, et nous trouvons en tout $9^m,92$, qui, divisés par le nombre de points 8, nous donnent $1^m,24$ pour niveau moyen de chaque point. Si nous retranchons de ce chiffre la hauteur de l'instrument $1^m,20$, il nous reste $0^m,04$, hauteur dont toute la surface, si elle était aplanie, serait plus basse que le point sur lequel est placé le niveau d'eau, et nous pouvons alors opérer comme si nous avions devant nous un sol uni.

Dans ce calcul, nous avons supposé que les enfoncements et les élévations ont la même étendue ; mais cela arrivera rarement. C'est alors par le coup d'œil qu'on doit décider s'il faut donner un peu plus ou un peu moins de hauteur.

On opère de la même manière sur un terrain qui a une pente régulière d'un côté. Si on nivelle les 4 points extrêmes de la surface, on en trouve la hauteur moyenne d'autant plus exactement qu'elle est plus plane et présente moins d'inégalités.

Le terrain est alors divisé sur sa largeur en planches qui doivent être formées en ados, et on marque par des piquets le milieu de chaque planche et les côtés où doivent se trouver les rigoles d'écoulement.

L'ados, de forme prismatique, doit être construit avec la terre qui se trouve sur l'espace qu'il occupe. La terre qu'on enlève sur les côtés est reportée au milieu. Si donc on travaille sur un terrain horizontal, le milieu de chaque ados est plus élevé que la surface du terrain primitif.

La figure 102 représente la coupe d'une planche en ados.

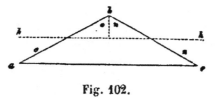

Fig. 102.

a, *b*, *c* indiquent la forme que doit avoir l'ados ; *h*, *h*, indique le niveau du pré avant la construction ; le point *b*, qui marque le sommet de la planche, doit être suffisamment élevé pour que la terre fournie par les deux triangles inférieurs *o*, *n*, puisse être toute employée à former les deux triangles du sommet, marqués par les mêmes lettres. En faisant le calcul des terres à enlever d'une part, pour être transportées de l'autre, on ne doit pas oublier que la terre remuée occupe toujours plus d'espace qu'elle n'en occupait auparavant.

Aussitôt que les proportions de l'ados sont fixées, on commence à enlever le gazon, et on en dépose moitié à gauche et moitié à droite de la planche, afin de l'avoir à portée quand on devra le replacer. Ordinairement, c'est seulement après avoir enlevé le gazon qu'on marque avec des piquets la hauteur que doit avoir l'ados, puis on commence à le construire par l'extrémité opposée au canal de distribution. On doit toujours avoir le soin que nous avons déjà indiqué, de replacer la bonne terre végétale par-dessus le sous-sol. On donne d'abord à l'ados, avec la terre inculte du sous-sol, la forme qu'il doit avoir ; on répand par-dessus la terre végétale, puis enfin on recouvre avec le gazon.

Pour la construction d'une planche étroite en ados, deux ouvriers suffisent pour jeter la terre à la pelle des deux côtés sur le haut de l'ados. Si les deux côtés ne fournissent pas la quantité de terre suffisante, celle qui manque doit être amenée à mesure des besoins par d'autres ouvriers, afin que le travail marche régulièrement et sans interruption.

A l'extrémité opposée au canal de distribution l'ados se ter-

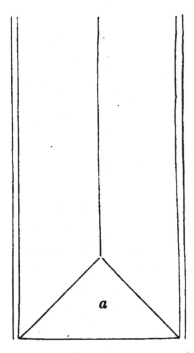

Fig. 103.

mine par une surface triangulaire *a* (*fig.* 103), à laquelle on a donné le nom de pignon et à laquelle on donne la même inclinaison qu'aux côtés de l'ados. Si cependant les planches aboufissent sur un ruisseau ou une rivière, on donne aux pignons le plus de longueur possible; ils deviennent d'autant plus bas, et dans les débordements l'eau peut s'écouler plus facilement.

§ 6. — CONSTRUCTION DES ADOS LARGES.

Les planches larges en ados se rapprochent du plan incliné. Cette construction en planches larges peut être convenable là où le sol est sec, où il n'y a pas assez de pente pour le plan incliné et pas assez d'eau pour des planches étroites.

Plus on peut donner de pente aux deux côtés de la planche, et mieux cela vaut; mais dans le plus grand nombre de cas, on doit être satisfait si on obtient une pente de 4 p. 100. Avec cette pente il est bon d'avoir une rigole d'irrigation pour une largeur de 5 à 6 mètres. Si donc la planche a en tout 20 mètres de largeur, outre la rigole d'irrigation qui court sur la crête de la planche, il y en aura deux autres, dont chacune partagera en deux un des côtés. Toute la planche se trouvera ainsi partagée en quatre parties ou plans. Les deux plans supérieurs seront arrosés par la rigole du milieu, et les deux inférieurs par les deux rigoles qui se trouvent au milieu de chaque côté. Pour donner à volonté de l'eau fraîche à ces secondes rigoles, on tire de la rigole supérieure des rigoles verticales. Les trois rigoles d'irrigation doivent être parfaitement horizontales. La longueur de ces planches larges est illimitée; elle peut être de 100 mètres et au delà.

Mais plus une planche est longue et plus elle a de largeur, plus il faut d'eau pour l'arroser. Si l'on dépasse en longueur et en largeur une certaine proportion, la rigole du milieu devient un canal de distribution, aux deux côtés duquel on établit des rigoles d'irrigation.

Le tout prend alors exactement les caractères du plan incliné, et toutes les règles que nous avons données pour cette
dernière construction trouvent ici leur application.

Dans tous les cas, on doit chercher à donner de la pente
aux rigoles d'écoulement pour que l'eau ne puisse pas séjourner et rendre le sol marécageux. Il en résulte que la planche
du côté du pignon a un peu plus de hauteur et un peu plus
de pente. Si l'on construit une planche large, ayant sur
chacun de ses côtés une ou plusieurs rigoles d'irrigation,
l'augmentation de pente sera en totalité reportée sur le plan
inférieur, parce que si on voulait la répartir sur tous les plans,
les rigoles perdraient leur parallélisme.

Les figures 104 et 105 donnent le plan et la coupe d'une

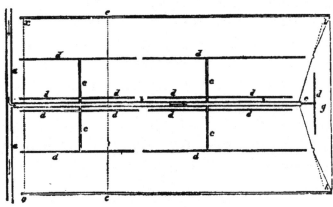

Fig. 104.

planche large avec un canal au milieu et deux rigoles d'irrigation de chaque côté.

a, *a*, canal de distribution ; *b*, prolongement de ce canal
sur la crête de la planche ; *c*, *c*, *c*, *c*, *c*, rigoles verticales de

Fig. 105.

distribution ; *d*....*d*, rigoles d'irrigation ; *e*, *e*, rigoles d'écoulement ; *f*, canal de desséchement ; *g*, pignon de la planche.

Les deux triangles *h, h*, dont le sommet est aux points *k, k*, indiquent l'augmentation de pente, qui est reportée sur le dernier plan.

La figure 105 représente la coupe de la planche à son commencement de *o* en *x*.

Les frais de construction des planches larges sont beaucoup plus considérables que ceux des planches étroites. Pour obtenir sur une largeur de 25 mètres une pente de 4 p. 100 de chaque côté, la planche doit avoir au milieu une hauteur de $0^m,50$, ce qui nécessite, pour une grande étendue, une masse considérable de terre. Les terres devront être jetées à la pelle plusieurs fois, ou il faudra les transporter au moyen d'attelages, ce qui augmente les frais dans une proportion très-considérable. Généralement toutes les planches larges qu'on rencontre sont trop plates. On ménage les frais, et il en résulte une construction défectueuse. Aussi ces planches larges deviennent-elles de plus en plus rares. et on ne les adopte qu'exceptionnellement, là où une disposition particulièrement favorable du sol se prête à leur construction.

Dans les prés divisés en ados, on éprouve souvent de la difficulté à sortir le foin. On remédie à cet inconvénient en laissant à l'extrémité inférieure des ados (*fig.* 106), un chemin

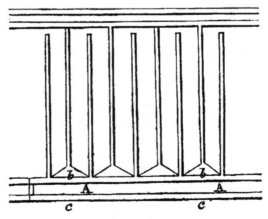

Fig. 106.

A, c'est-à-dire un espace suffisamment large pour le passage des voitures, et auquel on donne une légère pente pour pouvoir l'arroser en plan incliné en reprenant l'eau qui a servi à arroser les ados. La rigole *b* d'écoulement des ados, sert alors de rigole d'irrigation pour le chemin. Au-dessous du chemin, se trouve le canal principal d'écoulement *c*.

Il arrive quelquefois qu'un ruisseau traversant une prairie, le sol est conformé de telle manière que d'un côté du ruisseau il est beaucoup plus élevé que de l'autre, d'où il résulte que si l'on veut arroser la partie élevée, l'eau séjourne dans la partie basse et la détériore. Pour éviter cet inconvénient, on endigue le ruisseau en élevant ses rives pour amener l'eau à

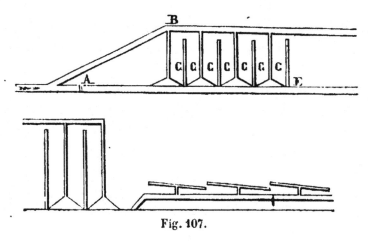

Fig. 107.

une hauteur suffisante (*fig.* 107). On arrête son cours par l'écluse A, et on la dirige en B, de manière à pouvoir arroser toute la partie où sont figurés les ados *c, c, c.* Par cette disposition, l'eau reste toujours assez basse dans le ruisseau E, au-dessous de l'écluse A, pour que ce ruisseau serve de canal d'écoulement à toute la partie D, D, plus basse que la partie *c, c.*

Nous devons encore mentionner un mode de construction des prés, qu'on peut nommer *construction en ados et en étages*.

§ 7. — Construction en ados et en étages.

La longueur que l'on donne aux planches en ados est de même en partie déterminée par la pente naturelle du terrain dans le sens de la longueur des ados. Si la pente était considérable, il faudrait élever beaucoup les planches à leur extrémité du côté du pignon, et les abaisser du côté du canal de distribution, ce qui entraînerait des frais considérables, et d'autant plus considérables que les planches seraient plus longues. Dans ce cas, on construit des planches courtes, et si au-dessous on ne peut pas construire un plan incliné, on construit une seconde série d'ados, plus bas que les premiers, de manière que l'eau qui a arrosé les premiers ados coule ensuite sur les seconds pour les arroser aussi. On a donné à ce genre de construction le nom de construction en *étages*. On le voit fréquemment employé dans des vallées humides et marécageuses, où cinq à six étages sont placés les uns au-dessus des autres, de manière que la même eau peut les arroser tous,

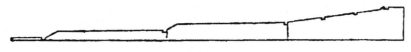

Fig. 108.

passant toujours d'un étage supérieur à celui qui est au-dessous (*fig.* 108).

Lorsqu'un pré aurait une pente suffisante pour le plan incliné, mais que des circonstances particulières ne permettent pas cette construction, on y forme une suite d'ados placés

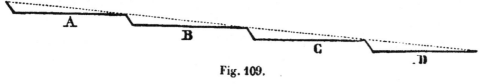

Fig. 109.

en étage les uns au-dessus des autres, comme le fait voir la figure 109.

La ligne ponctuée indique la pente naturelle du terrain.

A, B, C, D, sont des ados qui présentent chacun une ligne horizontale et que l'on arrose les uns après les autres. Lorsqu'on
veut arroser le premier ados A, on barre avec une planche la
rigole d'irrigation à son extrémité inférieure; cet ados étant
suffisamment arrosé, on ouvre la rigole pour fermer à l'extrémité de l'ados B, qui se trouve à son tour arrosé, et ainsi de suite.
Pour que l'eau, tombant d'un ados sur l'autre, ne puisse pas
creuser la rigole, on en garnit, à l'endroit de la chute, le fond
et les parois avec des pierres dont les interstices sont remplis
avec de la mousse. Les pierres du fond présentent un plan
incliné, plus ou moins, selon la hauteur de la chute et la
quantité d'eau.

On peut ordinairement former les ados avec la terre et les
gazons qu'on obtient en creusant les fossés d'écoulement.
Cette construction est si simple qu'elle ne nous semble pas
avoir besoin d'autres explications, après celles que nous avons
déjà données pour la construction des ados en général.

La longueur des ados est déterminée par la pente du terrain
et par la quantité d'eau. Si la pente est considérable, les ados
doivent avoir peu de longueur, afin que les chutes aient moins
de hauteur ; de même, si l'on a peu d'eau, les planches doivent être courtes pour que chacune puisse être en même temps
arrosée sur toute sa longueur.

Cette construction d'ados en étages convient surtout dans
d'étroites vallées resserrées entre des montagnes. Si, dans ces
vallées, on voulait établir un plan incliné, ou former les ados
transversalement à la vallée, on ne pourrait pas creuser de
chaque côté les fossés d'écoulement qui sont presque toujours indispensables pour assainir de semblables prés. Cette
considération est si importante, que nous croyons devoir y
revenir encore. L'eau de pluie qui tombe sur les montagnes
et qui ne s'écoule pas à la surface, s'infiltre dans la terre jusqu'à ce qu'elle rencontre un rocher ou une couche imperméable
qu'elle ne peut pénétrer, elle suinte alors jusqu'au pied de la
montagne, où presque toujours elle arrive oxydée, et elle

achève de se corrompre dans le sous-sol du pré, où elle reste stagnante, jusqu'à ce que des fossés, suffisamment profonds, aient assuré son écoulement. Ces fossés, pour remplir complétement leur destination, devraient être creusés jusqu'au sous-sol du pré. Si le sol est tourbeux, on doit autant que possible, creuser jusqu'au sable sur lequel repose ordinairement la tourbe.

Alors les eaux ayant un écoulement facile, le sol est assaini, et seulement alors on obtient de l'irrigation tout l'effet qu'elle peut produire.

Sur un terrain uni, il serait possible de donner aux planches une longueur indéfinie. Mais de longues planches, outre qu'elles sont beaucoup plus difficiles à construire, sont aussi plus difficiles à arroser.

Il faut beaucoup plus d'eau pour arroser les longues planches, et le moindre obstacle qui se rencontre dans la rigole dérange l'irrigation. La longueur la plus convenable est de 15 à 20 mètres, quoiqu'on rencontre des planches bien construites d'une longueur de 40 mètres.

Une planche de 40 mètres de longueur a besoin de deux fois plus d'eau que deux planches de 20 mètres placées en étage l'une au-dessus de l'autre, parce que dans ce dernier cas la même eau est reprise et sert deux fois. Sur la planche de 40 mètres, il faut que la même eau arrose à la fois toute la longueur, tandis que si on a deux planches au-dessus l'une de l'autre, l'eau, après avoir arrosé le premier étage, est de nouveau réunie dans le canal qui la distribue au second étage.

Pour remédier en partie à cet inconvénient des longues planches, on peut établir au milieu de la longueur de la planche des rigoles en ailes (*fig.* 108), qui reprennent l'eau de la rigole d'écoulement pour la reporter sur le milieu de l'ados. C'est en quelque sorte une construction en étages dont la seconde partie n'a pas de canal de distribution, mais reçoit l'eau de la première au moyen des rigoles en ailes.

Ce mode d'irrigation est représenté par la figure 110;
a, *a*, indiquent les deux rigoles en ailes.

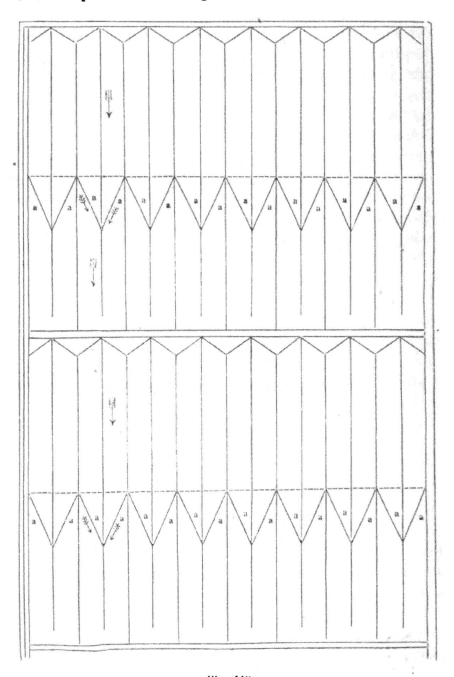

Fig. 110.

§ 8. — Construction compliquée.

Il est rare qu'une étendue un peu considérable de près puisse être construite entièrement en plan incliné, ou entièrement en ados. Le plus souvent on mettra, tant pour ménager la pente que pour employer plusieurs fois la même eau, certaines parties en plan incliné et certaines autres en ados.

Ce mélange de plans inclinés et d'ados, dans lequel l'eau, après avoir arrosé une partie, coule sur une autre partie qu'elle arrose à son tour, forme ce qu'on nomme la *construction compliquée.*

Selon la disposition naturelle du terrain, on commencera la construction au-dessous du canal de distribution, tantôt par un plan incliné, tantôt par une suite d'ados en étages, et tantôt l'eau coulera du plan incliné sur les ados, tantôt elle passera des ados au plan incliné.

Dans tous les cas, le canal d'écoulement de la partie supérieure sert de canal de distribution pour la partie qui est immédiatement au-dessous. Il s'ensuit qu'il est important que la construction inférieure soit, par rapport à la supérieure, placée assez bas pour que l'eau ait un écoulement facile et ne puisse remonter dans les canaux d'écoulement.

Quelque avantageux que soit ce mélange de constructions, on ne doit le mettre à exécution qu'après qu'on connaît la quantité d'eau qui lui sera nécessaire. Si on néglige ce calcul, on s'expose à ne produire qu'un ouvrage défectueux. Nous supposons une construction dans laquelle, au-dessous du canal de distribution, se trouve une planche large de 4 mètres et longue de 15 mètres. Pour que cette planche soit arrosée par une nappe d'eau de $0^m,003$ d'épaisseur, quantité que l'on peut regarder comme la moindre qui puisse être employée à l'irrigation, il faut un abord d'eau de $0^{lit},225$ par seconde, ou de 810 litres par heure, si l'eau doit couler sur le plan incliné avec une vitesse de $0^m,005$ par seconde. Cette vitesse est la moindre qu'on puisse admettre, car il faut alors à l'eau 14 minutes pour parcourir les 4 mètres de largeur du plan incliné, ou, ce qui est la même chose, toutes les 14 minutes, l'eau qui couvre la surface du plan incliné est renouvelée.

Si, au-dessous de ce plan incliné, nous établissons deux planches en ados, chacune d'elles aura une largeur de $7^m,50$, et si nous leur donnons une longueur de 15 mètres et qu'il ne leur arrive pas d'autre eau que celle du plan incliné situé au-dessus, il se trouvera que l'eau doit couvrir une surface de 2×15 mètres $= 30$ mètres; mais ce n'est pas tout : comme, dans les ados, l'eau doit déborder des deux côtés, il s'ensuit qu'il faut une quantité d'eau double, et ainsi, dans ce cas, il y aurait à arroser une longueur non pas de 30, mais bien de 60 mètres. La planche principale, sur une longueur de 15 mètres, est couverte d'une nappe d'eau de $0^m,003$. Cette quantité d'eau était suffisante; elle aurait même pu servir encore à arroser une deuxième et troisième planche, si elles eussent été immédiatement au-dessous de la première. Mais sur les ados, cette même quantité d'eau ne donne plus qu'une épaisseur $1/4 \times 0^m,003$ ou 0^m00075, quantité si minime qu'elle serait absolument sans effet pour l'irrigation. Pour que l'irrigation des ados eût lieu dans la même proportion que celle du plan incliné, il faudrait aux ados une quantité d'eau quatre fois plus considérable ($0^{lit}, 9$ par seconde, ou 3240 litres par heure), ou il faudrait qu'au lieu de 15 mètres les ados n'eussent qu'une longueur de $3^m,75$, ce qui n'est pas praticable en ce sens que le produit à retirer d'ados aussi courts n'en couvrirait pas les frais de construction. De tout ceci il résulte clairement que si la quantité d'eau est calculée pour le plan incliné, elle est tout à fait insuffisante pour les ados, et que s'il y a assez d'eau pour les ados, il y en aura trop pour le plan incliné.

Il y a cependant moyen de remédier à ces deux inconvé-

nients. S'il y a une quantité d'eau telle qu'elle soit trop forte
pour bien arroser le plan incliné, on tire des rigoles verticales
qui en conduisent une partie immédiatement aux ados, et s'il
n'y a pas assez d'eau pour arroser à la fois tous les ados, on
les arrose l'un après l'autre.

Dans cet exemple nous avons pris, pour la quantité d'eau
nécessaire, les bases admises par les irrigateurs de Siegen.
Nous manquons à cet égard d'autres données précises, et il
nous semble qu'on n'a pas encore donné l'attention qu'il
mérite à ce problème de la quantité d'eau nécessaire à une
bonne irrigation, selon la pente du terrain et la qualité de
l'eau. Patzig nous donne deux exemples ; dans l'un, un pré de
23 morgen (5^{hect},87) est arrosé par un cours d'eau qui fournit 1 1/4 pied cube (33 décim. c. ou 33 litres) d'eau par seconde. Dans l'autre, une prairie de 1000 morgen (255 hectares) peut être suffisamment arrosée par un cours d'eau qui
fournit 22 pieds cubes par seconde (594 déc. c. ou litres),
mais il n'indique ni la pente du pré, ni la qualité de l'eau.

Pour faire à cet égard des observations, il est nécessaire de
calculer la quantité d'eau qui arrive au pré à arroser, et on
la trouve approximativement en multipliant la section de l'eau
dans le canal de distribution par sa vitesse. Soit, par exemple,
0^{m},50 la largeur du canal au fond, 0^{m},50 la largeur à la superficie de l'eau, et 0^{m},25 la hauteur de l'eau ; son volume
sera

$$\frac{0,50 + 0,30 \times 0,25}{2}$$

ou 0,40 × 0,25 = 1 mètre. Si la vitesse de l'eau est de 0^{m},30 par
seconde, le canal fournira par seconde 1 × 0^{m},30 = 0^{mc},30 ou
30 litres d'eau.

On sait qu'une pente de 0^{m},01 sur 10 mètres donne à l'eau
une vitesse de 0^{m},30 par seconde. On peut encore mesurer la
vitesse en plaçant sur l'eau un morceau de liège et mesurant
l'espace qu'il parcourt dans un temps donné, dans 30 secondes
par exemple. Si cet espace parcouru est de 15 mètres en 30

secondes, on en conclura que l'eau a une vitesse de $0^m,50$ par seconde.

Les parois et le fond du canal opposent cependant à l'eau une résistance, de manière que sur les côtés et au fond elle coule beaucoup moins vite qu'au milieu. Il est donc nécessaire de prendre une moyenne de la vitesse, et on la trouve si on tire la racine carrée de la vitesse de l'eau en haut, qu'on soustraie cette racine de la vitesse, et qu'au reste on ajoute 1/2 ou 0,5. Soit, par exemple, la vitesse observée 36 par seconde; la racine carrée est 0,06. Cette racine étant soustraite de 36, il reste 0,30, et en y ajoutant 1/2, on obtient 0,305 pour vitesse moyenne de l'eau.

Haefener[1] calcule la quantité d'eau nécessaire à l'irrigation d'après la hauteur à laquelle dans un temps donné cette eau s'élèverait sur la surface du pré, en supposant qu'elle fût arrêtée par une digue et qu'elle ne pût s'infiltrer dans le sol. Il admet que l'irrigation serait *abondante* si dans 24 heures l'eau pouvait s'élever à une hauteur de $0^m,15$ à $0^m,20$, *suffisante*, si elle pouvait s'élever à $0^m,07$ à $0^m,12$, et pouvant dans quelques cas suffire *à la rigueur* si elle s'élevait seulement à $0^m,02$ à $0^m,05$.

Pour trouver cette hauteur, à laquelle peut s'élever l'eau, il suffit de calculer l'abord de l'eau en 24 heures et de diviser cette somme par la superficie du pré à arroser, le quotient donne la hauteur de l'eau.

Supposons que l'abord de l'eau soit de 4,000,000 de litres et que le pré à arroser ait une étendue de 8 hectares; 8 hectares font 8,000,000 de décimètres carrés (1 litre = 1 décimètre cube). Chaque décimètre carré de pré recevrait ainsi 1/2 décimètre cube d'eau, ou, en d'autres termes, l'eau s'élèverait à 5 centimètres.

Pour donner une idée nette de l'irrigation compliquée, et en même temps un résumé de tout ce que nous avons dit

[1] *Der Wiesenbau in seinem ganzen Umfange.*

jusqu'à présent sur la construction des prés pour l'irrigation, nous empruntons à l'ouvrage de Vorlaender le dessin

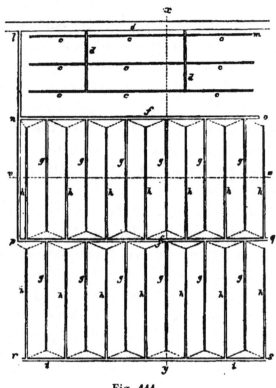

Fig. 111.

(*fig*. 111), d'après nature, d'une prairie construite pour
l'irrigation.

L n o m est un plan incliné, *n p q o* le premier, et *p r s q* le
second étage de planches étroites en ados. Le plan incliné est
large de 16^m,20, les ados de chaque étage ont une longueur
de 21^m,60, et chaque ados une largeur de 7^m,20.

Par le canal *l p* large de 0^m,35 et profond de 0^m,15 on peut
amener immédiatement aux ados l'eau du canal principal
d'alimentation.

Afin que l'eau qui au point *n* entre dans la rigole de distribution *f* arrive facilement jusqu'à l'extrémité *o*, on a jugé
convenable de donner à toute la longueur de *n* en *o* une pente
de 0^m,04.

Par suite, les ados ont dû être aussi abaissés comme le représente la coupe (*fig.* 112).

L'inspection de la figure 111 fera comprendre la construc-

Fig. 112.

tion de toute la prairie. L'eau qui a arrosé le plan incliné *l o* se réunit de nouveau dans la rigole *n o*. Elle se répartit immédiatement sur les ados *g*, et elle arrose l'étage *n q*. Les rigoles d'écoulement *h* de ce premier étage conduisent l'eau dans la rigole *p q*, où elle se rassemble de nouveau et d'où elle est distribuée aux rigoles *g* du second étage qui est ainsi arrosé à son tour.

Si le terrain offrait une pente plus considérable que celle existante dans la prairie dont nous donnons le plan, on pourrait apporter à la construction un sensible perfectionnement. Les rigoles *n o* et *p q* serviraient alors de rigoles d'alimentation, et immédiatement au-dessous d'elles on établirait des secondes rigoles qui seraient rigoles de distribution. On pourrait alors donner à ces dernières rigoles et aux ados une horizontalité parfaite. La figure 112 donne la coupe des ados, et la figure 113 donne la coupe de la prairie sur sa longueur.

Fig. 113.

Les mêmes lettres représentent les mêmes objets sur les trois figures. Ainsi, par exemple, dans la figure 112, la ligne *g* donne la hauteur des ados à la rigole d'irrigation, et la ligne *h* indique la rigole d'écoulement.

Dans cet exemple, les rigoles et les ados sont ensemble à angle droit, la construction gagne par là en régularité; mais, comme nous l'avons déjà dit précédemment, cette condition n'est pas de rigueur.

QUATRIÈME PARTIE

DES PRÉS

CHAPITRE PREMIER

Des prés inondés.

Comme les prés sont arrosés, de même ils sont inondés, les uns naturellement, les autres par suite du travail des hommes. Il est nécessaire pour l'inondation que la surface des prés soit à peu près horizontale. L'eau arrêtée par une digue reflue sur le pré qu'elle couvre à une plus ou moins grande hauteur. Si le terrain a une pente un peu forte, il faut d'abord donner à la digue une hauteur considérable, ensuite l'eau près de la digue aura une grande profondeur, tandis qu'à l'extrémité opposée de la prairie, elle couvrira à peine le sol. Supposons seulement une pente de 4 p. 100 sur une longueur de 100 mètres. Pour que l'extrémité de la prairie fût couverte de $0^m,50$ d'eau, il faudrait que la digue eût une hauteur de 5 mètres, plus $0^m,50$ pour qu'elle ne fût pas débordée par les vagues. Là où il existe une semblable pente, il faut pour inonder diviser la prairie en compartiments peu étendus ; mais il faut pour cela construire de grandes étendues de digues, qui occasionnent des frais considérables. D'où nous conclurons que, dans ce cas, il vaut mieux disposer le

pré pour l'irrigation en plan incliné. L'établissement d'un pré
inondé est si simple que les explications à cet égard semblent
être superflues. Si c'est une vallée qui doit être inondée, il
suffit souvent d'une digue qui la barre dans toute sa largeur.
Le ruisseau qui amène l'eau sert alors en même temps de canal d'écoulement, et il suffit d'une écluse qui barre le ruisseau
en même temps qu'elle ferme la digue. Mieux vaut cependant
que le ruisseau qui fournit et qui écoule l'eau ait son cours
hors du pré. Si le ruisseau traverse le pré, c'est dans son lit
que se dépose la plus grande partie du limon fertilisant apporté par l'eau, et il est perdu pour le pré. Si le ruisseau coule
hors du pré, l'espace à arroser doit être entouré d'une digue
de trois côtés ; il faudra une écluse pour barrer le ruisseau
et faire refluer l'eau sur le pré, et une seconde dans la digue
pour laisser écouler l'eau quand on voudra mettre le pré à
sec. Pour que l'inondation produise tout le bon effet qu'on
peut en attendre, il faut que l'eau se répande promptement et
également sur toute la surface.

Pour cela de petits fossés qui divisent le pré en planches,
dans le sens de sa longueur, sont très-favorables. Ces fossés
partent en haut du canal de distribution, qui doit être horizontal, et ils aboutissent en bas au canal de desséchement.
Quand on veut inonder, l'eau se répand rapidement au moyen
de ces fossés et couvre régulièrement toute la surface du pré.
Dans l'établissement de ces fossés, on trouve encore un autre
avantage, c'est qu'ils fournissent de la terre et des gazons
pour en hausser les parties basses et pour aider à la construction des digues. Si l'on exige que le pré soit promptement
couvert d'eau, il est encore plus important au succès de l'o_
pération que l'eau se retire promptement et ne séjourne nulle
part. Les mêmes fossés sont aussi très-utiles pour l'écoulement
de l'eau.

Pour rendre encore plus claires les indications que nous
venons de donner, nous y joignons le plan d'une prairie
inondée, partagée en planches par des fossés (*fig* 114), d'après

Schwerz, tome Ier de son *Traité d'agriculture pratique*. Le ruis-

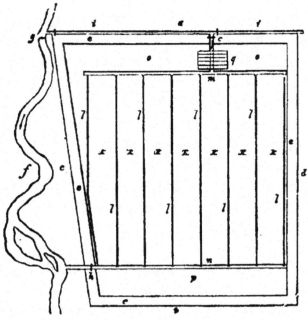

Fig. 114.

seau *f* coule le long du pré. Au point *g* est une écluse qui fait
arriver l'eau dans le canal de dérivation *i* ; *e*, *e*, *e*, *e* sont les
digues ; *j*, l'ouverture par laquelle l'eau arrive du canal de
dérivation sur le pré ; *h*, une autre ouverture par laquelle sort
l'eau qui se réunit dans le canal d'écoulement *n* ; *q* est un
petit pont.

L'eau arrive en *m* dans le canal de distribution ; elle se répand à droite et à gauche et pénètre dans les fossés *l...l* ; de
là elle gagne le canal d'écoulement *n*, qui d'avance a été fermé,
puis elle monte et couvre successivement toute la surface des
planches *k k*.

Schwerz conseille de donner aux planches une largeur de
5 à 6 mètres.

Si un pré présentait une pente un peu forte, ou plusieurs
pentes dans des sens différents, il ne serait pas sensé de vouloir l'inonder dans une seule enceinte de digues. Dans ce cas,
on divise la surface en autant de compartiments que l'indi-

quent la configuration et la pente du sol. Si le plan est tracé avec intelligence, on peut disposer les compartiments de manière que l'eau coule des supérieurs aux inférieurs et les inonde successivement. Cependant ce grand nombre de compartiments nécessite d'autant plus de digues qui entraînent une augmentation considérable de frais.

Si le sol de la prairie à inonder est horizontal, ou à peu près, on peut former la digue dont elle doit être entourée par des sillons tracés avec la charrue, et auxquels on donne la hauteur suffisante en endossant plusieurs fois. Plus le sol de la prairie s'éloigne de la disposition horizontale, plus les digues doivent avoir de hauteur et de solidité. Si l'étendue est considérable, la digue doit s'élever au-dessus de la surface de l'eau de $0^m,30$ au moins, et sa largeur doit augmenter en proportion de la hauteur.

A l'intérieur, c'est-à-dire du côté de la prairie ou de l'eau, la digue doit avoir un talus considérable, afin qu'elle ne soit pas minée par l'eau. Les vagues glissent et leur force est amortie par cette surface très-inclinée.

A l'extérieur, l'inclinaison peut être moindre; cependant un fort talus donne plus de solidité et produit aussi plus d'herbe.

L'aplanissement de la surface des planches d'une prairie inondée s'opère de la même manière que nous avons décrite pour les prés arrosés. On a souvent recommandé les labours réitérés, en rejetant toujours la terre du côté inférieur, pour rapprocher de la forme horizontale un terrain en pente. Mais, d'une part, il faudrait des labours bien souvent répétés pour amener un résultat un peu sensible, et, d'autre part, la partie supérieure de la prairie se trouverait ainsi totalement dépouillée de la couche supérieure de terre. Il est plus facile et plus avantageux de recourir à la brouette ou au tombereau, et de transporter de suite la terre à sa destination. On n'oubliera pas qu'on doit, autant que possible, enlever seulement le sous-sol et conserver la couche supérieure de terre, pour la replacer sous le gazon.

Quelquefois aussi on peut employer l'eau au transport des terres. Pour cela il est nécessaire d'établir un canal de dérivation à la partie supérieure du pré, là où se trouve une élévation qui doit être enlevée, et il est nécessaire que ce canal fournisse une suffisante quantité d'eau. On fait alors au canal de dérivation, à l'endroit où l'élévation commence, une étroite et profonde coupure par laquelle l'eau s'échappe avec force pour s'écouler vers la partie qui est trop basse et qu'on veut exhausser. Dans ce courant, on jette à la pelle la terre qu'on a préalablement ameublie, jusqu'à ce que la hauteur soit suffisamment abaissée, et elle est entraînée par l'eau. Il faut avoir la précaution d'arrêter par un clayonnage cette masse de terre délayée, afin qu'elle reste au point où l'on en a besoin, et que l'eau ne puisse pas l'entraîner plus loin. De cette manière, on peut ainsi, quand la disposition du terrain et du cours d'eau le permet, transporter à peu de frais une grande masse de terre et obtenir l'horizontalité du sol. Cette méthode est fréquemment employée dans l'Allemagne du Nord ; les prés ainsi formés y reçoivent la dénomination particulière de *Schwemmwiesen*, prés formés par alluvion artificielle.

Pour la formation des digues, on prend d'abord la terre et les gazons qui proviennent de l'abaissement des parties trop élevées de la prairie. Si ces matériaux ne suffisent pas, on creuse le long de la digue, à son côté extérieur, un fossé qui fournit de quoi l'achever.

Voici comment Schwerz expose les avantages et les inconvénients de l'inondation, comparativement à l'irrigation des prés :

1. Par l'inondation, on peut mieux et plus complétement mettre une prairie à l'abri d'une température défavorable.

2. L'établissement et l'entretien des prés inondés sont en général moins coûteux que la construction des prés arrosés.

3. Aucun des animaux nuisibles qui souvent font tant de

tort aux irrigations, tels que taupes, souris, courtillières, ne peut résister aux inondations.

4. Par l'inondation, l'eau chargée d'un limon fertilisant a plus de temps pour le déposer.

5. Enfin, si un sol aride et ingrat est couvert de genêts, de bruyères, de bugrane épineuse et autres semblables plantes grossières, elles sont détruites par une inondation longtemps prolongée en été. A la vérité cette inondation détruit aussi l'herbe, mais celle que produit naturellement un tel sol a bien peu de valeur.

Les inconvénients de l'inondation des prés sont les suivants :

1. Beaucoup de bonnes plantes qui entrent dans la composition des prés ne peuvent résister à l'inondation longtemps prolongée.

2. L'herbe qui croît sous l'eau de l'inondation est beaucoup plus délicate et résiste ensuite moins aux accidents de température.

3. Si pendant l'inondation il survient de belles journées chaudes ou des pluies fertilisantes, ces bienfaits atmosphériques sont perdus pour la prairie.

4. On ne peut pas inonder, comme on peut arroser, jusqu'au moment où l'herbe va fleurir.

5. Le foin des prés inondés est beaucoup inférieur en qualité à celui des prés arrosés.

6. Le pré inondé devant être rapidement et tout entier mis sous l'eau, il faut pour cela une quantité d'eau plus considérable que pour arroser.

7. Il y a beaucoup de terres qui s'amollissent extrêmement par le séjour de l'eau.

De ces considérations pour et contre, Schwerz conclut que si on a le choix entre l'irrigation et l'inondation, on doit sans aucun doute donner la préférence à l'irrigation. « Seulement, ajoute-t-il, sur des prés tourbeux, sur un sol très-perméable à l'eau, l'inondation peut être plus avantageuse. »

De tout ceci il résulte que l'inondation des prés n'est guère pratiquée que dans des vallées unies, où il serait très-difficile de se procurer de la pente et que la nature semble avoir disposées pour cela.

L'Allemagne septentrionale, les Pays-Bas, la Lombardie, nous en fournissent des exemples. Dans ces pays, d'abondants cours d'eau et même la mer fournissent les eaux nécessaires aux inondations.

Dans les pays de montagnes on trouve rarement une localité où l'inondation doive être préférée à l'irrigation.

Il est encore à observer que là où l'une des deux méthodes est depuis longtemps en usage, il est prudent de la conserver, lors même que l'autre paraîtrait plus avantageuse, parce qu'il convient toujours d'avoir égard aux habitudes d'un pays, et que les travaux dont les hommes ont l'expérience, pour lesquels ils ont même une prédilection, sont toujours mieux exécutés.

CHAPITRE II

Des roues hydrauliques et des cercles magiques.

§ 1. — DES ROUES HYDRAULIQUES.

Pour compléter, autant que possible, ce qui est relatif aux irrigations, nous devons encore indiquer les roues hydrauliques servant à élever l'eau destinée à arroser les prés.

Si l'on a à sa disposition un fort cours d'eau, mais tel qu'on ne puisse pas établir de digues pour élever les eaux, alors il peut être avantageux de les faire monter au moyen d'une roue hydraulique. Zeller de Darmstadt, que nous avons déjà cité, a apporté des perfectionnements à cette roue qui fonctionne dans de grands établissements d'irrigation du duché de Hesse-Darmstadt.

En France, MM. Thomas et Laurens, ingénieurs civils ont publié le dessin d'une roue élévatoire des eaux de la rivière de Fesle pour l'irrigation d'un terrain de la contenance de 110 hectares, situé à Ciry-Salsogne, département de l'Aisne.

Les cas où l'on pourra faire usage d'une semblable roue étant tout exceptionnels, nous renvoyons ceux que cette question pourra intéresser au rapport de la Société d'encouragement, sur le mémoire de MM. Thomas et Laurens, 1848.

§ 2. — DES CERCLES MAGIQUES.

Dans les prés secs, et particulièrement dans ceux consacrés au pâturage, on remarque souvent des cercles d'un plus ou moins grand diamètre, formés par une herbe d'une végétation beaucoup plus vigoureuse et d'un vert plus foncé, on les nomme en Allemagne cercles magiques, et aussi cercles ou ronds des sorcières. Les paysans, dans leur simplicité superstitieuse, ont cru que ces ronds étaient formés par les danses nocturnes des sorcières, ou provenaient de conjurations de magiciens.

La nature et l'origine de ces cercles ne sont pas encore suffisamment éclaircies, quoique des observateurs s'en soient déjà occupés, et qu'en Angleterre, dans une réunion de naturalistes, l'un d'eux ait présenté une dissertation sur ce phénomène.

Si l'on examine de près ces cercles, on trouve que dans toute leur circonférence, sur une largeur de 15 à 30 centimètres, l'herbe a une végétation aussi vigoureuse que si elle eût été fortement fumée, tandis qu'à côté elle est maigre et misérable. Nous avons souvent remarqué que sur la ligne qui forme le rond, le dactyle pelotonné (*dactylis glomerata*) est l'herbe dominante.—Or, cette graminée ne se trouve guère que dans les sols riches ou fumés. En automne, on remarque entre les touffes d'herbe, toujours sur la ligne du rond, une foule de petits champignons, que le naturaliste anglais, cité tout à l'heure, croit être l'*agaricus graveolens*. Les champignons sont un puissant engrais; ils sont riches en azote, en phosphore et autres sels, et leur présence suffit pour expliquer la vigueur de végétation de l'herbe qui forme le cercle. Mais ces champignons sont-ils réellement la cause qui a produit le cercle?—Et s'ils ont formé le cercle, à quelle cause eux-mêmes doivent-ils leur naissance? — D'où vient que leur présence est limitée à cette bande étroite, tandis que ni à l'intérieur, ni à l'extérieur du rond, on n'en voit aucune trace?

Nous trouvons dans un journal d'agriculture une explication de ce phénomène, que nous donnons telle qu'elle est, et en attendant qu'on en ait trouvé une autre plus satisfaisante.

« Les cercles magiques sont produits par des champignons,
« dont ils prouvent la force d'action fertilisante. Les champi-

« gnons naissent ordinairement sur les racines des plantes en
« décomposition, mais ils sont aussi produits par un engrais
« azoté, tel que les déjections du bétail. L'engrais détermine
« la formation d'un groupe de champignons; lorsque la végé-
« tation de ceux-ci est accomplie, ils meurent et se décompo-
« sent en une substance fluide, qui est un engrais assez actif
« pour faire périr les plantes qui en sont saturées. Mais les
« autres plantes qui formaient la bordure de ce groupe de .
« champignons, en reçoivent seulement une dose d'engrais
« suffisante pour déterminer chez elles une vigoureuse végé-
« tation. Ce cercle est à son tour envahi par les champignons
« qui s'avançant toujours du centre vers la circonférence,
« peuvent produire dans une couple d'années des ronds de
« 3 à 4 mètres de diamètre, après que les champignons ont
« détruit l'herbe au milieu de laquelle ils végétaient, et qu'eux-
« mêmes, faute d'alimentation, ne se reproduisent plus. Cet
« espace dénudé se regarnit, soit par quelques racines qui y
« sont restées, soit par les graines qui y tombent, de manière
« que le centre du cercle se regarnit *bientôt*, et qu'il reste
« seulement sur le bord intérieur du cercle une lisière étroite
« privée de végétation.

« Dans un pâturage qui m'appartient, sur un terrain tour-
« beux, j'ai pu observer, cet été, environ dix de ces cercles
« magiques. »

Telle est la citation, dont je regrette de ne pouvoir indiquer ni la date, ni l'auteur. Voici comment nous comprenons
qu'elle explique le phénomène qui nous occupe.

Une quantité d'engrais fortement azoté, se trouve par une
cause quelconque apportée au point A (*fig.* 115). Dès le premier automne, il s'y développe un groupe de champignons,
qui, par leur décomposition, font périr toutes les plantes
au milieu desquelles ils ont végété, de sorte qu'au printemps
suivant, il n'y a plus là qu'un espace nu, entièrement dégarni
d'herbe.

Mais la puissance fertilisante des champignons décomposés

profite aux plantes voisines, et détermine une vigoureuse végétation sur toute la circonférence du point A. Dans le cercle même, les plantes ont été détruites, les champignons n'y trouvent plus de racines sur lesquelles ils puissent végéter, ils s'avancent plus loin et s'emparent du cercle B. Là déjà, leur influence a commencé la destruction des plantes et ils s'établissent sur leurs racines.

Cette seconde génération de champignons périt à son tour l'automne suivant, et détruit toutes les plantes qui formaient le cercle B.

Au printemps ils envahissent le cercle C, et les mêmes causes ramènent successivement les mêmes effets sur les cercles D, E, etc.

Pendant ce temps, le point central A (*fig.* 115) s'est regarni

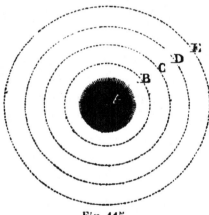

Fig. 115.

d'herbes, soit par des graines qui y sont tombées, soit par des racines traçantes; et il s'y forme un nouveau gazon qui plus tard s'étend au cercle B, et successivement aux autres.

On pourrait croire que la partie intérieure du cercle doit se couvrir d'une végétation aussi riche que la bordure, qui se trouve en dehors de la ligne occupée par les champignons, puisque cette partie intérieure a reçu le même engrais et même en plus grande quantité. Mais la différence s'explique par l'extrême facilité avec laquelle se vaporise cet engrais

si riche en azote, et par cette circonstance que l'intérieur du
cercle a été quelque temps tout à fait dégarni de plantes. Lorsqu'elles y reparaissent, le sol est redevenu aussi pauvre qu'il
était auparavant, et sa végétation ne se distingue pas de celle
qui existe au delà des limites du cercle.

On comprend facilement que le cercle s'agrandit d'autant
plus lentement qu'il devient plus étendu, et qu'il finit par
disparaître entièrement.

Quoi qu'il en soit de ces explications, le cercle magique est
un phénomène remarquable, qui mérite de fixer l'attention
des naturalistes et des cultivateurs.

§ 3. — DRAINAGE DES PRÉS.

Il n'y a de prés que dans les terres qui ont de la fraîcheur,
mais nous avons déjà vu que l'excès d'humidité leur est nuisible, et surtout l'eau stagnante. Nous avons aussi vu comment
on dessèche par des fossés les prés marécageux. Si des fossés
sont nécessaires, on en réduit cependant le nombre autant
que possible; l'espace occupé par les fossés est un terrain
perdu pour la croissance de l'herbe, ils exigent de l'entretien,
ils gênent le fauchage et la circulation des voitures. Par toutes
ces raisons, on doit n'avoir que les fossés indispensables et
souvent par le drainage on peut en supprimer beaucoup. Il
existe de très-bons traités spéciaux de drainage, aussi ne cher-
cherons-nous pas à le décrire. Nous ferons seulement l'observation que les tuyaux doivent être placés à une profondeur
suffisante pour qu'on ne risque pas de les avoir bientôt obstrués par les racines, pour cela nous croyons qu'une profondeur de un mètre est nécessaire, et si faute de pente on n'a
pas cette profondeur, il sera préférable de drainer avec des
pierres ou avec des fascines. Pour l'emploi des fascines, on
fait ce que nous indiquons pour les fossés couverts, p. 114.
On enfonce obliquement dans le fossé, deux par deux et en
croix, des piquets dont la pointe entre dans l'angle inférieur

du fossé, tandis que le haut appuie, du côté opposé contre la paroi du fossé. On place alors dans l'angle que forment les piquets en se croisant des branches liées ensemble pour former une fascine d'une longueur indéfinie. On la couvre de mousse, d'une couche de bruyère, quand on en a, puis de terre. Si les piquets sont en bois de chêne, ou en aulne, qui est inaltérable dans l'eau, ces fossés couverts peuvent durer très-longtemps. Nous donnerions la préférence aux pierres, mais souvent il faut aller les chercher loin. On ne veut pas les transporter en été, parce qu'il faudrait alors faire le sacrifice de l'herbe pour avoir les chemins nécessaires aux voitures ; et en hiver, ou bien la terre est détrempée par les pluies, ou bien elle est couverte de glace ou de neige, et l'entrée des prés est interdite aux attelages. Si l'on peut drainer avec des pierres, le fossé doit avoir plus de largeur que pour des tuyaux ou des fascines, et cette largeur est proportionnée à l'épaisseur des pierres qu'on a à sa disposition. On place d'abord au fond du fossé, obliquement, appuyées l'une contre l'autre par leur extrémité supérieure, deux pierres plates, qui laissent libre sous elles le conduit par lequel les eaux doivent s'écouler. Sur ces pierres on en pose d'autres, plates aussi, qui couvrent les joints des premières, puis on jette au hasard de petites pierres, à une épaisseur de dix ou vingt centimètres. On couvre comme pour les fascines avec de la mousse et de la bruyère, à défaut de l'une et de l'autre avec des gazons retournés et enfin on comble le fossé.

Il est inutile de dire que le drainage, quel que soit le mode qu'on emploie, doit être fait avec soin, si on ne veut pas s'exposer à voir bientôt les canaux obstrués. Les prés peuvent présenter des difficultés particulières qu'on ne rencontre pas dans les terres ; quelquefois le sol est tellement mou que les pierres ou tuyaux s'enfoncent, de manière que l'eau ne peut plus avoir un écoulement régulier. M. W. de Fellenberg[1] place alors au fond du fossé une latte sur laquelle il pose les

---

[1] M. W. Fellenberg, fils de l'ancien fondateur et directeur de Hofwill,

tuyaux. Quelquefois on rencontre une couche de sable très-
fin qui ne tarde pas à boucher les tuyaux. M. de Fellenberg prescrit d'envelopper alors les tuyaux de gazons au travers desquels l'eau est filtrée. Nous lui sommes
redevables d'un instrument très-simple, dont voici la figure,
et avec lequel l'ouvrier le moins intelligent peut creuser un
fossé en lui donnant une pente régulière.

L'instrument (*fig.* 116) est formé de deux lattes A¹ A², unies

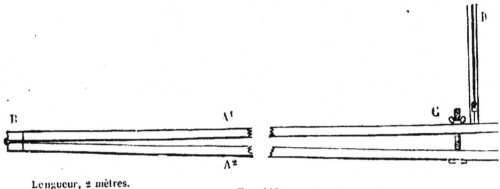

Longueur, 2 mètres.

Fig. 116.

ensemble à leur extrémité B par une charnière. Au point C,
est un écrou que l'on peut ouvrir et fermer à volonté.

D est une latte fixée verticalement sur la latte A¹, et munie
d'un fil à plomb.

Si le fossé doit avoir une pente régulière de 1 c. par mètre
et que les deux lattes A A aient une longueur de 2 m., on les
espace l'une de l'autre de 2 c. à leur extrémité D.

La latte inférieure A² ayant la pente voulue, la latte supérieure
A¹ doit toujours conserver sa position horizontale, indiquée
par le fil à plomb de la latte verticale D.

Au moyen de cet instrument, l'ouvrier n'a pas à s'inquiéter
de la pente, et s'il a soin que la latte D ait toujours sa position
verticale, alors le fossé aura nécessairement la pente mesurée
d'avance et déterminée par le conducteur des travaux.

a exécuté dans la Prusse rhénane, près de Saarlouis, de remarquables
travaux de drainage.

CHAPITRE III

Des prés tourbeux et des prés secs de montagnes.

Les prés tourbeux diffèrent tant par leur nature de tous les autres prés, qu'ils doivent aussi être traités d'une manière particulière. Nous ne savons pas que personne ait encore rien écrit sur les marais tourbeux, et nous nous bornerons à faire connaître la manière dont on traite un marais qui est dans notre voisinage. Si nous ne pouvons pas donner des préceptes d'une application générale, on trouvera cependant dans les indications que nous allons donner d'utiles enseignements pour des positions analogues.

Ce marais s'étend le long et à gauche de la grande route [1] de Paris à Mayence, depuis Hombourg [2] jusqu'à Kaiserslautern. Il a une longueur de 20 kilomètres sur une largeur de 1 à 2 kilomètres. Sa position est tout à fait défavorable : une chaîne de montagnes escarpées le borne du côté du Sud, et lui intercepte en grande partie les rayons bienfaisants du soleil, il est une grande partie de l'année couvert de brouillards, et les gelées tardives y détruisent souvent, jusqu'au milieu de l'été, les espérances des cultivateurs. Il y a trente ans, ce marais était complétement inculte et sauvage, couvert de bruyères et de broussailles, il n'avait aucune valeur. L'activité infatigable des habitants en a déjà transformé une grande

---

[1] Cette route, construite par Napoléon, n'est désignée dans le pays que sous le nom de *route Impériale*.

[2] Hombourg est une petite ville de la Bavière rhénane à 40 kilomètres de Forbach, frontière de la France.

partie en prés, et le reste ne tardera pas à subir la même transformation.

Les modes de culture suivis se réduisent à deux principaux ; ou bien la tourbe est d'abord extraite pour être utilisée comme combustible, ou la surface de la tourbe même est de suite convertie en pré, le combustible restant enfoui jusqu'à ce que le besoin s'en fasse un jour sentir.

Pour pouvoir extraire la tourbe, il faut, avant tout, faire écouler les eaux. L'établissement d'un canal qui dessèche le marais est un travail considérable, qui ne peut être exécuté que par les communes. A ce canal principal aboutissent d'autres canaux, qui, eux-mêmes, reçoivent les eaux d'une multitude de fossés, de sorte qu'un réseau de canaux, fossés et rigoles de dessèchement divise à l'infini tout le marais.

La pente étant partout très-peu considérable, on ne donne point de talus aux fossés taillés dans la tourbe. On extrait la tourbe avec une espèce de bêche dont le fer est long de 0^m,45 à 0^m,60 et large de 0^m,15 (*fig.* 117). On commence par enlever et mettre de côté la couche supérieure qui contient un peu de gazon et de terre. La tourbe qui est au-dessous est coupée en mottes

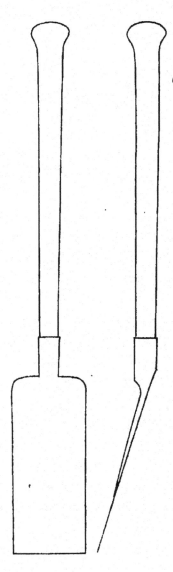

Fig. 117.

longues de 0^m,32 et épaisses de 0^m,16. L'ouvrier qui coupe ces mottes les jette à mesure sur le gazon qui est devant lui, un autre les transporte avec la brouette à l'endroit où elles doivent être séchées, et les empile par cinq. Plus tard, lorsqu'elles ont subi un commencement de dessication, on en forme des tas de 20. Par un temps favorable, les mottes restent ainsi jusqu'à ce qu'elles soient complétement sèches ; mais si la température est pluvieuse, il faut les retourner plusieurs fois.

Enfin, on forme des tas ronds et pointus par le haut, qui contiennent 1000 mottes, et elles sont ainsi prêtes pour la vente. On enlève la totalité de l'épaisseur de la couche de tourbe lorsque l'eau ne s'y oppose pas. L'épaisseur de la couche varie de 1 à 3 mètres. On compte que ce marais fournit par année environ 27 à 30 millions de mottes de tourbe.

La qualité varie beaucoup. La tourbe de qualité inférieure n'a que la moitié, que le tiers même de la valeur de la bonne ; la tourbe est d'autant meilleure qu'elle est plus noire, que la substance est plus homogène, que les plantes dont elle est formée sont plus décomposées. Plus la tourbe réunit ces qualités et plus elle diminue de volume en séchant. Le volume de la tourbe de première qualité se réduit de moitié lorsqu'elle est tout à fait sèche. Le prix de 1000 mottes, prises dans le marais, varie de 1 fl. à 2 fl. 20 kr. (2 fr. 15 c. à 5 fr.). On estime que 1000 mottes de tourbe valent à peu près un stère de bois de hêtre.

Après que la tourbe est enlevée jusqu'à quelques centimètres au-dessus du niveau de l'eau, on unit le terrain et on y amène de la terre, telle qu'on l'a à sa disposition ; le sable est ce qui convient le mieux. Mais il en faut quelquefois une énorme quantité pour obtenir une surface solide. La substance spongieuse de la tourbe s'affaisse et se tasse sous le poids dont elle est chargée. Les paysans disent proverbialement qu'une première voiture de sable conduite dans un marais tourbeux ne sert qu'à faire de la place pour dix autres voitures. Lorsqu'enfin on a obtenu un sol ferme, on recouvre le sable d'une

mince couche de terre végétale, et la construction du pré est
terminée.

Très-rarement de tels prés peuvent être arrosés, et encore
on n'obtient de bons effets de l'irrigation que si on peut y
employer de très-bonne eau de source, qui ne soit pas froide.

On ne peut pas toujours amener une quantité de sable suffisante pour élever le pré au-dessus de la surface de l'eau.
Dans ce cas, on étend une couche de branchages ; les branches
de pin sont celles auxquelles on donne la préférence. Par-dessus on répand les débris de la tourbe extraite, le peu de gazon qui couvrait la couche de tourbe, et enfin un peu de bonne
terre. Un pré ainsi préparé se gazonne promptement ; mais
son origine se reconnaît toujours au mouvement d'oscillation
qu'il éprouve lorsqu'on marche dessus.

Dans les environs de Kaiserslautern, on forme de la même
manière les prés arrosés dans de petites vallées marécageuses,
qui contiennent des sources et qui sont ordinairement dans
le voisinage des forêts. On étend d'abord une couche assez
épaisse de branches de pin, puis on la couvre de pierres, de sable, des matériaux qu'on peut le plus facilement se procurer,
et que fournit ordinairement le coteau qui borde la prairie.
Les branches de pin procurent cet avantage qu'il faut moins
de sable pour combler le marais, qu'elles supportent d'abord
les hommes, puis les brouettes et bientôt les tombereaux attelés, quand leur emploi est nécessaire et que les branches
sont seulement recouvertes d'une épaisseur peu considérable
de sable. Dès qu'on a obtenu partout une surface solide, on
marque la largeur et la hauteur des ados, et on les forme en
continuant à amener du sable. Lorsque les ados sont ainsi
formés, on les recouvre d'une couche de terre végétale, ordinairement peu épaisse, et on y répand des graines de foin.
Dès que la surface est suffisamment gazonnée, c'est-à-dire
dès que les racines de l'herbe peuvent maintenir la terre assez
pour que l'eau ne l'entraîne pas, on trace les rigoles d'irrigation, on creuse les rigoles d'écoulement, et on commence à

arroser. Avec de bonne eau, en suffisante quantité, on peut ainsi créer de bons prés sur un terrain tout à fait improductif, avec des matériaux qui n'ont aucune valeur, et un marais malsain devient un pré fertile.

L'entretien des prés formés sur le terrain dont on a extrait la tourbe est ordinairement plus coûteux que leur formation. L'humus acide de la tourbe ne fournit rien pour la nutrition des graminées, il favorise seulement la végétation de la mousse de tourbe (*Sphagnum*), qui croît avec une rapidité étonnante sur les prés négligés, qu'elle couvre bientôt à une hauteur de $0^m,30$. C'est du dehors qu'il faut amener à ces prés les principes fertilisants dont ils ont besoin. Heureusement on peut y employer toutes les substances qui contiennent seulement quelques principes pouvant servir à la nourriture des plantes. Ainsi, on y répand des boues de routes, des balayures des cours et des granges, des gazons décomposés, de la bonne terre végétale, etc. On mêle toutes ces substances, on les arrose d'urine, et si on les laisse une année en tas, en les retournant plusieurs fois, on en obtient un excellent engrais. La chaux ajoute beaucoup à l'efficacité de ces composts. Les cendres produisent d'excellents effets sur les prés tourbeux ; les cendres de bois ne s'emploient qu'après qu'elles ont servi pour les lessives. Les cendres de tourbe et de houille sont ordinairement réunies dans un creux pratiqué pour cet usage dans un coin de la cour. On a soin qu'elles y soient maintenues dans un état constant d'humidité, et on leur laisse passer ainsi l'année. On croit que si ces cendres ne sont pas traitées ainsi, leur effet est incertain. Si elles sont arrosées d'urine, les cendres deviennent un engrais d'autant plus actif. La tourbe elle-même peut être facilement convertie en engrais, quand, au moyen de la chaux ou de l'urine, on neutralise l'acide qu'elle contient. On réunit tous les débris de la tourbe, les mauvais gazons de la surface des tourbières, on les imbibe d'urine en les étendant sous les bêtes dans les étables, puis on les mêle par couches avec le fumier.

Ces prés tourbeux ont besoin d'être régulièrement fumés, au moins tous les trois ans. On répand plus ou moins d'engrais, selon qu'il est plus ou moins riche ; mais dans aucun cas on n'en répand assez pour que le gazon en soit tout à fait couvert.

On transporte les engrais pendant l'hiver, lorsque la terre est gelée.

Lorsque le terrain est assez solide pour porter les bêtes d'attelage, et lorsqu'on a en abondance et à proximité les matériaux nécessaires pour élever le sol, il arrive quelquefois qu'on le cultive avant de le mettre en pré. On peut y récolter de l'avoine, du seigle, même de l'orge ; le lin, la spergule, le trèfle, sont les plantes qui réussissent le mieux dans ce sol trop peu élevé au-dessus du niveau de l'eau pour qu'il ne conserve pas une fraicheur continuelle. Mais souvent, comme nous l'avons déjà dit, des gelées tardives viennent tout à coup arrêter les plantes au milieu d'une vigoureuse végétation et enlever au cultivateur le fruit de ses travaux.

On a calculé que le marais qui nous occupe peut fournir de la tourbe encore pendant plus d'un siècle, en supposant l'extraction continuée comme elle a lieu actuellement. Il y a encore des étendues considérables qui ne seront pas entamées de longtemps. Dans bien des endroits les cours d'eau et les moulins dont ces cours d'eau sont la propriété ne permettent pas l'extraction de la tourbe. On cherche alors à établir des prés et même des champs cultivés sur la tourbe. Comme on ne peut faire écouler les eaux, la superficie du sol se trouve à peine de quelques centimètres au-dessus de leur niveau.

Un desséchement complet du sol tourbeux serait nuisible, et les plantes ne pourraient végéter faute d'humidité.

Pour établir ces prés sur la tourbe, on forme, par des rigoles, des planches de 5 à 6 mètres de largeur, on unit la surface, et on fume le plus souvent qu'on peut. Le compost forme avec le temps une couche solide, sur laquelle se développe une vigoureuse végétation. Le feu est encore un moyen d'enlever à la tourbe son acidité, et on y a souvent recours là où la tourbe est recouverte d'un peu de terre qui forme une mince couche de gazon. On détache ces gazons à une épaisseur de $0^m,20$ à $0^m,30$, on les empile, et dès qu'ils sont suffisamment secs, on les brûle. On répand ensuite les cendres, puis on amène du sable, ou de la terre, si on peut en avoir, dans la proportion de 3 parties de sable à 1 partie de cendres, et on mêle cendres et sable. C'est seulement lorsque ce mélange est opéré parfaitement qu'on obtient de l'écobuage tout le bon effet qu'il peut produire. Si à cause de l'éloignement, ou parce que la surface écobuée est trop étendue, on ne peut pas amener du sable, on mêle par un léger labour les cendres avec la surface du sol. Ce labour doit être tout à fait superficiel, pour que le hersage qui suit puisse compléter parfaitement le mélange. Enterrées trop profondément, les cendres ne produisent plus d'effet. Après l'écobuage, on prend ordinairement une récolte de grain, dans laquelle on sème du trèfle. Après le trèfle, le sol se gazonne de lui-même, ou bien on y répand encore des graines de foin. Le pré est alors établi, traité et fumé comme les autres.

Les parties écobuées ne sont pas toujours de suite converties en prés. Quelquefois une famille n'a pas d'autre propriété, et il faut qu'à force de travail et d'industrie elle en tire sa subsistance. Ces terrains écobués conviennent particulièrement à la navette d'été ; l'avoine, l'orge, le lin, le sarrasin y réussissent, mieux encore les vesces, la spergule et le trèfle. Les grains d'hiver craignent l'excès d'humidité et les gelées tardives. Le seigle y donne de la paille, mais peu de grain. Avec du fumier, on y obtient des légumes, surtout des choux. Les pommes de terre sont une des plantes qui y réussissent le moins ; cependant la nécessité force souvent à les y cultiver. Les effets de l'écobuage ne s'étendent pas au delà de deux récoltes, et si on ne peut pas fumer, il faut écobuer de nouveau. Aussi cette culture est-elle très-pénible, très-coûteuse,

et elle ne peut avoir lieu que là où elle est imposée par la nécessité.

Prés célestes.

Les Allemands désignent sous le nom de prés célestes, ou
prés du ciel (*himmelswiesen*), les prés élevés qui ne reçoivent
d'eau que celle que leur procurent les pluies. Quelquefois ces
prés se trouvent au milieu des champs, dans des endroits où
le sol est trop humide pour convenir à la culture. Si l'on remarque dans un champ des plantes aquatiques, telles que des
joncs, c'est un indice que le sol contient de l'eau, à laquelle
il faut chercher une issue. On doit alors creuser un fossé au-
dessus de la place humide, et souvent on obtient ainsi une
quantité d'eau suffisante pour pouvoir arroser.

Ces prés secs doivent être régulièrement fumés tous les trois
ou quatre ans. Le compost, formé comme nous l'avons dit
pour les prés tourbeux, est l'engrais qui leur convient le
mieux. On regarde comme avantageux d'alterner en répandant une fois du compost et une autre fois des cendres. Le
plâtre convient aussi. Lorsqu'une fois on a commencé à fumer un pré, il est de nécessité de continuer à lui fournir
régulièrement de l'engrais, autrement son produit devien-
drait moindre qu'il n'était avant qu'on eût commencé à le
fumer. Par l'engrais, on favorise la végétation des bonnes
plantes qui étouffent les autres ; si l'on cesse de donner de
l'engrais, ces bonnes plantes, qui ne vivaient que par lui, disparaissent successivement ; on n'a plus celles dont elles ont
pris la place, et le produit du pré doit être ainsi considérablement diminué.

Souvent ces prés se trouvent sur le revers d'une montagne.
Leur dénomination n'est pas exacte, et ils ne seraient pas prés,
s'ils ne recevaient que l'eau qui leur tombe immédiatement
du ciel. Ils reposent sur une roche, ou sur un banc d'argile
imperméable à l'eau ; ils reçoivent ainsi par infiltration les

eaux d'un terrain plus élevé. Si ces eaux manquent d'écoulement, il en résulte des joncs, de mauvaises plantes aquatiques, quelquefois même de la tourbe. On doit alors chercher à obtenir par des fossés couverts ou découverts, l'écoulement des eaux stagnantes. Dans des cas semblables, le drainage peut être très-utile.

Comme nous nous occupons spécialement des prés, nous ne dirons rien de l'irrigation des terres cultivées qui a lieu dans le Midi.

Nous devons mentionner un mode particulier d'irrigation par infiltration. Des tuyaux enterrés à une petite profondeur et pourvus d'ouvertures qu'on peut ouvrir ou fermer à volonté, répandent l'eau sous le gazon. Ce mode d'irrigation ne peut être employé que dans un terrain très-sec, et il nous a paru entraîner des frais de construction et d'entretien trop considérables pour qu'on puisse le recommander aux cultivateurs.

CHAPITRE IV

De l'entretien des prés.

Le pré le mieux construit et qui se trouve placé dans les circonstances les plus favorables, ne tardera pas à être ruiné s'il
n'est soigné convenablement.

L'entretien des prés exige une attention continuelle, qui
doit s'étendre jusqu'aux moindres détails, et ce n'est pas sans
raison que les irrigateurs de Siegen disent qu'il est plus facile de construire un pré que de l'entretenir après qu'on l'a
construit. A l'aspect d'un pré on connaît tout de suite ce
qu'est son propriétaire. L'état du gazon, celui de l'herbe, tra-
hissent bientôt la négligence, et il n'est aucune branche de
l'agriculture dans laquelle l'incurie soit punie comme elle
l'est pour les prés.

Les travaux d'entretien des prés comprennent : le curage
des canaux, des fossés et rigoles, l'entretien des digues et
des écluses, le détournement des eaux pluviales, dans les
temps où elles peuvent nuire, la destruction des animaux
nuisibles, celle des mauvaises plantes, le soin de répandre
la terre des taupinières, d'abattre les fourmilières, de remplir les creux qui peuvent se former sur la surface du pré
ou qui n'ont pas été complétement nivelés lors de son établissement.

Dans la plupart des prés, les fossés [1] doivent être curés tous

---

[1] Par le mot *fossés*, nous entendons les fossés de toutes dimensions,
depuis la rigole jusqu'au canal.

les ans. Ils se rétrécissent par le dépôt que laisse l'eau, et par la croissance plus vigoureuse de l'herbe sur leurs bords. Si le besoin du curage se fait peu sentir, on peut en conclure que l'eau a peu de valeur pour l'irrigation. On doit commencer les travaux de curage dès que la récolte du regain est terminée, et ils doivent être finis au plus tard pour le 1er octobre, afin de pouvoir utiliser pour l'irrigation les eaux des premières pluies d'automne. Dans les prés qu'on laisse pâturer, on doit faire entrer le bétail avant le curage des fossés, afin qu'il profite de l'herbe qui est encore sur leurs bords et que la faux n'a pu atteindre. Les fossés et rigoles sont taillés avec le croissant ou avec la pelle-bêche. Les ouvriers doivent pour cela toujours se servir du cordeau ; l'ouvrage en est plus régulier et plus propre. Il est important que les fossés ne deviennent ni plus larges ni plus profonds qu'ils étaient ; les outils doivent toujours être bien tranchants. On forme au bord des fossés, avec les gazons, la vase, etc., qu'on en tire, de petits tas desquels on retire ensuite ce qui est nécessaire pour remplir des creux, pour garnir le bord des rigoles, là où leur niveau ne serait pas parfait, et le reste doit être immédiatement enlevé. Il y a peu de prés à la surface desquels on ne trouve de petits vides à remplir. On peut même remplir des vides considérables, en y employant seulement chaque année les produits du curage des fossés. Si ce sont des gazons, on les étend les uns près des autres, puis on les dame. Si les gazons sont trop épais pour être employés ainsi, on les divise, et on les unit aussi bien que possible.

Le curage des fossés produit souvent aussi une terre noire et grasse, qui, répandue sur les prés, est un très-bon engrais ; quelquefois aussi il ne donne qu'un sable infertile. Le sable est très-bon pour être répandu sur les endroits humides, qui produisent des joncs ou qui sont couverts de mousse. On peut aussi l'employer à combler les creux, si on en enlève d'abord le gazon, pour le replacer ensuite. On peut se débarrasser de la même manière des pierres, des mottes de terre, des débris de gazon, en un mot de toutes les ordures qu'on ramasse en nettoyant la surface d'un pré.

Au printemps, par une température favorable, il arrive fréquemment que l'herbe pousse assez vigoureusement pour boucher les rigoles et arrêter le cours de l'eau. On les nettoie au moyen du couteau à rigoles, qui n'est ordinairement qu'une vieille faux fixée à un manche long d'environ 2 mètres.

En même temps qu'on s'occupe du curage des fossés, on visite les digues et écluses pour y faire les réparations nécessaires. Enfin on ne doit pas négliger le moindre détail, et on doit être bien convaincu qu'une petite réparation qui n'est pas faite à temps peut amener plus tard un dommage considérable.

Les souris se tiennent volontiers autour des écluses ; leurs galeries peuvent donner passage à l'eau et occasionner des éboulements considérables. On doit chercher et boucher les trous de souris partout où on les trouve.

Par une forte pluie, l'eau entraîne souvent du sable, du gravier, même des pierres. Cette eau doit être soigneusement détournée des prés ; elle peut tout au plus servir à combler des creux. Mais si elle n'est pas chargée de parties aussi grossières, elle est utile dans des prés naturels, sur les parties où il y a de la mousse et des joncs.

Lorsque l'eau n'apporte qu'une vase ou un limon très-délayés, on peut, à l'automne et au commencement du printemps, l'employer à l'irrigation des meilleurs prés pour lesquels elle est un engrais. Lorsqu'à l'approche de la fenaison les irrigations cessent complétement, toutes les écluses doivent être ouvertes de même que toutes les rigoles, tous les canaux, afin que si une forte pluie amenait de grandes eaux, elles puissent rapidement s'écouler.

Les souris et les taupes peuvent difficilement se tenir dans des prés convenablement et régulièrement arrosés. Si on s'aperçoit de leur présence, on peut ordinairement s'en défaire

en dirigeant une forte irrigation dans leurs galeries. Si on ne
peut les atteindre par l'eau, il faut chercher à les prendre avec
des piéges. Les taupes n'attaquent pas les plantes, elles cher-
chent les vers qui font leur principale nourriture. Elles ne
nuisent qu'en minant le sol par leurs galeries, et en le couvrant de buttes formées de la terre qu'elles poussent au-de-
hors. Ces buttes ne sont nuisibles qu'autant qu'elles arrivent
quand l'herbe a déjà quelque hauteur et qu'on ne peut plus
les répandre tout de suite; autrement elles sont un engrais.
Car les taupes ne travaillent que là où il y a des vers, et les
vers ne se trouvent que dans une bonne terre.

Dans les prés arrosés, les galeries des taupes détournent
l'eau, l'irrigation devient irrégulière, et souvent le sol se
trouve miné de telle manière que le dégât ne peut être réparé
qu'avec beaucoup de travail. Partout où se trouvent les taupes
on doit les poursuivre et chercher à les détruire. Les taupinières encore fraîches sont faciles à répandre. S'il y en avait
beaucoup, dans un pré d'une grande étendue, et que ce fût un
travail trop long de les étendre au moyen de la pelle, de la
pioche et du râteau, on peut faire usage d'un instrument
qu'indique Schwerz, et auquel il donne le nom de rabot des

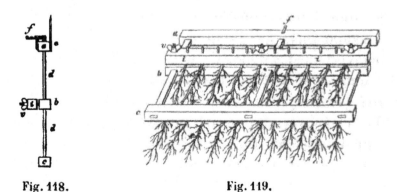

Fig. 118.   Fig. 119.

prés. L'instrument (*fig.* 118 et 119) est formé de trois fortes
pièces de bois *a*, *b*, *c*, réunies par trois traverses *d*, *d*, *d*. Au-
dessous de la première pièce *a* est fixée par des écrous une forte

lame de fer *e*. Au-dessus de la seconde pièce *b*, s'en trouve une seconde *c*, un peu moins forte.

Dans les pièces *b* sont fixées trois broches en fer *v*, *v*, *v*, terminées par des vis, et dix autres broches, distribuées entre les trois premières, et qui n'ont pas de vis. Ces treize broches traversent la pièce *i*, qu'on peut soulever et abaisser à volonté. Cette pièce *i* étant soulevée, on place entre elle et *b* des branches d'épine qu'on fixe en serrant les écrous des broches *v*, *v*, *v*. La lame en fer tranche par leur base les taupinières, et les épines en étendent la terre.

Les mêmes lettres indiquent les mêmes pièces de l'instrument sur les deux figures.

La figure 118 représente une crémaillère *f*, à laquelle s'accroche le palonnier. Un cheval peut facilement tirer l'instrument.

Pour les anciennes taupinières, on les aplatit en les damant par un temps humide, ou bien, si elles sont trop fortes, on les fend en croix, on renverse les quatre morceaux de gazon, on enlève à la pelle la terre qui est de trop, on rabat le gazon et on le presse. Les fourmilières qui ne sont pas trop anciennes peuvent ordinairement être aplaties.

Les gros vers de terre (lombrics) sont aussi un ennemi des prés. Nous connaissons un pré, non arrosé, auquel ils font le plus grand tort. Le gazon y est presque détruit, et le sol y est couvert de petits tas de terre, comme pétrie et moulinée, qui sont les déjections des vers. On a rompu le pré, on l'a cultivé pendant trois années, fortement chaulé, puis remis en herbe, et les vers s'y sont retrouvés en aussi grande quantité qu'auparavant. On y a laissé multiplier les taupes, et on a eu le dommage causé par les taupes, sans que celui des vers fût diminué. Le propriétaire se propose d'essayer un moyen qui a été recommandé pour la destruction des vers : c'est la suie délayée dans de l'urine.

Dans les prés nouvellement établis, on a quelquefois de la peine à détruire les rejets des arbres qui étaient auparavant en possession du sol. Le meilleur moyen est de les couper dès qu'ils paraissent.

Chaque printemps, les prés doivent être nettoyés. On enlève au râteau les feuilles, les petites branches, etc., que l'eau ou le vent peuvent avoir amenées. On ramasse avec soin toutes les petites pierres. Enfin on ne laisse rien qui puisse gêner l'action de la faux, ou souiller plus tard le foin.

Un bon pré qui n'est pas soigné peut être gâté en peu de temps et finir par changer entièrement de nature. Nous en avons eu dans notre voisinage un frappant exemple. Le propriétaire d'une grande ferme avait, dans un vallon entouré de bois, un pré tourbeux et marécageux. Pour l'améliorer, il fit d'abord creuser un profond fossé qui devait assurer l'écoulement des eaux stagnantes, et au fond de ce fossé on trouva un sol solide, qui jadis avait été un bon pré. Des vases en terre cuite, des débris tels que les légions romaines en ont laissé en beaucoup d'endroits, attestaient que ce pré avait existé il y a près de 2,000 ans. Il fut ensuite négligé, les eaux n'ayant pas d'écoulement, les plantes marécageuses se développèrent, et leurs débris exhaussèrent successivement le sol, comme nous voyons que cela arrive dans les marais tourbeux.

§ 1. — DE LA DESTRUCTION DES MAUVAISES HERBES.

Quoique par une irrigation bien dirigée et avec de bonne eau, le plus mauvais pré puisse devenir bon et produire, au lieu de joncs, de mousse, de carex, du foin d'excellente qualité, il y a cependant des plantes à racines pivotantes que l'eau ne fait pas périr, dont, au contraire, elle favorise la végétation.

Parmi les plantes nuisibles aux prés, et dont la destruction demande des soins particuliers, il faut surtout remarquer la colchique, vulgairement veilleuse (*Colchicum autumnale*), l'oseille (*Rumex*), la patience (*Rumex patientia*), le chardon

(*Carduus*), le tussilage (*Tussilago farfara*), l'œnanthe (*OEnanthe crocata*), le cerfeuil sauvage (*Charophillum*), la berce branche ursine (*Heracleum sphondilium*).

Beaucoup de ces plantes peuvent être arrachées au printemps, quand elles commencent à pousser et que la terre est encore humide ; pour quelques-unes il suffit de les couper avant qu'elles aient porté graine.

D'autres, notamment la colchique, ne peuvent être sûrement détruites qu'en cherchant profondément en terre leurs racines, ou en retournant le pré à la charrue, lorsque cela est possible.

§ 2. — De la destruction des mauvaises herbes dans les prés.

L'irrigation ne change pas les mauvaises plantes en d'autres de bonne qualité, mais elle donne à ces dernières une force de végétation telle que successivement elles prennent le dessus et finissent par étouffer les autres. Il y a cependant des plantes nuisibles aux prés, dont l'eau et l'engrais favorisent la végétation et dont la destruction ne peut avoir lieu qu'en les attaquant individuellement ; telles sont le chardon (*Carduus*), le tussilage (*Tussilago farfara*), l'œnanthe (*OEnanthe crocata*), le cerfeuil sauvage (*Charophillum*), la berce branche ursine (*Heracleum sphondilium*).

On détruit les mauvaises herbes par l'eau, par les engrais, par le fer en les extirpant une à une, ou en mettant le pré en culture. Il y a cependant peu de plantes qu'on puisse d'une manière absolue déclarer vraiment nuisibles dans les prés. Beaucoup d'entre elles, qu'un bon irrigateur travaille à détruire, ont peut-être une grande valeur pour le pauvre qui a une vache à nourrir ; c'est le pauvre que dans sa grande fabrique la nature a le moins oublié. Ainsi la *calta*, qui croît dans un sol humide et gras, donne au printemps une bonne nourriture pour les vaches, lorsque les autres herbes ne sont pas encore développées : on la nomme ici fleur au beurre, parce qu'elle donne au beurre une belle couleur jaune. Si on l'enlève en la coupant en terre, alors les places qu'elle occupait se couvrent encore de bonnes graminées pour l'époque de la fenaison; nous croyons qu'on peut la détruire en la fauchant à plusieurs reprises. Le *Charophillum* et le *Heracleum* donnent aussi tous deux un fourrage hâtif et nourrissant; ils ne croissent que dans un bon sol humide; si on a le soin de ne pas les laisser porter graine, on peut s'en débarrasser au bout de trois ans. Le *Charophillum* peut s'arracher à la main lorsque la terre est détrempée par la pluie. Les chardons coupés en hiver et au printemps donnent une bonne nourriture pour le bétail. Les pauvres gens les font cuire et en préparent pour leurs vaches de bonnes soupes. Dans la cavalerie prussienne, on fait usage des jeunes chardons pour rafraîchir les chevaux à la sortie de l'hiver, à une époque où il n'y a encore aucun fourrage vert. On les hache très-menu pour les faire manger aux chevaux.

La *colchique* est une plante vénéneuse. Un moyen de la détruire consiste à arracher à la main les plantes lorsque les feuilles ont atteint leur développement, à la fin d'avril ou au commencement de mai. La tige se sépare ainsi de la bulbe qui périt; l'année suivante on ne verra plus repousser que les plantes dont la tige n'a pas été arrachée entière, et en renouvelant l'opération, on se délivre à peu de frais d'une mauvaise plante qui même, si elle n'était pas vénéneuse, nuit toujours beaucoup à la qualité du foin.

On se sert aussi d'une espèce de tarière pour déraciner la *colchique*. Si les colchiques sont en abondance, on pourra trouver de l'avantage à retourner le pré à la charrue, dans le cas où cela est possible. Si l'on a recours à la charrue, il faut labourer assez profondément pour ramener les bulbes à la surface.

La *colchique* est certainement vénéneuse : si les bêtes ont le temps de choisir ce qui leur convient dans le foin qu'on leur donne, elles ne mangent pas les colchiques, mais si elles sont pressées par la faim, elles mangent tout, et il en résulte souvent de graves accidents. Nous avons des exemples de chevaux empoisonnés par du foin contenant une forte proportion de colchiques. Il est triste de voir à l'automne des prés qui seraient d'ailleurs de bons prés couverts de fleurs de colchique. C'est une remarquable particularité de cette plante que la fleur, d'une jolie couleur lilas, et de la forme d'une fleur de tulipe, sort seule de terre à l'automne, et que les feuilles et les graines viennent seulement au printemps pour être fauchées avec l'herbe.

La *patience* a une forte racine qui s'enfonce profondément ; pour la sortir, on saisit la racine avec une pince en fer, ou dans une fourche dont les deux branches forment un angle très-aigu. On place sous l'instrument, contre la racine, un bloc en bois d'environ 0^m,06 d'épaisseur et 0^m,20 de longueur, puis on fait levier en appuyant sur l'extrémité du manche et on arrache ainsi la racine. Cependant elle glisse souvent et échappe à l'instrument. Nous avons trouvé plus commode d'employer un fort couteau à asperges, avec lequel on la coupe à une profondeur de 0^m,20 à 0^m,25.

La *fougère*, les *queues de chat*, enfoncent leurs racines à une très-grande profondeur. On a recommandé de les couper et de répandre sur les plaies des tiges coupées du sel, ou mieux de l'huile de vitriol. Ce moyen ne serait à employer qu'en petit. On peut plus facilement les détruire en les coupant à mesure qu'elles paraissent.

Les *joncs* sont une des plantes les plus difficiles à détruire. Patzig croit avoir remarqué que les joncs ne croissent que là où il y a de l'acide dans le sol ; on le reconnaît à l'odeur et à une couleur rougeâtre de la terre sous le gazon. Il recommande de dessécher le sol par un profond fossé immédiatement au-dessus des joncs, puis d'arroser ou de fumer. Les joncs ne disparaissent cependant pas tant qu'il y a de l'acide dans le sol, ce qui peut durer deux ou trois ans.

L'irrigation détruit la *mousse* infailliblement et en peu de temps; elle détruit aussi la *bruyère*. Les prés qu'on ne peut pas arroser doivent être améliorés par les engrais, qui agissent comme l'eau en favorisant la végétation des bonnes herbes, de manière à leur donner la force d'étouffer les autres.

Les prés maigres, non arrosés, se couvrent volontiers de mousse; le meilleur moyen de la détruire est de répandre un bon compost. Avant de le répandre, on fera bien de herser fortement et d'enlever la mousse arrachée par la herse. Quelques personnes conseillent de donner ce hersage en automne; mais comme il met à découvert les racines des plantes, il les expose à souffrir du froid de l'hiver, et il vaut mieux, par cette raison, ne le donner qu'au printemps.

L'urine qui s'écoule immédiatement des étables, et le purin ou jus de fumier, qui est aussi de l'urine, produisent des effets remarquables sur les prés où on les répand en hiver. La plupart des auteurs prescrivent de ne les employer, soit seuls, soit en compost, qu'après qu'ils ont fermenté. Cependant parmi tous les cultivateurs qui recueillent les urines de leur bétail, nous n'en connaissons point qui aient à cet effet plus d'un réservoir. Il est probable que dans un réservoir qui n'est jamais vidé, la fermentation une fois établie se communique rapidement à l'urine fraîche à mesure qu'elle y arrive. D'un autre côté, par la fermentation, l'urine est transformée en produits dont quelques-uns sont volatils, notamment le carbonate d'ammoniaque, et il y a perte, si on ne s'oppose pas à l'évaporation de ce sel en le transformant en un sel fixe. Pour cela, il suffit d'ajouter à l'urine fermentée du sulfate de fer (vitriol vert) dans la proportion de 2 1/2 kilogr. pour 1,000 litres d'urine. Avec cette addition de sulfate de fer, l'urine répandue sur le sol lui profite en totalité, tandis que sans cette précaution, il y a une perte considérable d'engrais par évaporation. L'utilité de cet emploi du sulfate de fer a été reconnue en pratique par les cultivateurs de la Suisse, et son usage se généralise de plus en plus chez eux. On délaye le sulfate de fer dans de l'eau pour le mélanger à l'urine.

Un moyen infaillible de détruire la plupart des mauvaises herbes et de régénérer un pré, c'est d'enlever le gazon de la manière que nous avons indiquée pour la construction des prés; de donner une culture à la bêche ou à la pioche au sous-sol, puis de replacer le gazon. Si l'on fume ensuite, on assure aux graminées qui existent dans le gazon une végétation vigoureuse; toutes les mauvaises herbes qui enfonçaient leurs racines dans le sous-sol sont détruites, et on s'assure un bon pré sans perte de temps.

Ce procédé, quoique coûteux, est à recommander pour améliorer des parties peu étendues d'une prairie. Nous n'en conseillerions pas l'application en grand, à moins qu'il ne s'agisse de construire un pré dont on peut considérablement augmenter le produit par l'irrigation, comme nous l'avons expliqué au chapitre II, *Construction des prés*, page 135.

Il y a des prés secs, particulièrement dans les sols argilo-calcaires, qui produisent du foin de bonne qualité, mais dans lesquels il y a une grande quantité de plantes autres que des graminées. Si l'on voulait détruire ces plantes, il n'y aurait d'autre moyen que de mettre la prairie en culture, pour la resemer ensuite avec les graminées qu'on jugerait les plus convenables au sol. Pour cette opération, nous engageons à étudier l'instruction contenue dans le *Calendrier du bon cultivateur*, de Dombasle, — *De la meilleure manière de mettre les prés en culture et de convertir les terres arables en prés*.

Il y a encore un autre moyen de donner une culture aux prés et par conséquent de détruire les plantes qui ont leurs racines dans le sous-sol. Ce moyen, en théorie, présente beaucoup d'économie. Nous n'en avons pas fait l'expérience, mais nous croyons cependant devoir l'indiquer. Il appartient à M. Zeller, qui a fait paraître sous le titre suivant un ouvrage intéressant sur les prairies : *Der Wiesenbau im Gross-*

herzogthum Hessen, von Dr Zeller, Oeconomie-Rath. — *De la construction des prairies dans le grand-duché de Hesse*, par M. le Dr Zeller, conseiller. Darmstadt, chez Gustave Jonghaus.

M. Zeller s'est posé la question suivante : Donner une culture au sol d'un pré, au moyen de la charrue, sans qu'il soit nécessaire d'enlever le gazon ni par conséquent de le replacer, et sans que ce gazon soit endommagé.

M. Zeller annonce avoir trouvé la solution la plus satisfaisante de la question, au moyen de la charrue dont voici le

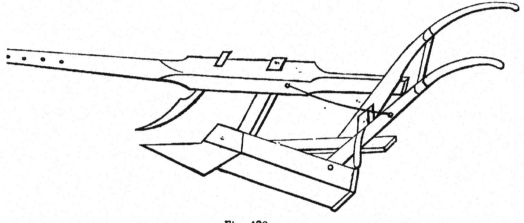

Fig. 120.

dessin (*fig.* 120), et que nous indiquons sans en avoir nousmême fait l'essai.

A un bâti ordinaire de charrue, on adapte un soc légèrement bombé, de manière à ce qu'il soulève le gazon, un versoir vertical qui ne retourne pas le gazon, mais seulement le pousse de côté, et un prolongement du soc, à angle droit avec le versoir, qui aide à pousser de côté les bandes de gazon sans les briser. On opère de la manière suivante :

La figure 121 représente l'espace à cultiver. On trace d'abord avec des jalons les lignes *oooo, xxxx*, desquelles dépend la régularité et la perfection du travail.

Ce que Zeller ne dit pas et qui nous semble pourtant indispensable, c'est que sur les deux lignes extérieures, le gazon doit être d'abord coupé avec une charrue garnie d'un coutre sans soc.

La charrue détache d'abord la bande de gazon 1 et la pousse

```
o     o                                           x     x

        1     3     5     7     8     6     4     2


   a                                                  b




o     o                    Fig. 121.                 x     x
```

sur l'espace *a*. De là, elle passe à la bande 2 et la pousse sur l'espace *b*, continuant ainsi jusqu'à ce qu'elle ait opéré sur toute la largeur de la planche. Cette première charrue est suivie d'une autre qui remue le sous-sol sans le ramener à la surface, et de deux hommes prêts à corriger toutes les irrégularités qui pourraient survenir dans le travail. Cet ouvrage terminé, il ne reste plus qu'à transporter au milieu de la planche, sur les espaces 7 et 8, les deux bandes de gazon qui ont été détachées les premières et poussées par la charrue sur *a* et *b*. On finit en faisant passer le rouleau sur le tout, et après cela, quoique le pré ait reçu une bonne culture, la surface paraît aussi unie que si on n'y eût point touché. Si même il y avait des éminences ou des creux, on profite de cette opération pour les faire disparaître, en enlevant la terre là où il y en a de trop, en en rapportant là où il en manque.

§ 3. — FUMURE DES PRÉS.

Des agronomes ont émis l'opinion que fumer les prés n'est pas une opération rationnelle. Le fumier, disent-ils, ne produit alors que de l'herbe, cette herbe à son tour ne produit que du fumier, et le cultivateur travaille et dépense de l'argent sans obtenir de résultat utile. — La première réponse à faire, c'est qu'il est admis que la moitié du fourrage produit par un pré suffit à la production du fumier nécessaire à son entretien, et qu'en fumant un pré, on n'obtient pas seulement plus grande quantité, mais aussi beaucoup meilleure qualité de fourrage. Mais il y a encore d'autres arguments à faire valoir.

La fumure des prés résulte de la nécessité où est le cultivateur de produire la plus grande quantité possible de fumier, en nourrissant le plus grand nombre de bêtes. Or, nous croyons que dans tous les calculs qui ont pour objet le produit du bétail, on n'estime pas assez haut la valeur du fumier. On se contente d'estimer approximativement la valeur des produits obtenus, et on ne fait pas attention qu'il y a ici une production composée, parce que le fumier ne donne pas seulement des produits immédiats, par les récoltes plus abondantes qu'il fait sortir de terre, mais que ces récoltes doivent amener à leur tour pour les années suivantes une augmentation de fumier.

Si une ferme est cultivée de manière à produire chaque année le fumier strictement nécessaire à son entretien, et qu'elle reste ainsi stationnaire, on peut calculer ce que le fumier rapporte et par conséquent ce qu'il vaut pour cette ferme ; mais si on donne à la terre, ne fût-ce qu'une voiture de fumier de plus, que le fumier soit employé à produire du fourrage, qui lui-même produira d'autre fumier, alors la ferme se trouvera dans une voie d'amélioration progressive, qui devient plus rapide à mesure qu'on avance davantage. — Et qu'on ne craigne pas de tourner ainsi dans un cercle vicieux, en produisant du fumier pour avoir du fourrage, et du fourrage pour avoir du fumier, car d'abord avec le fourrage on entretient du bétail, qui donne toujours un produit, ne fût-il que très-peu considérable, puis comme dit le proverbe : *qui a du foin a du pain*, et en produisant beaucoup de fourrage pour la nourriture du bétail, on arrivera tout naturellement à produire beaucoup de grain.

Nous ne croyons pas qu'il y ait une opération agricole qui présente des résultats aussi immédiats et aussi avantageux que l'amélioration des prés, nous croyons que dans leur intérêt bien entendu, les fermiers ne doivent jamais négliger leurs prés, enfin nous croyons que tous les prés qui ne peuvent pas être irrigués, ou inondés, doivent être fumés.

On peut fumer les prés avec du fumier d'étable, avec du compost, avec de l'urine, du purin, du lizier, du guano, des os, des cendres, de la chaux, du plâtre, en les couvrant de bonne terre, en les couvrant de diverses substances végétales, telles que les fannes de pommes de terre.

Fumier d'étable. On le répand à l'automne, 240 q. m. par hectare sont une quantité suffisante. Le fumier doit être dans un état de décomposition peu avancée, la paille est alors une couverture qui protége le gazon, après l'hiver par un temps sec on la ratelle, et elle peut encore une fois servir de litière.

Le fumier d'étable est bien rarement employé ainsi, on le réserve ordinairement pour les terres, et ce sont les urines qui servent à la fumure des prés.

Les *composts* sont l'engrais le plus souvent employé. On désigne sous ce nom tous les mélanges qui ont pour base de la terre à laquelle on ajoute d'autres substances fertilisantes. Pour fabriquer un tas de compost dans l'acception rigoureuse du mot, on doit le préparer au moins un an à l'avance. On mêle par couches alternatives de la terre et du fumier; après six mois on pioche, on retourne le tas en mêlant à la pelle. La proportion du fumier à la terre peut être de 1 à 5, jusqu'à 1 à 10, en mesurant par voitures le fumier et la terre. On peut ajouter à la terre des boues de route, des curures de fossés, de la chaux, etc. On doit avoir soin que la chaux se trouve entre deux couches de terre et ne soit pas en contact immédiat avec le fumier. Ces composts sont chers par la main-d'œuvre qu'ils exigent et par la valeur du fumier. On peut fabriquer de bons composts à moins de frais. Au Rittershof, on les fait dans une petite cour où sont tous les jours lâchés les porcs, et dans laquelle se trouve le réservoir des urines. Dans cette cour on réunit de la terre transportée quand les attelages en ont le temps, les balayures de la cour, de la grange, les cendres de houille, tous les débris provenant du ménage, et le tout est arrosé d'urine de manière que toute la masse en soit bien pénétrée. Il n'y a pas d'autre mélange que celui que font chaque jour les porcs, et chaque hiver on sort de là pour le transporter sur les prés, environ 200 mètres cubes d'un excellent engrais. — De la terre qui a séjourné au fond des fosses à fumier, ou dans les bergeries sous le fumier fournit encore pour les prés un engrais très-actif.

L'urine, le *purin*, le *lizier*[1] activent merveilleusement la végétation de l'herbe, mais leur effet est plus durable, si au lieu de les répandre seuls on les fait absorber par de la terre. On dit avoir récemment reconnu en Suisse que le sel augmente puissamment l'action fertilisante de l'urine, on emploie 1/2 kilogramme de sel par hectolitre de purin.

---

[1] Tout le monde sait que le *purin* est le jus de fumier, mais parmi nos lecteurs il peut s'en trouver qui ne savent pas ce que c'est que le *lizier* ou la *lizée*. On nomme ainsi l'engrais composé des urines, des excréments solides des vaches et d'eau, dans des endroits où, la paille pour litière manquant, on délaye les déjections des bêtes pour les faire couler dans des réservoirs, d'où on les conduit sur les pâturages.

Une considération importante pour l'emploi de tous ces engrais, c'est que l'on a souvent de la peine à trouver le moment favorable pour les répandre. Chez nous la terre est souvent couverte de neige pendant trois mois, puis lorsque vient le dégel, le sol est trop humide pour qu'on puisse entrer dans les prés avec les attelages. On ne peut pas non plus répandre l'urine pure sur un sol sec par un temps sec, on risque de brûler le gazon. On doit l'étendre de moitié d'eau[1]. On ne doit pas non plus le répandre quand la terre est gelée.

Quand on a un tas de terre ou de compost prêt à être transporté, on doit, pour le conduire et répandre, profiter des premières gelées de l'automne ou des dernières du mois de mars. Si ce travail n'a pas pu être exécuté à l'automne, une très-bonne précaution qu'on ne doit pas négliger, consiste à couvrir de fumier les tas de terre, ou de compost, pour les préserver de la gelée. On peut alors piocher, charger la terre et la répandre, même par les plus grands froids. Un moment favorable pour répandre le compost est celui qui suit immédiatement la récolte du foin, lorsqu'on a les attelages disponibles.

La quantité de compost à employer varie selon qu'il est plus ou moins riche : 50 mètres cubes par hectare peuvent être en moyenne considérés comme une bonne fumure.

Les *os* pulvérisés ont, dit-on, une puissante action lorsque le pré est arrosé après qu'ils ont été répandus, mais pas de manière à ce que l'eau puisse les entraîner. Dans la fumure des prés, on doit toujours se rappeler que si les engrais ne sont pas répandus sous forme liquide, ce n'est pourtant qu'à l'aide de l'eau qu'ils peuvent pénétrer dans le gazon et qu'on doit toujours chercher à les répandre par un temps pluvieux.

---

[1] Selon M. Moll, on ajoute au lizier ordinaire une fois, au purin deux ou trois fois, à la vidange de trois à six fois leur volume d'eau, plus ou moins, selon que le temps est plus ou moins chaud. Mais cette obligation de charrier une masse aussi considérable d'eau augmente notablement la dépense.

On peut aussi mêler les os avec de la terre de même que les cendres.

Les *cendres* sont un excellent engrais pour les prés comme pour les terres, elles favorisent particulièrement la végétation des légumineuses. Dans les terres leur action se fait sentir 7 à 8 ans. Mais il est à remarquer que c'est après qu'elles ont été lessivées, c'est-à-dire après qu'on en a extrait une partie de la potasse, que leur effet est très-actif, tandis qu'il est quelquefois nul, quand elles sont fraîches. On explique ce fait en disant qu'elles agissent alors par les phosphates qu'elles contiennent et non par la potasse : la terre est un grand laboratoire où il s'opère des combinaisons que nous ne pouvons pas pénétrer.

La *poudrette*, le *guano*, sont encore des engrais énergiques, mais qui ne durent qu'une année. On emploie par hectare 200 à 400 kilogrammes de guano.

Les engrais riches en ammoniaque, comme le guano, le salpêtre du Chili, agissent en rendant solubles les principes nutritifs contenus dans le sol, et leur emploi prolongé, amène l'épuisement du sol. Les autres engrais commerciaux, poudre d'os, phosphates, etc., ne produisent pas partout les mêmes effets, parce qu'ils ne contiennent pas tous les principes nécessaires aux plantes. Si le sol d'un pré contient une quantité suffisante d'acide phosphorique, mais que le kali lui manque, ce n'est pas par de la poudre d'os que nous pourrons augmenter sa fertilité, tandis qu'un engrais contenant de la potasse fera un excellent effet. Au contraire, la potasse ne produira aucun effet, si c'est l'acide phosphorique qui manque. Du moment qu'un engrais donne de bons résultats, nous pouvons conclure que les principes qu'il contient manquent dans le sol. C'est par des essais que l'on peut savoir quels sont les engrais que l'on doit employer.

Tous ces engrais dont l'effet est incertain coûtent cher, leur effet est de peu de durée, tandis que l'eau qui ne coûte rien, réussit toujours et partout. Une fois que les premières dépenses ont été **faites** pour disposer les prés pour l'irrigation, on peut par l'eau, avec des frais d'entretien très-modiques, s'assurer d'abondantes récoltes **pendant une** suite d'années indéfinie.

La *chaux* convient très-bien sur les prés aigres. On mêle la chaux éteinte à de la terre, une partie de chaux sur 10 parties de terre nous semble être une bonne proportion.

Le *plâtre* produit de bons effets, mais il ne faut pas en abuser, et on ne doit l'employer qu'en alternant avec le fumier, ou le compost. Nous avons connu un cultivateur qui séduit par les résultats d'un premier plâtrage, a gâté ses prés en les plâtrant plusieurs années de suite.

On peut aussi améliorer sensiblement les prés en les couvrant de bonne terre. Plus cette terre est fertile, plus elle produit d'effet. Fût-elle même tout à fait maigre, ne fût-elle que du sable, elle produit de très-bons effets sur les prés tourbeux couverts de mousse. En répandant chaque année de la terre sur ces prés, on finit par en changer le sol et la nature, sans faire le sacrifice d'une récolte, et si on peut ensuite les arroser ou les fumer, on finit par obtenir des récoltes de bon foin en quantité satisfaisante.

Nous avons autour de nous beaucoup de petits vallons qui étaient primitivement des marais ; le sable que les eaux amènent des montagnes les a à la longue comblés, et ce sont aujourd'hui nos meilleurs prés, si on les fait jouir du bénéfice de l'irrigation, en les préservant d'être de nouveau ensablés.

Nous avons cherché à nous rendre compte des frais de terrage des prés. On offrait de nous vendre la terre d'un jardin à enlever à une profondeur de environ 20 centimètres. — A quel prix pouvions-nous payer cette terre ? — Il peut arriver qu'un cultivateur soit propriétaire d'un pré trop éloigné pour y transporter des engrais de la ferme ; ce cultivateur trouve à acheter un champ à portée du pré ; il couvre ce champ de fumier, qu'il enterre par un labour ; il donne encore plus tard un ou deux labours, puis il enlève la terre ainsi améliorée pour la conduire sur son pré. — A quel prix peut-on acheter ce champ? — Quels frais entraînera cette amélioration du pré? — Voici des chiffres qui pourront aider à éclairer ces questions.

Avec 50 mètres cubes de terre, on peut en couvrir 1 hectare à 1/2 centimètre d'épaisseur. — Si on enlève la terre à 20 c. de profondeur, 5 mètres carrés donnent 1 mètre cube de terre. — 1 are ou 100 mètres carrés donnent 20 mètres cubes. — 100 ares ou 10,000 mètres carrés ou 1 hectare donnent 2,000 mètres cubes. Nous estimons qu'on peut donner à chaque voiture contenant un mètre cube de cette terre, une valeur de 50 centimes. Les 2,000 voitures fournies par un hectare vaudraient à ce prix 1,000 fr. — Ce prix de 1,000 francs par hectare, paye-t-il suffisamment la diminution de valeur d'un champ, auquel une épaisseur de 20 centimètres de terre végétale est enlevée? — Nous pensons que ce prix sera ordinairement plus que suffisant, parce que la bonne terre aura plus de 20 centimètres de profondeur, et parce que le sous-sol sera rarement assez mauvais pour que, avec des labours, des engrais et l'aide du temps, on ne puisse pas refaire une couche de terre végétale.

Partant de cette base d'une valeur de 50 centimes par voiture de terre, les frais de la fumure du pré seront par hectare :

Valeur de 50 voitures de terre à 50 c. . . . . fr.	25 »
Prix de transport qui varie selon la distance, approximativement.	25 »
Pour charger et répandre la terre	5 »
Total.	55 »

Ce prix n'est pas trop élevé, si on le compare à celui des autres engrais, mais il l'est cependant, si on le compare aux résultats qu'on peut en obtenir. Une fumure semblable étant nécessaire tous les deux ans, il faut que l'amélioration obtenue chaque année en quantité de foin et en qualité représente une valeur de fr. 27,50.

Partant de ces bases que nous admettons pour notre position particulière, chacun pourra refaire ces calculs selon les circonstances où il se trouve placé ; mais on ne doit pas oublier que les transports se font ordinairement dans les temps où les attelages sont sans occupation et que si la transformation d'un mauvais pré en un bon pré est possible, on ne doit pas hésiter à faire des sacrifices pour atteindre ce résultat.

Dans les pays de montagnes, les terres en culture sont exposées à être ravinées par les pluies d'orage qui enlèvent souvent une grande quantité de terre végétale ; on arrête au moins une partie de cette terre en creusant dans les vallées, aux points où arrivent les eaux, des bassins qui se remplissent et que l'on vide pour transporter leur contenu sur les prés auxquels profite le dommage que les eaux ont causé aux champs cultivés.

Nous devons encore mentionner un engrais pour les prés que l'on peut avoir souvent à bas prix, qui même souvent ne coûte que la peine de le prendre. Ce sont les boues de routes, là où elles sont macadamisées avec des pierres à chaux. Ces boues ne sont autre chose que les pierres à chaux broyées et mélangées avec le fumier que les bêtes qui fréquentent la route y laissent tomber. Les cantonniers forment des tas le long des routes, lorsque les boues sont encore liquides, en séchant elles se durcissent et c'est ordinairement un travail pénible de les piocher pour les charger sur les voitures. Au Rittershof on en fait des dépôts aux bords des prés, là on les pioche encore une fois pour les bien diviser, et on en forme des tas oblongs qui présentent une surface plane, avec un rebord tout autour. Sur cette surface on amène assez d'urine pour que le tout en soit imbibé, et quand le moment en est venu, on transporte sur les prés comme un compost ordinaire. Il faut que les tas soient assez bas pour que l'urine coule dessus en sortant du tonneau qui l'a amenée.

Nos lecteurs ont pu déjà voir que dans nos terres et dans nos prés c'est le sable qui domine, aussi croyons-nous devoir finir ce chapitre par une citation empruntée à M. Moll.

« L'avantage qu'offre l'emploi des engrais liquides dépend essentiellement de la nature du sol de l'herbage. Leur effet est relativement minime, parfois même négatif, dans les herbages en sol compact, imperméable, froid, tandis que dans une terre légère et perméable, ces engrais produisent le maximum d'effet. »

Nous engageons ceux qui voudraient faire une étude complète des prairies et pâturages, à lire l'excellente brochure de M. Moll, intitulée *la Prairie*, et extraite de son grand ouvrage l'*Encyclopédie de l'agriculture*.

Nous trouvons dans la *Revue agricole de l'Angleterre*, par M. R. de la Tréhonnais, un article dont peut-être quelqu'un de nos lecteurs pourra faire son profit.

§ 4. — Prairies arrosées du comté de Wilts.

« On calcule que les travaux d'irrigation font plus que quadrupler la valeur d'une prairie.

L'irrigation commence au 1er novembre. Toute la prairie est divisée en cinq parties qui sont alternativement arrosées, en commençant par la plus élevée.

On laisse couler l'eau sur le pré pendant deux jours, puis on le laisse égoutter pendant six jours.

Au 1er mars, la partie qui a été arrosée la première reçoit les brebis mères et leurs agneaux ; on les y laisse pendant huit ou dix jours, puis on les fait passer à une autre division, et ainsi de suite, jusqu'à ce que toute la prairie ait été tondue, ce qui dure environ six semaines, c'est-à-dire jusqu'au 15 avril. — On irrigue de nouveau. — Puis on fauche pour faire du foin. — On irrigue de nouveau. — Enfin on y met des bestiaux maigres, jusqu'au 1er novembre.

On a soin de ne pas y mettre de moutons après la fauchai·
son qui a fourni le foin, *on serait certain de les perdre par la
pourriture.*

Plus la pente du pré est rapide, plus l'irrigation produit de
bons effets. — L'eau doit couler le plus rapidement possible.
— Toute stagnation de l'eau est un véritable poison pour la
qualité du fourrage. On observe au printemps que là où le
terrain est plan et l'eau a tant soit peu séjourné, l'herbe est
rare et chétive.

La quantité d'eau nécessaire peut être évaluée à 250 hectolitres par minute et par hectare.

Lorsque l'irrigation commence, au 1er novembre on doit
avoir laissé un peu pousser l'herbe, après que les bêtes ont
été retirées de la prairie.

(De même en Allemagne, on croit qu'on ne doit pas mettre
l'eau sur un pré immédiatement après qu'il a été fauché ; on
dit qu'il faut laisser aux plaies de l'herbe le temps de se
cicatriser.)

L'eau des premières pluies d'automme est la plus avantageuse pour l'irrigation. — Il faut éviter de laisser les bêtes
dans la prairie après des pluies qui amollissent le sol de manière que les pieds y enfoncent. —Une bouchée d'herbe au
printemps est cinq à six fois plus nutritive qu'en automne.

En mars, l'irrigation ne doit pas durer plus de deux jours
sur quatre. Le pré doit être parfaitement sec, au moment où
on y met les brebis et les agneaux, au commencement d'a-
vril. En été, un jour d'irrigation sur six suffit. L'irrigation de
nuit est préférable à celle de jour. L'eau produit de meilleurs effets par un temps sombre que par un temps clair.
L'eau de source est meilleure que l'eau de rivière, excepté
lorsque l'eau de rivière est chargée de débris organiques
qu'elle dépose sur le sol.

Une prairie de huit hectares peut entretenir au printemps,
pendant 25 jours, 400 brebis avec leurs agneaux, qui pendant
ce temps parquent pendant la nuit quatre hectares de terres

en culture. Ces huit hectares produisent ensuite en deux coupes 40,000 kil. de foin. Le pâturage de printemps des prés arrosés est précieux. Il se loue souvent 500 fr. par hectare, depuis mars jusqu'à la fin d'avril. Là où l'eau abonde, on peut pâturer et faucher, autant qu'on veut, de mars à novembre, sans que la production en souffre. »

Les praticiens ont encore pour les prairies une grande et belle tâche à remplir. Nous ne devons pas seulement chercher à obtenir la plus grande quantité possible de foin ; nos efforts doivent tendre à augmenter la qualité en même temps que la quantité. Tous nous savons quelle grande différence il y a entre du bon et du mauvais foin ; l'irrigation, le drainage, la fumure des prés, nous offrent les moyens d'amélioration. La fumure joue un grand rôle. Dans les vallées qui jouissent d'inondations régulières, qui sont chaque hiver couvertes d'eaux qui ont passé sur des champs cultivés, qui ont lavé les rues et les cours des villages, enlevé le purin de maint tas de fumier, emporté les immondices d'une ville, là le cultivateur n'a pas à s'inquiéter de la fumure de ses prés, elle a lieu sans qu'il s'en occupe ; mais hors de ces cas privilégiés, le cultivateur doit chercher par tous les moyens à augmenter les produits de ses prés.

§ 5. — DES ABRIS, DU PATURAGE ET DES PLANTATIONS.

On n'apprécie pas à leur valeur les abris qu'on peut donner aux prés, contre les vents froids et desséchants, par des haies vives et des arbres. Partout où de tels abris ont été établis avec intelligence, les prés se distinguent par leur précocité et par un produit plus abondant.

Il y a dans l'Ardenne des sols arides où le vent du nord arrête toute végétation, et où l'on peut établir des prés lorsqu'on a créé des abris au moyen de rideaux d'arbres.

Relativement au pâturage des prés, les avis des cultivateurs sont partagés : les uns proscrivent tout à fait le pâturage ou ne le permettent que rarement ; les autres le permettent même jusqu'au mois de mai.

On ne doit pas permettre au gros bétail l'entrée des prés qui ont été construits pour l'irrigation, non plus que de ceux qui ont une pente rapide. Les pieds des animaux, enfonçant dans ce sol mou, font le plus grand tort au gazon et aux fossés et rigoles.

Par un temps sec, et lorsque l'eau a été retirée depuis assez longtemps pour que le sol soit sec, on peut toujours laisser entrer les moutons dans les prés. L'époque à laquelle le pâturage des moutons doit cesser au printemps dépend de la température et de la marche de la végétation. Aussi longtemps que l'herbe ne pousse pas avec vigueur, et chez nous cela a lieu rarement avant le 15 avril, on peut permettre aux troupeaux l'entrée des prés. Quelquefois les prés verdissent déjà en mars ; mais ordinairement il survient encore des gelées qui arrêtent la végétation de ces pousses précoces ; mieux vaut alors les abandonner aux bêtes à laine, pour lesquelles elles sont une excellente nourriture.

Nous ne terminerons pas ce chapitre sans parler des plantations qui peuvent accompagner les prés de quelque étendue.

A Gerhardsbrunn, on a l'usage de border d'une ligne de *quetschiers* (pruniers) les prés qui, pour la plupart, occupent de petits vallons et sont entourés de terres en culture. Ces arbres ne s'élèvent pas à une grande hauteur ; par conséquent ils font peu d'ombre ; ils donnent un produit considérable en bons fruits, et ils contribuent à embellir le paysage. Il y a peu de prairies où, sans leur faire un tort sensible, on ne puisse planter quelques arbres qui donnent un produit utile et contribuent tant à la décoration d'une campagne. Le cultivateur doit, avant tout, s'occuper de l'utile ; cependant il lui est permis d'accorder quelque chose à l'agréable ; nous dirions volontiers que c'est pour lui un devoir d'embellir le séjour où il doit ordinairement passer sa vie, où ses enfants doivent lui succéder.

Si l'on plante des arbres au bord d'un pré, on doit éviter ceux à racines traçantes. De ce nombre sont le peuplier de Hollande, l'orme, l'acacia. Parmi les peupliers, ceux de Virginie et du Canada méritent la préférence. Bien dirigés, ils s'élèvent à une grande hauteur et nuisent peu par leur ombre. Leurs feuilles font du tort au gazon, sur lequel on les laisse pourrir ; on doit à l'automne les râteler et les enlever avec soin. Le mélèze est un bel arbre qui croît rapidement, qui aime un terrain frais et qui nuit très-peu aux prés. Parmi les arbres fruitiers, le pommier s'accommode de l'exposition du nord et la Normandie nous montre quels produits on peut en obtenir.

Dans les pays de pâturages, on plante souvent d'arbres les pentes exposées au midi, pour conserver à la terre sa fraîcheur, en l'abritant des rayons du soleil.

CHAPITRE V

De l'irrigation et des prés inondés.

§ 1er. — De l'irrigation.

Tous les travaux que nous avons jusqu'à présent décrits ont pour unique but de disposer les prés de la manière la plus favorable pour les soumettre à l'irrigation.

L'irrigation consiste à faire couler à volonté sur le pré une certaine quantité d'eau, et à le mettre à sec aussi à volonté.

C'est en couvrant d'eau et en mettant alternativement à sec un pré qu'on en obtient une vigoureuse et abondante production d'herbe.

Par l'irrigation, l'eau pénètre la terre et donne aux racines des plantes l'humidité dont elles ont besoin, elle leur apporte des principes fertilisants, elle détruit la mousse, et, en outre, elle les met à l'abri des effets nuisibles des gelées [1].

Ces divers effets de l'eau et la variété des compositions du sol concourent à modifier de beaucoup de manières la pratique de l'irrigation, et rendent nécessaire, de la part de l'irrigateur, une attention continuelle.

Du moment qu'il a commencé à arroser, l'irrigateur doit

[1] Davy a trouvé la température de l'eau d'irrigation coulant sous une couche de glace a + 5° Réaumur, pendant que la couche supérieure était comme l'atmosphère au-dessous de zéro. C'est ce qui fait le succès des prés d'hiver, où l'herbe continue de végéter et de croître alors même que la nappe d'eau qui les arrose se gèle quelquefois. (Puvis. *Directions pratiques pour les irrigations.*

visiter ses prés plusieurs fois par jour. Souvent un morceau de gazon, quelques feuilles sèches, de l'herbe, arrêtent dans une rigole le cours de l'eau et font qu'elle est répartie irrégulièrement ; un trou de taupe ou de souris peut aussi détourner l'eau. L'irrigateur doit voir si l'aspect du gazon lui indique qu'il a été suffisamment arrosé et qu'il doit être mis à sec ; enfin il doit s'assurer si partout l'irrigation a lieu régulièrement et aussi bien que possible.

Rarement un cultivateur parcourra ses prés arrosés sans y trouver quelque chose à réparer ou à améliorer. Sans aucun doute, l'irrigation, par tous les travaux et tous les soins minutieux qu'elle exige, serait un des plus fatigants travaux de l'agriculture, si elle ne procurait des jouissances qui l'emportent sur toutes les peines qu'elle occasionne.

L'irrigateur est créateur ; il façonne à son gré le sol ; il fait couler à sa surface une nappe d'eau qu'il a détournée de son cours naturel ; il dirige cette eau ; il en augmente ou diminue la quantité, il la retire à volonté ; il observe chaque jour les progrès d'une végétation due à ses soins intelligents, il couvre de riches récoltes un sol auparavant improductif, et il se voit largement payé de ses avances et de ses peines. Aussi, de tous les travaux des champs, nul n'est plus attrayant que celui des irrigations, et on voit sans étonnement le véritable irrigateur se passionner pour son art.

Partout où l'irrigation des prés sera introduite, il sera bon d'avoir, comme en Allemagne, un irrigateur en chef (*Wiesenvogt*) qui, pendant toute l'année, a la surveillance des prés et est chargé de leur entretien et des irrigations ; il exécute lui-même les petits travaux qui peuvent journellement se présenter ; et pour les grands travaux, on lui donne les ouvriers dont il a besoin et dont il a la direction. On admet qu'un homme peut surveiller ainsi 50 à 80 hectares de prés. Il est entendu que ces prés sont disposés pour l'irrigation et ne sont pas des prés qui, dans leur état naturel, doivent être arrosés. Dans les fermes où l'on n'a qu'une étendue de prés beaucoup moindre, il est cependant indispensable d'avoir un homme spécial pour les travaux et pour l'irrigation des prés. On lui donne des aides lorsqu'il en a besoin, et on peut toujours l'occuper ailleurs lorsqu'il n'y a pas d'ouvrage dans les prés.

Nous avons dit que l'irrigation se modifie d'après la nature de l'eau, la température et la nature du sol. Voici les règles relatives à la nature du sol :

La glaise ne doit être arrosée qu'avec beaucoup de précautions; elle demande moins d'eau que les autres terres : les irrigations doivent être de courte durée. Une irrigation prolongée refroidit et délaye cette terre, et elle souffre d'autant plus lorsqu'elle est ensuite mise à sec.

L'argile, mêlée d'une petite quantité de sable, est plus facile à arroser que la glaise tenace. Cette argile est le sol qui convient le mieux aux prés, celui qui produit le plus d'herbe et en même temps de la meilleure qualité. C'est aussi sur l'argile que les semis de graminées réussissent le plus sûrement. L'argile exige plus d'eau que la glaise tenace ; on peut moins lui nuire par excès d'eau, et elle souffre aussi moins si on la laisse longtemps à sec.

Le sol calcaire est dit chaud, parce que l'évaporation de l'eau y a lieu promptement; il fournit sans contredit le fourrage le plus nutritif, et l'eau y produit des effets merveilleux. Il demande une irrigation peu abondante, mais souvent répétée. Une irrigation trop forte et prolongée lui est nuisible, moins cependant que si on le laisse trop longtemps à sec.

Le sable peut supporter une forte irrigation et longtemps prolongée. Si l'on veut transformer en pré un sable inculte, il faut y laisser couler l'eau jusqu'à ce qu'un gazon vert commence à se montrer. L'eau trouble et chargée convient bien au sable en contribuant à améliorer le sol.

Pour les sols tourbeux et marécageux, si l'on a de l'eau de ruisseau ou d'étang, à une température élevée, il faut la leur donner largement. De l'eau froide, surtout si elle sort d'un marais, est souvent sans effet. L'eau trouble, quand même elle n'est chargée que de sable, est très-avantageuse sur les prés tourbeux.

Sur les prés qui ont été construits pour l'irrigation, elle doit en général être moins longtemps prolongée, parce que le sol, qui a été ameubli, serait délayé par trop d'eau. On doit donc arroser ces prés fréquemment, mais donner peu de durée à chaque irrigation. Ces prés sont aussi exposés à être soulevés par la gelée, et il faut avoir grande attention à ne pas y mettre de l'eau quand on a à craindre la gelée. Mieux vaut cesser complétement d'arroser, que de courir risque d'être surpris par le froid.

Sur les prés naturels, c'est-à-dire qui n'ont pas été construits pour l'irrigation, l'eau trouble est presque toujours utile, pourvu qu'elle n'entraîne pas avec elle des parties trop grossières et aussi longtemps que l'herbe n'a pas commencé à pousser. Dès qu'au printemps les prés commencent à verdir, il ne faut plus y laisser couler l'eau trouble, qui retarderait d'une manière sensible la croissance de l'herbe.

L'action de l'eau trouble sur les prés construits pour l'irrigation est la même que sur les prés non construits. Mais le dépôt que laisse l'eau trouble élève toujours un peu le sol; cette élévation n'est pas la même partout, et il en résulte que la surface du pré devient inégale. Souvent aussi il arrive qu'on ne peut pas élever comme on voudrait le canal de distribution, et qu'alors on doit chercher à éloigner toutes les causes qui pourraient contribuer à exhausser la surface du pré. Par ces motifs, on évite l'emploi de l'eau trouble sur ces prés, ou on ne l'emploie qu'avec circonspection.

C'est surtout en automne que l'emploi de l'eau trouble peut être avantageux. Au printemps, les grandes eaux proviennent de la fonte des neiges, et alors elles sont trop froides, ou bien elles viennent trop tard, lorsque l'herbe a déjà commencé à pousser. En général, l'irrigation d'automne a pour effet d'engraisser les prés, et celle de printemps de leur fournir l'humidité dont ils ont besoin. C'est pour cela que l'irrigation d'automne a une grande influence sur les produits des prés et qu'on doit chercher à utiliser les eaux qui proviennent du lavage des terres lors des premières fortes pluies d'automne.

Une propriété importante de l'eau, c'est de mettre les plantes à l'abri des effets de la gelée. En hiver, aussi long-temps qu'on a la gelée à craindre, on doit laisser les prés à sec. Il est toujours nuisible à un pré d'être couvert de glace. Non-seulement la glace nuit à la végétation des plantes, mais elle rend le sol inégal là où il n'est pas tout à fait ferme. Si l'on est surpris par la gelée, comme cela peut arriver à l'irri-gateur le plus soigneux, on ne doit pas ôter l'eau des prés ; on doit au contraire, chercher à la leur donner en plus grande abondance. On prévient les mauvais effets de la glace si l'eau coule toujours par-dessous. Si la glace fond par la pluie ou par l'eau de l'irrigation, elle est peu nuisible au pré ; elle l'est beaucoup, au contraire, si elle est fondue par le soleil de mars. On croit que la glace fait alors l'effet d'un verre sous lequel le soleil développe une température élevée qui fait pourrir l'herbe et ses racines. Les nuits froides et les gelées blanches du printemps sont surtout nuisibles à la croissance de l'herbe. On doit ôter l'eau le matin, afin que le pré soit bien égoutté et sec lorsque arrive le froid de la nuit.

L'herbe jeune et tendre craint les gelées blanches. Si l'on craint une nuit froide, on met le soir l'eau sur le pré pour le garantir du froid ; si même le pré est le matin couvert de gelée blanche, on en prévient encore les mauvais effets en y mettant l'eau avant que le soleil ou la chaleur ait fondu la gelée. L'irrigation se divise, selon les saisons, en irriga-tion d'automne, d'hiver, de printemps et d'été. L'année d'irrigation commence le 1er octobre, et l'irrigation d'au-tomne comprend les mois d'octobre, de novembre et de dé-cembre.

Octobre. — Le curage des canaux et rigoles et tous les

autres travaux des prés doivent être terminés à la fin du mois de septembre, afin de pouvoir profiter des premières pluies d'automne pour l'irrigation. On ne peut, pour ainsi dire, pas trop arroser dans le mois d'octobre. Seulement, sur la glaise, quand on voit qu'elle commence à s'amollir, il faut interrompre l'irrigation. Mais sur tous les autres sols, on peut laisser couler l'eau sans interruption.

Novembre. — Si l'on a pu arroser complétement en octobre, de manière que la surface du pré soit d'un vert foncé, on n'arrose en novembre que par intervalles, en mettant le pré à sec, après quelques jours d'irrigation. Si le mois d'octobre a été sec, on donne en novembre une irrigation complète. La neige, à cette époque, ne doit pas arrêter l'irrigation ; mais si l'on craint la gelée, on ôte tout de suite l'eau des prés et on les met complétement à sec.

Dans la plupart des exploitations, on a ordinairement le temps d'exécuter, à cette époque, des transports et des travaux d'amélioration qui n'ont pu être faits en septembre.

Décembre. — Pendant ce mois l'irrigation dépend uniquement de la température. Si le temps est doux, on continue à arroser comme en novembre, en arrosant et mettant alternativement à sec pendant quelques jours. Dès qu'on craint la gelée, on cesse complétement d'arroser.

Janvier et *février.* — Pendant ces deux mois, l'irrigation est ordinairement interrompue. A la fonte des neiges, on peut encore arroser les prés tourbeux et marécageux. L'eau chargée de sable ou de limon peut leur être utile, surtout s'ils n'ont pas été arrosés complétement en automne.

Mars. — Ce mois appartient encore à l'hiver ; il est ordinairement sec ; les gelées blanches y sont fréquentes. L'eau, si l'on arrose, fait croître de jeunes pousses que la gelée détruit ordinairement plus tard. Mieux vaut ne pas arroser du tout et laisser les prés complétement à sec, lors même qu'il semblerait que le gazon est tellement sec qu'il est tout à fait mort. En cet état, les gelées ne peuvent lui nuire, et il végète d'autant plus vigoureusement lorsque ensuite une température plus douce permet d'arroser de nouveau.

C'est dans ce mois qu'on répand les engrais pulvérulents, tels que la cendre et le plâtre, qui produisent des effets remarquables sur les prés arides.

Quant au compost, on profite, pour le transporter, des moments où la terre n'est pas couverte de neige et est assez gelée pour porter les voitures et les bêtes de trait. Autant que possible, on le répand immédiatement, puis au mois de mars on le divise complétement; on l'étend avec le râteau et on enlève les petites pierres et toutes les ordures qui ont pu être apportées avec lui.

Si l'on a des composts préparés, et si l'on a le temps, on se trouvera très-bien de les transporter et de les répandre immédiatement après la récolte du foin. C'est une méthode recommandée par les Anglais. En général, pour tous les travaux de l'agriculture, on est si souvent contrarié par les circonstances atmosphériques, qu'on doit se hâter de profiter de tous les moments favorables et ne jamais remettre au lendemain ce qu'on peut exécuter tout de suite.

Avril. — Aussitôt que le printemps donne aux plantes une nouvelle vie, à la fin de mars ou au commencement d'avril, on peut recommencer à arroser; mais l'irrigation ne doit pas être prolongée comme en automne et elle doit être régulière. On laisse couler l'eau sur les prés pendant deux ou trois jours, puis on les met à sec pendant un jour ou deux.

A cette époque de l'année, on ne doit pas arroser avec de l'eau trouble. Si l'on craint une gelée blanche, qui est d'autant plus nuisible que la saison est plus avancée, on met le soir l'eau sur les prés. Si on a été surpris par une gelée blanche, on arrose le matin, ainsi que nous l'avons déjà dit, et on laisse l'eau jusque vers neuf heures.

Dans le courant de ce mois, les prés doivent être complétement nettoyés; si les taupes ont fait de nouvelles buttes, on les répand.

Mai. — Au commencement de ce mois, on arrose encore régulièrement comme en avril, mais on diminue l'irrigation à mesure que l'herbe grandit et que la température devient plus chaude.

Si le temps est sec, on arrose tous les deux jours, mais pendant la nuit seulement.

Juin. — Si la température est pluvieuse, on n'arrose plus du tout pendant ce mois. Si elle est sèche, on arrose tous les trois jours, pendant la nuit seulement.

Huit jours avant la fenaison, on cesse complétement d'arroser.

Juillet. — Après la récolte du foin, on laisse les prés à sec pendant quinze jours. Lorsque les tiges des plantes qui ont été tranchées par la faux sont desséchées, on recommence à arroser, mais avec ménagement. On ne donne d'abord l'eau que pendant la nuit.

Août. — Lorsque dans ce mois l'herbe a déjà acquis quelque hauteur, les prés n'ont plus besoin que d'être humectés tous les deux ou trois jours.

Les prés tourbeux et marécageux demandent une plus grande quantité d'eau.

Les prés humides et acides, qui ne craignent pas la sécheresse, ont rarement besoin d'être arrosés à cette époque.

Septembre. — C'est ordinairement dans ce mois qu'a lieu la récolte du regain. Quinze jours avant, on cesse toute irrigation.

Après que la récolte du regain est rentrée, on commence les travaux préparatoires de l'irrigation d'automne.

§ 2. — DES PRÉS INONDÉS.

Voici les règles que prescrit Schwerz pour les prés inondés :

1. L'inondation a lieu en automne, en hiver et au commencement du printemps.

Du moment où l'herbe commence à pousser, elle ne doit plus avoir lieu, à moins qu'elle n'excède pas une hauteur de 0^m,04 à 0^m,05.

2. On laisse l'eau jusqu'à ce qu'on pense que la terre en est complétement pénétrée.

3. Si, par une température chaude, on remarque de l'écume à la surface de l'eau, on doit se hâter de faire écouler l'eau et de mettre le pré à sec. Cette règle est de la plus grande importance. L'écume indique un commencement de décomposition putride.

4. La première inondation d'automne, selon que le sol ou le sous-sol sont moins compactes et plus perméables, peut durer deux à trois semaines et même plus longtemps. Ensuite on met l'eau et on l'ôte à des intervalles plus rapprochés, jusqu'à ce que l'hiver commence.

5. Une condition indispensable, c'est que le pré soit parfaitement desséché avant d'y remettre l'eau. C'est ce desséchement préalable qui détermine le moment où l'on peut de nouveau inonder.

6. Si l'on est surpris par l'hiver et que l'eau se couvre de glace, on la laisse ainsi, et il ne doit pas en résulter de suites fâcheuses. Mieux vaut pourtant que le pré soit à sec pendant l'hiver.

7. La première inondation de printemps peut durer une à deux semaines, selon la nature du sol. Les inondations suivantes sont de plus courte durée, et on cesse entièrement lorsque l'herbe commence à pousser.

Voici les règles très-concises que donne Thaer pour l'inondation :

Plus le sol est perméable, plus les inondations peuvent être longues et fréquentes. Plus, au contraire, le sol est compacte, plus les inondations doivent être de courte durée et moins fréquentes.

Par un temps sec, on inonde plus ; moins par un temps humide.

Par un temps froid, on peut prolonger l'inondation ; par un temps chaud, on doit la cesser entièrement.

Les Italiens couvrent en hiver leurs prés de fumier court, puis ils les inondent. On peut penser qu'avec un tel traitement la production de l'herbe ne peut manquer d'être très-abondante.

CHAPITRE VI

Des foins doux et des foins aigres.

Nous croyons que si les animaux pouvaient, comme nous, choisir, comparer les aliments dont ils se nourrissent et leur appliquer une valeur, il existerait dans le foin, selon sa qualité, d'aussi grandes différences qu'il en existe pour les hommes dans les prix du vin.

Il y a des foins que les animaux mangent avec plaisir, il y en a d'autres que la faim seule les contraint à manger. Nous nommons les premiers bons foins, ou foins doux ; les autres foins mauvais ou aigres. Entre les deux extrêmes il y a une foule de nuances. Les derniers se composent surtout de plantes de la famille des *Carex*.

Nous ne pouvons pas considérer comme fourragères les plantes vénéneuses, quoique malheureusement il s'en trouve souvent dans les mauvais prés. Même des graminées qui entrent dans la composition des meilleurs foins, telles que les paturins, les fétuques, la houlque laineuse, paraissent changer de nature et prendre un goût désagréable aux bêtes, lorsqu'elles croissent sur un terrain qui de sa nature ne produit que de mauvaises plantes aigres. Il paraît que la constitution physique du sol des prés a sur le fourrage une influence beaucoup plus grande qu'on ne le suppose généralement.

Il n'y a à notre connaissance aucun écrivain qui se soit

occupé de cette question et qui ait donné des indications précises. Sinclair, dans ses recherches, s'est bien plus occupé de la composition du sol, des matières dont il est formé, argile, sable, chaux, etc., de voir s'il est fumé ou non fumé, arrosé ou non arrosé. D'autres traitent de la manière d'être et de la composition chimique de chaque espèce de plantes qui se trouvent dans un certain état normal et sur une même nature de sol. Cette question a une assez grande importance pour que nous croyions devoir indiquer les résultats de notre expérience et de nos observations. Espérons que la chimie organique s'occupera bientôt de cette partie de la croissance des plantes et éclairera cette question.

Les mauvaises herbes des prés, notamment les carex, ne croissent que dans des terrains humides, là où il existe dans le sous-sol des eaux stagnantes auxquelles on ne peut pas donner d'écoulement, ou qui sont arrêtées par des barrages, des digues, etc. Dans ces terrains, il se forme ordinairement de l'humus acide, et il n'est pas invraisemblable que des plantes qui dans la règle ne contiennent que peu ou point d'acide, en absorbent alors une plus grande quantité qu'elles n'en doivent contenir dans leur état normal. M. de Gasparin (*Cours d'agriculture*) dit que dans une infusion de foin aigre, on peut constater la présence de l'acide au moyen du papier de tournesol[1]. Si l'on mâche de ce foin aigre, on lui trouve un goût âcre et désagréable. En outre, d'autres parties constituantes du sol peuvent se dissoudre en plus grande quan-

[1] Au commencement du mois de juin, nous avons recueilli de la flouve odorante dans quatre prés de nature différente : 1° Sol argilo-calcaire, sec ; 2° Sable, pré de montagne, sec ; 3° Sable, pré arrosé dans une vallée humide ; 4° Tourbe, sol acide produisant un fourrage de la plus mauvaise qualité.

Après avoir fait sécher ces herbes avec soin, nous les avons remises à un chimiste, qui, en notre présence, les a fait séparément infuser dans de l'eau distillée, chaude, puis a soumis les infusions à l'épreuve du papier de tournesol. Aucune des quatre infusions n'a accusé la présence de l'acide, le papier n'a subi aucune altération.

tité qu'il n'est nécessaire pour la production de bonnes plantes. On sait que les carex contiennent une quantité relativement considérable de silice.

On trouve ordinairement dans le sable de l'oxyde de fer. La présence continuelle de l'eau peut rendre solubles ces matières, les faire passer dans les plantes, et leur communiquer ainsi des qualités qu'elles n'auraient pas dans leur état normal.

Ordinairement on améliore ces prés en les desséchant. Souvent il suffit de creuser des fossés pour l'écoulement des eaux. Mais là où s'est formée depuis longtemps une masse d'humus acide, la culture du sol est presque toujours nécessaire pour y faciliter l'accès de l'air. Dans certains cas, l'emploi de la chaux est très-utile pour détruire l'acide. Dans un maigre sol de sable, ce sont souvent les principes nutritifs qui manquent aux plantes après le desséchement. Aussi longtemps que le sol était saturé d'eau, une quantité suffisante de silice y était dissoute, pour pouvoir, avec quelque peu d'autres parties constituantes du sol, suffire à l'alimentation des joncs et des carex. Après le desséchement, cette dissolution n'a plus lieu ; les plantes qu'elle alimentait ne peuvent plus vivre, et les bonnes plantes manquent complétement de nourriture. Dans ce cas, il est nécessaire d'apporter un engrais, ou tout au moins de recouvrir le sol d'une mince couche de bonne terre.

La construction des prés selon la méthode de Siegen a le grand avantage de donner une culture au sol, et de le disposer de telle manière que de profonds fossés d'écoulement ne sont pas ordinairement nécessaires. Mais sans le desséchement préalable, on n'arrivera jamais à transformer des prés aigres en prés doux.

Ainsi le desséchement d'abord, puis la culture, les amendements, les engrais, l'irrigation, sont les moyens de transformer en bons prés des prés aigres. Pour l'exécution, nous ne pouvons que renvoyer à ce que nous avons déjà dit sur la construction des prés pour l'irrigation.

Il y a des cas où l'amélioration est très-difficile; il y en a
d'autres où il est facile de remédier au mal. Dans une belle
et riche vallée de notre voisinage, qui produit généralement
de bons fourrages, il y a des parties où le foin a une belle apparence, aucun goût désagréable à l'odorat, et cependant les
bêtes à cornes le refusent, ou si la faim les force à s'en nourrir,
elles ne tardent pas à dépérir et à être couvertes de poux.
Nous connaissons, dans la vallée de la Sarre une autre prairie
dont le foin donne aux bêtes à cornes une diarrhée qui finirait
par les faire périr si on ne changeait pas leur alimentation.
Dans ces deux cas, le mal réside certainement dans le sous-
sol. Comme ces prés appartiennent à toute une commune et
sont très-divisés, on ne fait rien pour leur amélioration; mais
s'ils appartenaient à un seul, ou si les divers propriétaires
pouvaient s'entendre, il est bien probable que par de profonds
canaux de desséchement, ou le drainage, on parviendrait à
changer leur nature.

U y a beaucoup de vallées qui ont été primitivement des
marais; on y trouve encore de la tourbe à une profondeur
plus ou moins grande. L'acide qu'elle contient s'élève jusqu'à
la surface, par le fait de l'ascension capillaire. Cet effet peut
cesser lorsque la tourbe est recouverte d'une épaisseur suffisante de terre. Nous avons sous les yeux un pré marécageux
sur lequel les pluies d'orage ont amené une quantité considérable de sable pur. L'influence de l'acide ne peut plus se faire
sentir, et avec l'irrigation, ce sable produit à présent de très-
bon foin.

Nous connaissons une prairie, située dans une vallée peu
large et resserrée entre des coteaux de bonne terre argileuse.
Le sol de la prairie est bon, et elle donne de bon foin; mais
le ruisseau qui la traverse fait aller un moulin, et pour le service de ce moulin, on a construit une chaussée qui traverse
la vallée et retient les eaux. En amont de la chaussée, le ruisseau est toujours à pleins bords; en aval, au contraire, l'eau
est de 1 à 2 mètres au-dessous de la surface du pré. Des deux

côtés, le gazon a la même apparence ; vues de la chaussée, les herbes ne paraissent pas être de nature différente ; mais en amont le foin est aigre, tandis qu'il est doux en aval. Celui qui se récolte au-dessous peut avoir une valeur double de celui qu'on récolte au-dessus de la chaussée. Il y a quelques années, le moulin a été vendu pour 4,000 florins (8,600 fr.). Si les propriétaires des prés gâtés par ce moulin l'eussent acheté, sinon pour le détruire, au moins pour laisser un libre cours aux eaux, ils faisaient certainement une excellente opération.

Dès longtemps Schwerz s'est plaint du tort que les moulins font aux prairies en empêchant les irrigations. Un propriétaire de mon voisinage a desséché à grands frais et disposé pour l'irrigation un mauvais pré marécageux, mais lorsqu'il a voulu arroser, le propriétaire d'un pauvre moulin situé au-dessous a formé opposition, et le pré ne peut pas être arrosé. Les cultivateurs élèvent encore bien d'autres justes plaintes contre les meuniers ; ce n'est pas ici le lieu de nous en occuper. Nous avons cru devoir attirer l'attention sur ces faits qui, nous l'espérons, provoqueront d'autres observations. Si l'on considère quelles immenses différences il existe dans la qualité des foins, et quel rôle joue le foin dans l'alimentation du bétail, on comprendra toute l'importance de cette question.

CHAPITRE VII

De la récolte du foin et du regain, et de leur conservation.

Les procédés de la fenaison sont tellement connus de tous les cultivateurs qu'il peut sembler superflu que nous en parlions ; cependant nous croyons pouvoir faire à cet égard quelques observations qui ne seront pas sans utilité.

La première observation, c'est qu'on fauche généralement trop tard. Dans beaucoup d'endroits on ne croit devoir commencer à faucher qu'après la Saint-Jean, tandis que souvent le foin devrait déjà être rentré avant la Saint-Jean. On doit faucher, lorsque le plus grand nombre des graminées est en fleur. Si l'on fauche trop tôt, l'herbe encore aqueuse perd beaucoup plus en séchant, mais si l'on attend trop tard, les plantes déjà durcies ont perdu une partie de leurs principes nutritifs. En outre, plus le foin a été fauché tôt, plus tôt aussi on peut faucher le regain, dont la récolte est souvent difficile au mois de septembre.

C'est une erreur trop généralement répandue de croire que le gazon d'un pré a besoin d'être entretenu par les graines qui venues à maturité, tombent naturellement. Nous avons déjà dit comme une terre cultivée, si on l'abandonne à elle-même, se couvre d'herbe et devient un pré, sans qu'on y ait rien semé, et on peut observer des gazons, tous les ans tondus ou paturés, sans qu'une seule plante puisse venir à porter graine, qui s'entretiennent parfaitement à la seule condition que leur fertilité est conservée par l'irrigation ou par des engrais.

La valeur nutritive de bon foin, qui a été fauché dans le moment convenable et qui est estimée 5, tombera à 2 si l'on fauche trop tard.

On fait faucher à la journée, ou à forfait. A forfait, les ouvriers font plus d'ouvrage qu'à la journée ; mais s'ils font plus vite, leur travail est d'autant moins soigné. On doit surtout avoir attention que l'herbe soit coupée très-près de terre. Bien rarement il arrivera qu'elle soit coupée trop près. Si l'herbe est fauchée trop haut, non-seulement il y a une perte considérable sur la récolte de foin, mais la perte se fera encore sentir sur la récolte du regain : la faux ne pourra trancher ces vieilles tiges durcies et glissera par-dessus.

La perte occasionnée par un fauchage trop haut peut être très-considérable. Supposons que l'herbe est haute de $0^m,32$ et que les faucheurs la coupent à $0^m,02$ trop haut : c'est un seizième de perdu. Mais si l'on considère que l'herbe est beaucoup plus touffue près de terre, on verra que cette perte peut sans exagération être évaluée à un huitième. On peut aussi faucher trop près. Un propriétaire de nos environs avait vendu sur pied et par petits lots la récolte de regain d'une prairie dont le sol est parfaitement uni. Cette année-là, le fourrage était cher ; ceux qui avaient acheté le regain étaient de pauvres gens qui devaient y trouver la nourriture d'hiver de leurs vaches ; ils fauchèrent si près que les racines des gazons furent endommagées, et que l'année suivante la prairie ne rendit guère que la moitié de son produit ordinaire.

S'il est important de faucher assez près de terre, il l'est au moins autant de faucher également. Un faucheur maladroit ou qui ménage sa peine fauche beaucoup plus haut au commencement et à la fin de chaque coup de faux. Il forme ainsi des lignes où les portions de tiges qui restent sur pied arrêtent le limon et toutes les parties étrangères dont l'eau peut être chargée ; le sol s'élève, et la surface du pré prend une forme ondulée qui nuit plus tard à la régularité de l'irrigation et du fauchage. Cet inconvènient a toujours lieu, un peu plus ou un peu moins, même avec de bons faucheurs. On y remédie en fauchant une fois dans le sens de la longueur, et l'autre fois dans la largeur de la prairie.

On doit aussi avoir soin que les faucheurs abattent toute l'herbe qui se trouve sur les bords des canaux et rigoles.

C'est le matin, lorsque l'herbe est encore humide de rosée, que le fauchage s'exécute le mieux. Mais cette herbe est plus difficile à sécher que celle qui est fauchée plus tard. L'herbe coupée encore chargée de rosée reste en andains jusqu'à ce que le soleil ou le vent l'aient séchée. Celle qu'on fauche le soir reste en andains jusqu'au lendemain matin.

Quand on répand l'herbe à l'aide de fourches ou de râteaux, on doit la diviser et l'éparpiller avec soin.

Pendant la journée, on retourne l'herbe avec les râteaux, et on l'étend autant que possible. Si l'herbe n'est pas bien divisée, il reste des paquets encore verts à l'intérieur lorsqu'ils sont secs à l'extérieur, et l'opération du fanage est retardée ou mal faite. Le même résultat a lieu lorsque des faneuses négligentes ne retournent pas complétement l'herbe et en laissent sur le sol une couche qui ne peut pas sécher.

Par un temps favorable, il suffit de retourner l'herbe deux fois, jusqu'à ce qu'on puisse la mettre en petits tas. Si le temps est couvert, il faut la retourner plus souvent. Les tas doivent être formés le soir avant le coucher du soleil, c'est-à-dire avant que la rosée ait humecté l'herbe. On les fait d'autant plus petits que l'herbe est encore plus verte. Il s'opère pendant la nuit une évaporation, et on trouve le matin ces petits tas sensiblement plus légers qu'ils n'étaient la veille au soir. Dès que la rosée est dissipée, on répand les petits tas, et, et après avoir été retournée une ou deux fois, l'herbe est ordinairement assez sèche.

Par une forte chaleur, il ne faut pas trop remuer et retourner le foin, parce qu'alors les fleurs des graminées et les feuilles des trèfles se détachent et restent sur le pré. L'opération du fanage ne doit enlever à l'herbe que l'eau de végétation qu'elle contient, et les sucs nutritifs doivent rester dans le foin. C'est par une dessiccation lente et à l'ombre que ce résultat s'obtiendrait le mieux, si cela était possible en grand pour le foin, comme le font les herboristes et les pharmaciens pour les plantes qu'ils conservent. Ainsi le foin le mieux fané serait celui qui aurait été séché lentement et sans être exposé aux rayons brûlants du soleil. Mais comme l'important est que le foin soit promptement séché et mis à l'abri, et que la pluie est bien plus nuisible à sa qualité que la grande chaleur, le cultivateur est heureux lorsqu'un ciel sans nuage et les rayons ardents du soleil lui permettent de terminer sa récolte et de la mettre à couvert le plus tôt possible. La pluie fait perdre à l'herbe sa couleur verte ; la rosée suffit déjà pour produire cet effet, et avec la couleur le foin perd son parfum et une partie de ses principes nutritifs. Du foin qui a été exposé à la pluie et est devenu blanchâtre ne vaut guère plus que de la paille pour la nourriture des bestiaux.

Si le foin qui a déjà subi un commencement de dessiccation a été mis en petits tas et qu'il survienne une pluie de durée, il court risque de se gâter. On doit profiter de tous les rayons du soleil, même des moments sans pluie où le vent souffle, pour retourner chaque jour les tas et secouer le foin. Si on néglige ce soin, le foin se tasse, fermente et moisit.

Quand la pluie ne dure pas trop longtemps, les petits tas restent ordinairement secs à l'intérieur. Le foin qui est en tas pendant une longue pluie est exposé à être gâté. Celui qui est étendu perd sa couleur, mais ne moisit pas. Ainsi, comme du foin qui a perdu sa couleur vaut encore mieux que du foin moisi, on court moins de risque, par une pluie de longue durée, à avoir du foin répandu qu'à l'avoir en tas.

Si le temps est favorable, le foin est ordinairement bon à rentrer le jour qui suit celui où il a été fauché. Par un temps très-favorable, on peut souvent rentrer le soir le foin qui a été fauché le matin. Nous devons cependant faire une observation : c'est qu'il est ici question de prés arrosés, dont le produit consiste presque entièrement en graminées. Il y a de très-bons prés, qui contiennent beaucoup de plantes autres que des graminées, dont la dessiccation est moins prompte et moins facile.

Le mieux est de rentrer toujours le foin dès qu'il est suffisamment sec, et on ne doit le laisser en gros tas sur le pré que quand on ne peut pas faire autrement. C'est, à notre avis, un grand abus que de laisser, comme on dit, le foin jeter son feu en meules sur le pré, ainsi que cela se pratique dans certains pays. Lorsqu'il s'agit de rentrer les récoltes, un retard peut souvent causer un grand dommage, et le cultivateur doit toujours se conduire comme s'il était sûr qu'il pleuvra le lendemain.

Un autre abus, c'est de botteler le foin sur le pré. L'important est de mettre la récolte à l'abri, et en bottelant on perd un temps précieux ; en outre, beaucoup de petites feuilles, les fleurs et les parties les plus délicates, se détachent et restent sur le pré ; enfin le foin bottelé prend beaucoup plus de place dans les greniers, il ne peut pas se tasser régulièrement, et s'il n'est pas parfaitement sec, il est exposé à moisir.

La récolte du regain est plus difficile que celle du foin. L'herbe est encore tendre et aqueuse, les jours sont courts, les nuits brumeuses, les rayons du soleil ont moins de chaleur. Il faut ordinairement trois jours pour bien sécher le regain. On ne saurait trop le retourner pour hâter la dessiccation, et comme peu des plantes qui le composent sont en fleurs, il n'y a pas à le retourner et à le secouer les mêmes inconvénients que pour le foin. Une très-bonne précaution à prendre avec le regain, pour assurer sa conservation, est d'y mêler, lorsqu'on le rentre, de la paille par couches alternatives. Les pailles d'orge et d'avoine sont celles qui conviennent le mieux, parce que déjà par elles-mêmes elles sont bonnes pour la nourriture des bêtes à cornes. Ainsi mêlées au regain pendant sa fermentation, il paraît qu'elles prennent une partie de sa saveur, et le bétail les mange aussi volontiers que le regain lui-même.

Dans quelques parties de l'Allemagne et de la Suisse, on fait ce qu'on appelle du foin brun. On le rentre imparfaitement sec, on a soin de le tasser fortement, et la fermentation qui s'y développe lui fait prendre une couleur brune, en même temps qu'il forme une masse compacte, qu'on tranche avec une longue lame ou avec une bêche.

Le bétail mange avec avidité ce foin brun, et on le regarde comme très-favorable pour l'engraissement.

Sans pousser les choses à ce point, on ne doit pas craindre, lorsque le temps est incertain ou qu'on a une récolte considérable, de rentrer du foin qui n'est pas parfaitement sec. La chose importante, c'est qu'il soit bien tassé, qu'on ne laisse aucun vide, et surtout qu'il n'y ait pas de courant d'air. Mathieu de Dombasle est, nous croyons, le premier qui ait fait connaître cette dernière circonstance. S'il n'y a pas de courant d'air, le foin fermente, s'échauffe à devenir brun, mais il ne s'enflamme pas et ne moisit pas. Si l'on trouve dans les greniers du foin moisi, c'est dans des endroits où le tassement n'a pu avoir lieu, comme dans des angles de murs ou sous des pièces de charpente. Ordinairement la surface du tas de foin dans les greniers est gâtée. Les vapeurs que détermine la fermentation s'élèvent à la surface des tas; là, par le contact de l'air, elles se condensent, et restent dans la couche supérieure du tas de foin qui est tout à fait gâtée. On prévient cette perte en couvrant le tas de foin de paille dans laquelle se fixent les vapeurs et qui préserve le foin qui est au-dessous. On enlève cette paille après que la fermentation est terminée, et elle peut encore servir de litière.

Dans une exploitation bien organisée, tout le fourrage est bottelé et régulièrement distribué, le bottelage a lieu successivement, à mesure des besoins. On y consacre les journées pluvieuses où l'on ne peut travailler dehors. C'est un travail qui convient à l'irrigateur.

Un manœuvre un peu habile fait dans une journée 200 bottes de 5 kilogrammes. Nous connaissions un homme qui bottelait dans une journée d'été jusqu'à 400 bottes de 5 killogrammes pour lesquelles il faisait encore les liens. Le poids de chaque botte doit être vérifié à la balance.

Le foin ne doit pas être arraché au tas avec un crochet. L'ouvrage se fait bien mieux, plus proprement, plus régulièrement, et sans que les fleurs et les petites feuilles se détachent des tiges en coupant le foin. Nous nous servons pour cela d'une bêche (*fig.* 122) dont voici en regard le dessin. L'ouvrier placé sur le tas coupe verticalement, ne laissant à chaque tranche qu'une largeur suffisante pour qu'il puisse se tenir debout dessus.

On rentre ordinairement le foin dans des greniers placés au-dessus des étables. Quand l'espace manque, on est forcé de faire des meules. Il y a des pays où cet usage des meules est général pour les grains et pour le foin. Les gerbes et le fourrage s'y conservent bien ; mais si l'on est surpris par la pluie, la construction d'une meule est difficile. Il y a toujours perte plus ou moins considérable de temps et de fourrage. On doit comparer ces pertes avec les frais de construction d'une grange. Quand on fait des meules, il est bon d'avoir des toiles pour les couvrir jusqu'à

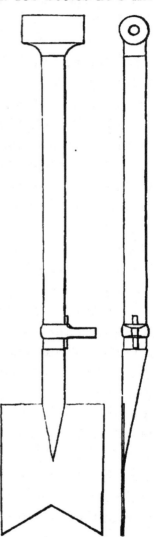

Fig. 122.

ce qu'elles soient terminées. On donne aux meules la forme ronde ou celle d'un carré long. La forme ronde est la plus ordinaire.

Cette forme se rapproche de celle d'un œuf. A partir de terre, elle va en s'élargissant jusqu'au point où commence le toit en paille dont elle est couverte.

Dans les pays où l'usage des meules est général, leur construction présente beaucoup moins d'inconvénients que dans ceux où l'on manque d'ouvriers exercés. Dans ce dernier cas il sera bon de planter, au point qui doit être le centre de la meule, une perche verticale qui en détermine la hauteur et qui servira plus tard à fixer le toit. Plusieurs autres perches marquent la circonférence, et on leur donne l'inclinaison que doivent avoir les parois de la meule. Pour obtenir une entière régularité, on se sert d'un cordeau fixé à la perche qui est au centre.

Dans les pays où le sel est à bon marché, on en répand, au moment où on les rentre, sur les foins aigres ou mal récoltés. Par la fermentation, ce sel, s'il y en a en suffisante quantité, s'incorpore à toute la masse du fourrage, et il est d'un excellent effet pour le bétail.

Une dernière observation qui nous reste à faire relativement à la récolte du foin, c'est que pour le rentrer on devrait avoir des roues à larges jantes ; surtout pour les prés dont le sol n'est pas bien ferme. Si l'on dispose pour l'irrigation une prairie de quelque étendue, on doit, comme nous l'avons déjà dit, ménager des chemins pour la sortie des foins.

CHAPITRE VIII

Du choix des plantes qui entrent dans la composition des prairies.

Quoique dans la construction des prés on regarde comme une condition importante de recouvrir le sol de gazon, lors même qu'il faut aller le chercher loin, il arrive cependant quelquefois que cette condition ne peut être remplie. Dans ce cas il faut semer.

Le sol ensemencé et convenablement arrosé finit par se couvrir d'herbe ; mais comme il faut plusieurs années pour qu'il soit complétement gazonné, il est toujours préférable de répandre des graines de graminées.

On peut se procurer ces graines par le commerce ou les récolter soi-même. Dans ce dernier cas, on choisit un bon pré, et, autant que possible, dont le sol est de même nature que celui qu'on veut semer. On partage ce pré en deux parties ; on fauche la première moitié lorsque les herbes hâtives sont arrivées à maturité, et la seconde lorsque les herbes tardives sont mûres. De cette manière, on est sûr d'avoir de la graine de toutes les plantes. Si dans le nombre il s'en trouvait quelques-unes de mauvaise qualité ou qui ne convinssent pas au sol, on ne doit pas s'en inquiéter. L'irrigation favorise la croissance des bonnes plantes ; les mauvaises finissent par être étouffées, et celles auxquelles le sol ne convient pas disparaissent successivement.

On atteint cependant plus sûrement et plus promptement le but si l'on peut acheter de bonnes graines choisies parmi celles qui conviennent le mieux à la situation du pré et à la nature de la terre. Nous donnons ici l'indication des plantes qui conviennent le mieux à chaque sol. Il n'est pas d'absolue nécessité qu'on soit si sévère dans le choix ; si quelque erreur a été commise, la nature sait bientôt la réparer.

I. — PLANTES POUR UNE TERRE FORTE.

Dactilis glomerata (Dactile pelotonné).
Alopecurus pratensis (Vulpin des prés).
Festuca pratensis (Fétuque des prés).
Cinosurus cristatus (Cinosure à crête).
Avena elatior (Avoine élevée ou froment al).
Holcus lanatus (Houlque laineuse).
Phleum pratense (Fléau des prés).
Trifolium repens (Trèfle blanc).
Trifolium pratense (Trèfle rouge).

II. — POUR UN SOL SEC.

Holcus lanatus (Houlque laineuse).
Festuca elatior (Fétuque élevée).
Festuca pratensis (Fétuque des prés).
Antoxanthum odoratum (Flouve odorante).
Poa pratensis (Paturin des prés).
Bromus mollis (Brome doux).
Dactilis glomerata (Dactile pelotonné).
Alopecurus pratensis (Vulpin des prés).
Lolium perenne (Raigras anglais).
Lolium Italicum (Raigras d'Italie).
Trifolium repens (Trèfle blanc).
Trifolium pratense (Trèfle rouge).
Lotus corniculatus (Lotier corniculé).
Medicago lupulina (Lupuline).
Vicia cracca (Vesce multiflore).
Lathirus pratensis (Gesse des prés).
Poterium sanguisorba (Pimprenelle).

III. — POUR UN SOL HUMIDE DE BONNE QUALITÉ

Lolium Italicum (Raigras d'Italie).
Festuca pratensis (Fétuque des prés).

Alopecurus pratensis (Vulpin des prés).
Phleum pratense (Fléau des prés).
Anthoxanthum odoratum (Flouve odorante).
Poa angustifolia pratensis (Paturin des prés).
Avena flavescens (Avoine jaunâtre).
Medicago lupulina (Lupuline).
Vicia cracca (Vesce multiflore).

IV. — POUR LE SABLE.

Trifolium repens (Trèfle blanc).
Lolium Italicum (Raigras d'Italie).
Holcus lanatus (Houlque laineuse).
Anthoxanthum odoratum (Flouve odorante).
Achillea millefolium (Achillée millefeuille).
Poterium sanguisorba (Pimprenelle).
Plantago lanceolata (Plantin lancéolé).

A ces graminées, on pourrait encore en ajouter quelques autres :

L'*Agrostis capillaire*, pour un sol tourbeux, sable humide.
La brise tremblante, pour un sol sec, élevé, pauvre.
Brome des prés,   *id.*
Fétuque ovine,   *id.*

M. Moll, dans l'ouvrage déjà cité, donne une nomenclature des plantes bonnes, médiocres, mauvaises, et dans cet article qui est un véritable traité des prairies et pâturages, on trouve beaucoup à apprendre. Mais M. Moll est comme nous d'avis que c'est bien moins l'espèce de plantes que la nature du sol qui fait la qualité du foin. Un fait remarquable, c'est que chaque terre se couvre spontanément et en peu de temps des plantes qui lui conviennent le mieux. Nous en avons chez nous deux frappants exemples. Une pièce de terre avait été semée en luzerne, qui avait poussé vigoureusement la première et la seconde année ; mais lorsque les racines eurent atteint un sous-sol d'argile, la luzerne ne tarda pas à disparaître, cédant la place à des graminées et sans avoir rien semé, on eut un bon pré. — Près de là, une portion de forêt, où se trouvaient des chênes séculaires, ayant été défrichée, plantée une fois en pommes de terre, puis abandonnée à elle-même, s'est aussi couverte d'herbe, et est aujourd'hui aussi un bon pré.

On doit dessécher les prairies marécageuses, irriguer partout où cela est possible, fumer les parties où on ne peut pas amener d'eau, et peu s'inquiéter des plantes qui croîtront spontanément. Seulement il y a quelques plantes que tous les cultivateurs connaissent, qu'il faut travailler à détruire, telle est la *colchique*, qui vient dans les meilleurs prés, telle est encore la *patience ;* mais on peut être certain que les fossés d'écoulement bien établis et entretenus, l'eau et les engrais, font disparaître la plupart des mauvaises plantes, sans qu'on ait à s'en occuper individuellement.

CHAPITRE IX

De la jouissance en commun de l'eau par plusieurs propriétaires.

Pour obtenir de l'irrigation tous les bons résultats qu'elle peut produire, il faut être complétement maître de l'eau, il faut pouvoir à volonté la mettre sur les prés, l'en ôter, l'y faire couler en plus ou moins grande quantité. Ces conditions se trouvent rarement réunies, si ce n'est dans une prairie qui appartient à un seul propriétaire et qui est traversée par un ruisseau.

. Le plus souvent plusieurs propriétaires reçoivent l'eau d'un même canal; quelquefois le principal canal traverse des terres auxquelles l'eau ne peut être d'aucune utilité; d'autres fois la digue au moyen de laquelle est alimenté le canal de dérivation se trouve loin sur le territoire d'une autre commune; les frais de construction d'une telle digue et de tous ses accessoires sont souvent si considérables qu'il faut, pour y suffire, le concours d'un grand nombre de propriétaires, parfois même de plusieurs communes, et souvent la mauvaise volonté d'un meunier, ou du propriétaire d'une usine s'oppose à des irrigations qui auraient pour l'agriculture d'immenses résultats.

Dans tous ces cas, il faut le concours de l'autorité législative pour l'exécution des travaux préparatoires à l'irrigation, pour régler dans quelle proportion chacun des intéressés doit

contribuer aux frais et pour les bases d'après lesquelles chacun peut jouir de l'eau.

Les avantages qui peuvent résulter de l'irrigation pour les
particuliers, pour des communes entières, et par conséquent
pour l'État, sont tellement grands, qu'une loi sur les irrigations est de première importance. Aussi longtemps que cette
loi n'existera pas, il n'y aura d'autre moyen d'établir des irrigations que l'accord des propriétaires qui y sont intéressés.
Là où cet accord n'existe pas, là où l'égoïsme, la jalousie,
l'ignorance, arrêtent le progrès, les prés sont ordinairement
dans un triste état. S'il y a un cours d'eau, chacun veut en
jouir exclusivement, tous veulent arroser et personne ne peut
arroser ; il s'ensuit des querelles, des voies de fait et des
procès. L'eau, qui, sagement distribuée, aurait porté la fertilité sur toute une prairie, reste stagnante dans une partie
qu'elle change en marais, tandis qu'une autre partie est
brûlée par le soleil faute d'humidité. Heureusement les
exemples ne sont pas rares de particuliers, même de communes, qui se sont entendus pour de grands établissements
d'irrigation.

La première et la plus grande difficulté réside toujours
dans l'établissement des deux canaux d'écoulement et de distribution. Si l'on peut à volonté mettre la prairie à sec et détourner les grandes eaux dans les moments où elles seraient
nuisibles, si l'on peut amener à la hauteur convenable l'eau
nécessaire à l'irrigation, on peut s'en rapporter aux propriétaires pour donner à leurs prés les soins convenables.
L'amour-propre, l'intérêt, sont des mobiles assez puissants,
et l'exemple d'un seul pré bien construit, bien arrosé et en
plein rapport, suffira pour faire successivement construire
tous les autres.

Si l'on n'a pas assez d'eau pour arroser à la fois toute une
prairie de quelque étendue, on en arrose successivement les
diverses parties. On en use de même si cette prairie appartient à plusieurs propriétaires qui tous ont les mêmes droits

à l'eau. Dans ce dernier cas, il est de nécessité absolue que l'usage de l'eau soit réglé. Si la quantité d'eau ne permet pas d'arroser plus d'un pré à la fois, il faut déterminer un espace de temps pendant lequel l'usage de la totalité de l'eau appartient à chaque propriétaire. Si la quantité d'eau est trop considérable pour un seul pré, deux· ou plusieurs propriétaires peuvent arroser en même temps. Pour que chacun ne puisse prendre que la quantité d'eau à laquelle il a droit, selon l'étendue de sa propriété, on fixe, par une garniture en pierre ou en bois, les dimensions de la rigole qui reçoit l'eau du canal de distribution pour l'amener sur le pré.

Si beaucoup d'intéressés ont droit au même cours d'eau, il vaut mieux laisser à chacun l'usage de l'eau pour un temps court, et qui revient plus fréquemment, que de prolonger la durée de chaque irrigation.

L'irrigation de courte durée, et qui revient plus souvent, est plus avantageuse que celle qui dure longtemps, pour ensuite laisser le pré à sec pendant longtemps.

Plus les périodes d'irrigation sont courtes et plus les intéressés ont de chances d'avoir la jouissance de l'eau pendant des moments favorables.

Au reste, dans cet usage en commun de l'eau, il y a toujours cet inconvénient que chacun ne peut l'avoir lorsqu'elle lui serait le plus utile, et qu'elle manque souvent quand on en a le plus grand besoin, comme, par exemple, au printemps, après une forte gelée blanche. Par cette considération de la gelée, on règle le partage de l'eau de manière que la jouissance de chacun commence le matin ou à midi, et jamais le soir.

Le partage le plus facile de l'eau est celui qui a lieu par semaine. Chacun des intéressés entre toujours en jouissance de l'eau le même jour de la semaine. On peut aussi adopter la division par décades, en donnant toujours à chacun le même jour de la décade. Ainsi, par exemple, ce sera le 3, le 13 et le 23. Si le mois a plus de trente jours, le trente et unième est accordé à celui des intéressés qui, dans la répartition de l'eau, peut avoir été moins bien traité que les autres.

Le partage de l'eau ne se borne pas à celle qui vient immédiatement du canal de distribution ; il faut aussi avoir égard à celle qui, après avoir servi une fois, est reprise et sert à une seconde irrigation.

Il y a bien des prés qui, recevant les eaux d'autres prés situés au-dessus d'eux, ne peuvent prétendre qu'à une très-petite quantité d'eau sortant immédiatement du canal de distribution.

Après un partage équitable de l'eau, les chemins sont un objet de première importance. Ils doivent être distribués de telle manière que chaque propriétaire puisse toujours et facilement arriver à son pré, y amener des engrais, en enlever les récoltes, sans être forcé de passer sur les prés des voisins.

Comme modèle et comme preuve des heureux résultats qu'amènent la bonne intelligence et l'union entre les propriétaires, on peut encore citer la commune de Gerhardsbrunn. Dans les partages, on n'a pas morcelé les propriétés, comme malheureusement cela arrive presque partout ; on a laissé les pièces aussi grandes que possible, et presque toutes aboutissent sur des chemins. En l'absence d'une loi, les habitants se sont entendus ensemble pour le partage des eaux. Chaque source, chaque petit cours d'eau, même accidentel, si faible qu'il soit, est réparti entre les intéressés proportionnellement aux droits de chacun.

La jouissance de l'eau est quelquefois réduite à 12 heures. Cet ordre, qui préside aux irrigations et à tout ce qui s'y rattache, a duré quarante ans, ne reposant que sur des conventions verbales arrêtées dans le principe entre les chefs de famille. Combien de querelles et de procès ce bon accord n'a-t-il pas évités, et que d'avantages matériels n'en est-il pas résulté, lorsque pendant ce temps les eaux ont été toujours employées de la manière la plus avantageuse! Cependant, pour que cet ordre et cette union ne puissent jamais être troublés, l'opération du cadastre, qui vient récemment d'être faite, a fourni aux habitants de Gerhardsbrunn l'occasion de mettre par écrit leur législation des prés et des irrigations, et il en a été dressé un acte notarié qui est annexé au livre foncier cadastral de la commune. Puisse cet exemple trouver beaucoup d'imitateurs!

Pour les communes dont les habitants ont le désir de s'entendre entre eux pour l'irrigation de leurs prés, et pour ceux que leur position sociale met dans le cas de s'occuper des questions d'irrigation, nous donnons ici le texte d'une loi sur les irrigations, rendue récemment dans la principauté de Birkenfeld [1].

§ 1er. — ORDONNANCE SUR LES EXPROPRIATIONS POUR L'ÉTABLISSEMENT D'IRRIGATIONS DES PRÉS.

Pour favoriser l'amélioration des prés dans notre principauté de Birkenfeld, pour y faciliter les irrigations et les desséchements, nous ordonnons ce qui suit:

1. Chacun peut être forcé de céder sa propriété ou de souffrir qu'elle soit grevée de servitudes (moyennant complète indemnité), pour l'établissement de travaux ayant pour but l'irrigation des prés, qui sera considérée comme objet d'utilité publique.

2. L'administration de la Principauté sera appelée à décider la question d'utilité, sauf le recours au cabinet.

3. Pour tout le reste, on se conformera à la loi existante sur les expropriations.

Birkenfeld, le 20 août 1844.

AUGUSTE,
Grand-Duc d'Oldenbourg.

[1] La principauté de Birkenfeld appartient au grand duché d'Oldenbourg. Sa population est d'environ 30 000 âmes. Elle est enclavée dans la

§ 2. — INSTRUCTION RELATIVE A L'EXPROPRIATION POUR IRRIGATION DES PRÉS.

1. Celui qui veut établir une irrigation de prés, et qui ne peut s'entendre avec ceux dont les propriétés devraient pour cela lui être cédées ou être grevées de servitudes, doit adresser au bailliage dans le ressort duquel sont situées les propriétés une demande en expropriation, accompagnée d'un plan qui représente complétement les travaux à exécuter et de tous les documents qui doivent éclairer la question.

2. Le bailliage devra s'occuper de l'affaire dans un délai qui ne pourra excéder quinze jours, et il préviendra les propriétaires intéressés, en leur faisant expressément savoir que si, dans le délai fixé, ils ne se présentent pas ou ne produisent pas leurs motifs d'opposition, ils seront considérés comme donnant leur consentement à la demande et renonçant à toute opposition.

3. Dans les débats qui auront lieu devant le bailliage, et dont procès-verbal doit être dressé on examinera soigneusement toutes les questions relatives à l'irrigation, et particulièrement s'il est nécessaire ou utile que les propriétés soient cédées ou grevées de servitudes, ou si l'irrigation ne peut pas être établie d'une autre manière sans de grandes difficultés et sans de grands frais.

4. Si les parties ne peuvent être amenées à une conciliation, le bailliage transmet les actes, avec son opinion motivée, à l'administration supérieure de la Principauté. Celle-ci ordonnera, s'il y a lieu, une nouvelle instruction, ou un nouvel examen sous les rapports techniques et économiques, et prononcera sur la question d'expropriation.

Dans cette décision, dont une expédition sera remise à

Prusse rhénane, entre la France et le Rhin. La route de Metz à Bingen, par Sarrelouis, traverse Birkenfeld. On sait que les provinces rhénanes ont conservé la législation française telle qu'elle était avant 1814.

chacune des parties, les propriétés cédées ou grevées de servitudes seront exactement désignées.

5. S'il y avait lieu à un appel de cette décision, il doit être déclaré à la régence supérieure dans le délai de huit jours, et l'acte d'appel doit lui être remis dans le délai de quinze jours.

6. Si les parties ne peuvent s'entendre sur la cession réelle des propriétés ou sur l'indemnité, elles s'adresseront pour cela aux tribunaux ordinaires. Les bailliages doivent faire tout leur possible pour obtenir des arrangements amiables, afin que des procès ou de longues enquêtes ne mettent pas d'obstacle à d'utiles entreprises d'irrigation.

7. Les honoraires et le papier timbré ne doivent pas dans la règle être comptés, pour tous les débats qui ont lieu devant l'autorité administrative ; cependant la régence peut mettre ces frais à la charge d'une des parties dont la prétention ou l'opposition seront reconnues frivoles.

8. Si plusieurs propriétaires sont intéressés à une grande irrigation, on leur conseille de mettre par écrit les statuts de leur association pour l'exécution des travaux, la répartition des frais, la jouissance commune de l'eau, etc., et de la soumettre à la sanction de la régence, ce qui leur donnera force d'une loi de police.

9. Il est enjoint aux autorités municipales d'user de toute leur influence pour amener leurs administrés à s'entendre amiablement pour l'établissement d'irrigations. La régence, de son côté, est prête à donner tout l'appui possible à ces utiles entreprises, par les conseils d'hommes de l'art, par son intervention pour concilier les différends, par des secours pour couvrir une partie des frais ; elle est de même disposée à consentir que des emprunts aient lieu sur les caisses communales, lorsqu'ils seront demandés par les autorités municipales.

Birkenfeld, le 30 août 1844.

§ 3. — Calcul des frais des divers travaux de construction des prés, d'après Patzig. (*Pracktischer Rieselwirth*.)

Les frais d'établissement d'un pré arrosé varient nécessairement beaucoup, selon la situation du pré, selon la nature du sol, l'habileté des ouvriers et les prix de main-d'œuvre. Patzig ne compte la journée d'un ouvrier qu'à 90 centimes, et il est bien peu d'endroits où l'on puisse faire travailler à ce prix ; nous en faisons la remarque expresse, afin que chacun, d'après le prix de main-d'œuvre de sa localité, puisse établir proportionnellement son compte.

Dans des circonstances défavorables, on compte qu'un ouvrier peut faire par jour une demi-verge, ou 7 mètres carrés, ce qui porte le prix d'un hectare à 1,300 francs.

Ce compte est calculé pour les circonstances les plus difficiles et peut être considéré comme maximum. Dans les circonstances les plus favorables, un ouvrier peut faire par jour 1 1/2 verge ou 22 mètres carrés, ce qui porte les frais d'un hectare à 430 francs.

En prenant un terme moyen entre ces deux extrêmes, un hectare de pré coûterait à construire dans des circonstances ordinaires 800 francs ; en comptant la journée à 90 centimes, en 1867 cette journée coûte chez nous au moins 2 francs.

§ 4. — Travaux de nivellement.

Dans la construction des prés, il ne doit pas y avoir de transports à une distance au delà de 20 verges ou 100 mètres.

Un bon ouvrier transporte par jour avec une brouette contenant 1 1/2 pied cube (à 30 centimètres) = 33 déc. cubes :

A une distance de 15 mètres, 150 brouettes.
Id.   25   120
Id.   35   90
Id.   50   70
Id.   75   50
Id.   100   30

Ces chiffres peuvent être admis comme le minimum de ce que peut faire un bon ouvrier. Un ouvrier peut *unir* ou *aplanir* au cordeau, par jour, 215 mètres.

Pour *bêcher*, lorsque la terre ne présente pas de difficultés particulières, un ouvrier peut retourner par jour :

Glaise. . . . . 1 are.
Argile. 1,12
Sable. . . . . 1,40 jusqu'à 1,75

Jusqu'à une distance de 100 mètres, la brouette est le moyen de transport le plus économique ; au delà de 100 mètres, on doit faire usage de bêtes de trait.

Si l'on avait une distance de 100 mètres à faire parcourir par des brouettes, on devrait la diviser en établissant des relais de manière que chaque ouvrier n'ait pas à parcourir avec la brouette chargée une distance de plus de 30 mètres environ. Dans le cas où l'on établit des relais, une grande surveillance est nécessaire, parce que, si un seul homme s'arrête, le mouvement est interrompu sur toute la ligne.

Pour *enlever les gazons*, soit en carrés, soit en rouleaux, pour que l'ouvrage marche bien, trois hommes sont nécessaires. Ces trois hommes doivent, dans une journée, en sol argileux, détacher les gazons et les transporter hors de la planche en construction, sur une espace de 4,25 ares.

Si le sol est plus difficile, si la pelle rencontre des obstacles, on ne compte que 2,80 ares. Un homme peut tailler autant de gazons que trois ou quatre hommes peuvent en détacher et en enlever.

Pour *replacer les gazons*, un bon ouvrier, lorsqu'on lui amène les gazons sur place, en recouvre par jour 280 ares. Si les gazons sont roulés, deux hommes sont nécessaires pour les étendre, et ils peuvent recouvrir 4,25 ares.

Pour *battre les gazons*, si on relaye les ouvriers, un homme peut battre par jour 4,25 ares.

§ 5. — CANAUX ET FOSSÉS.

Souvent on fait creuser à forfait les canaux et fossés. Patzig nous donne le tableau suivant du salaire à payer par verge de 5 mètres.

LARGEUR MOYENNE		PROFONDEUR		PRIX DE LA VERGE DE 5 MÈTRES	
				SOL COMPACTE RENFERMANT DES OBSTACLES A VAINCRE.	SOL MEUBLE SANS OBSTACLES PARTICULIERS.
mètres.	pieds.	mètres.	pieds.		
3,99[1]	(10)	1,80	(6 »)	2 fr. 18 c.	1 fr. 85 c.
2,70	(9)	1,50	(5 »)	1 85	1 65
2,40	(8)	1,20	(4 »)	1 09	» 85
2,10	(7)	1,05	(3 $\frac{1}{2}$)	» 85	» 55
1,80	(6)	0,50	(3 »)	» 62	» 40
1,50	(5)	0,75	(2 $\frac{1}{2}$)	» 55	» 32
1,20	(4)	0,60	(2 »)	» 32	» 23
0,90	(3)	0,45	(1 $\frac{1}{2}$)	» 23	» 16
0,60	(2)	0,30	(1 »)	13 13	» 08

[1] Le pied égale 0^m,30.

On n'oubliera pas l'observation que nous avons faite en commençant ce chapitre, que tous ces prix ont pour base un prix de journée de 90 centimes.

§ 6. — DU FAUCHAGE.

Il y a peu de travaux agricoles qui demandent autant d'habileté de la part de l'ouvrier que le fauchage. Beaucoup n'apprennent de leur vie à bien faucher, tandis que d'autres et pour ainsi dire sans leçons, apprennent en peu de temps à manier la faux avec habileté. Cette habileté dépend de si petites circonstances à peine perceptibles, qu'il est très-difficile de donner à cet égard des règles, et qu'il faut en grande partie laisser à la sagacité de l'ouvrier le soin de les trouver.

Pour bien faucher, il faut avant tout une bonne faux, bien montée. Celui qui ne sait pas bien monter sa faux ne devra jamais avoir la prétention d'être un bon faucheur. La direction de la faux, c'est-à-dire l'ouverture de l'angle qu'elle forme

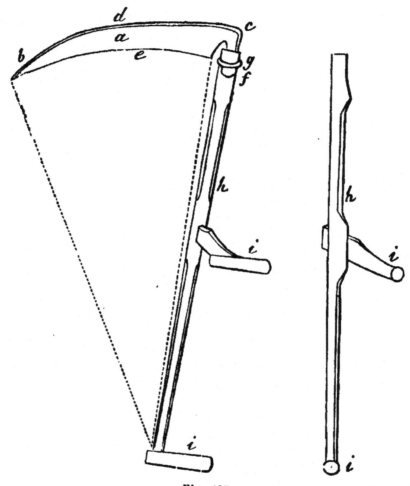

Fig. 123.

avec la monture, est d'une grande importance. En mesurant de l'extrémité inférieure de la monture, la pointe de la faux doit être d'environ 0^m,05 plus basse que l'autre extrémité de la lame. Pour trouver cette mesure, la faux étant debout, on place à côté de la monture un bâton que l'on saisit en haut de manière que le tranchant de la faux, à sa partie la plus large, repose sur l'index de la main. Si l'on incline alors le bâton, sans changer la position de la main, lorsqu'on arrive à l'autre extrémité de la faux, la pointe doit être à la hauteur du troisième doigt. C'est ce que les faucheurs appellent le *cercle parfait* (*fig.* 123).

a, la lame ; *b*, la pointe ; *c*, la queue ou le talon ; *d*, l'arête ; *e*, le tranchant ; *f*, le coin ; *g*, l'anneau ou virole ; *h*, la monture ; *i*, *i*, les poignées.

c est la partie par laquelle la lame est fixée à la monture ; *f* est un bouton carré qui entre dans le bois de la monture.

La faux ainsi disposée se trouve dans une direction oblique avec l'herbe qu'elle doit couper et agit par un mouvement analogue à celui d'une scie. Plus la pointe est élevée, ou plus ouvert est l'angle formé par la lame et la monture, plus aussi la direction du tranchant sur les tiges qu'il doit couper se rapproche de la perpendiculaire, et plus par conséquent le fauchage exige de force. Plus au contraire la pointe de la faux est basse, ou moins l'angle est ouvert, moins le fauchage exigera de force, mais aussi alors chaque coup de faux embrasse une espace moindre. C'est pourquoi lorsque l'herbe est très-forte, on diminue l'ouverture de la faux, et on ne donne le *cercle parfait* que pour de l'herbe qui n'est ni très-forte, ni très-difficile à faucher.

Dans l'action du fauchage, la faux décrit un arc de cercle. Le faucheur est au milieu. La pointe de la faux entre dans l'herbe vis-à-vis de son pied droit. En commençant plus loin, il se donnerait une fatigue inutile ; moins loin, chaque coup de faux n'aurait pas une étendue suffisante. Par le poids de la lame, la pointe tend toujours à s'enfoncer en terre ; le faucheur doit donc tenir toujours la pointe un peu élevée et raser le sol seulement avec la partie inférieure de la lame.

L'ouvrier inexpérimenté doit surtout avoir attention, dans le mouvement de retour, de laisser glisser légèrement la faux sur le sol, sans l'élever ; s'il l'élève, le coup suivant attaque l'herbe trop haut. De même l'action doit être énergiquement soutenue jusqu'à la fin du coup de faux ; autrement la pointe tendant toujours à s'élever, l'herbe n'est pas coupée aussi près de terre, et les mauvais faucheurs font ce qu'on appelle des *peignes*, des lignes qu'on remarque sur le pré quand le foin en est enlevé. Il faut aussi éviter de vouloir abattre une trop grande largeur à la fois ; le fauchage devient irrégulier, en escaliers, et de temps à autre il échappe une touffe d'herbe qui oblige le faucheur à donner un nouveau coup de faux.

Le faucheur doit se baisser suffisamment ; s'il se baisse trop, il augmente sa fatigue ; ne se baisse-t-il pas assez, il manque de la liberté de mouvements nécessaire pour bien manier sa faux. La position du faucheur est déterminée par la manière dont la faux est montée. Dans les prairies en plaine, la monture de la faux est plus longue, son extrémité n'a pas de poignée et repose sur le bras gauche de l'ouvrier, au pli du coude ; la poignée que saisit la main droite est plus éloignée de la faux. Le faucheur se tient alors presque droit ; mais si cette longueur plus grande de la monture lui évite la fatigue de se baisser, les coups de faux sont aussi moins assurés et il ne pourrait éviter les obstacles qui se présentent si souvent au faucheur dans les montagnes.

La faux des montagnes a une monture plus courte et pourvue d'une poignée à son extrémité. Le faucheur la tient ainsi dans ses deux mains, et il est parfaitement maître de tous ses mouvements.

Dans le fauchage, le corps de l'ouvrier ne doit que très-peu se mouvoir ; toute l'action est dans les bras qui dirigent l'instrument. Tous les mouvements du corps à droite et à gauche sont fatigants et disgracieux.

Pour pouvoir bien faucher, il faut aussi que la faux coupe bien, et celui qui ne sait pas rendre sa faux bien tranchante, ne saura pas non plus bien la manier. On affile le tranchant

de la faux en la battant avec le marteau et en l'aiguisant avec
la pierre.

Pour bien aiguiser, il faut une longue pierre. Le faucheur
tenant de la main gauche la faux par la pointe, tient la pierre
de la main droite, sous le tranchant de la faux, sur lequel il
passe la pierre en lui faisant décrire des arcs de cercle alternativement à gauche et à droite. Ce mouvement de la pierre
se fait sans que la main change de place. Quand la pierre est
longue, son extrémité s'élève jusqu'à l'arête de la faux, et les
deux lignes qu'elle décrit dans son double mouvement sur les
deux côtés de la lame, doivent former ensemble un angle très-
aigu. Pour que le tranchant ne s'incline pas d'un côté ou de
l'autre, il faut avoir attention que le frottement de la pierre
soit égal des deux côtés. La pierre ne doit pas être tenue serrée dans la main, et elle doit être passée légèrement sur le
tranchant de la faux. On peut placer la faux droite devant soi,
la tenant de la main gauche par la pointe de la lame, et on
aiguise alors de droite à gauche ; ou bien on peut placer la
faux appuyée obliquement sur le bras gauche, et on aiguise
alors de gauche à droite. Dans les deux cas, on commence à
aiguiser près du talon pour finir à la pointe. Chacune de ces
deux manières a ses avantages et ses inconvénients, et dépend surtout de l'habitude du faucheur. Exceptionnellement,
on rencontre des faucheurs qui aiguisent de la main
gauche.

La pierre doit être tenue constamment mouillée; c'est pourquoi les faucheurs la mettent dans une sorte d'étui en bois ou
en fer-blanc, que chacun porte suspendu à une ceinture de
cuir et qu'ils ont soin de tenir toujours pleine d'eau. On a
conseillé d'ajouter à l'eau du vinaigre ou de l'acide sulfurique ; le tranchant en devient plus dur, mais s'use plus vite.
Le faucheur doit avant tout chercher à se procurer une bonne
pierre, suffisamment dure et douce en même temps.

Avant d'être aiguisée, la faux doit avoir été battue. Par le
battage, on amincit le tranchant de la faux sur une largeur

de 0m,005. C'est une opération qui paraît être extrêmement simple, mais qu'il n'est pourtant pas si facile de bien exécuter. L'enclume est fixée sur une pierre ou sur un bloc de bois. Le bloc de bois est généralement préférable, parce qu'il est élastique et qu'on ne risque pas de trop amincir le tranchant ou de le briser. La pierre, au contraire, vaut mieux, quand on a à battre une faux dure et épaisse.

On place l'enclume de manière que le faucheur puisse s'asseoir commodément en l'ayant entre ses jambes, et qu'elle soit presque à la hauteur de ses cuisses. La faux posant sur l'enclume, doit être appuyée sur les cuisses, de façon que par un léger mouvement on puisse la faire avancer à droite ou à gauche. La main gauche tient fortement la faux ; la droite fait agir le marteau à coups précipités, jusqu'à ce que le tranchant soit suffisamment aminci. Il doit alors se plier sous la pression de l'ongle. Il est important qu'il soit partout également mince, et qu'il conserve partout la même direction droite. La largeur de la partie battue ne doit pas excéder 3 millimètres. Il y a des contrées où l'enclume présente une surface carrée sur laquelle on appuie la faux, et on frappe avec un marteau étroit ; chez nous, au contraire, le marteau est carré tandis que l'enclume est longue et étroite. Dans le premier cas, l'ouvrier frappe sur la partie concave de la faux ; dans le second, il frappe sur le côté convexe, et c'est l'enclume qui opère l'amincissement. Cette dernière manière nous semble être plus sûre et exiger moins d'adresse de la part de l'ouvrier. On a inventé un instrument pour opérer le battage régulièrement de manière que le tranchant soit partout également mince et également large; mais cet instrument est inutile à un ouvrier un peu adroit.

Pour pouvoir donner plus ou moins de largeur à l'angle formé par la lame et la monture, on fait le trou dans lequel entre la queue un peu plus grand qu'il n'est nécessaire, et au moyen d'un petit morceau de cuir qu'on place dans le trou, d'un côté ou de l'autre de la queue, on règle à volonté l'inclinaison de la lame. On peut aussi faire varier cette inclinai-son par une pièce de cuir que l'on place sous l'anneau, c'est-à-dire entre l'anneau et la monture.

Il est encore à observer qu'on fauche beaucoup plus facile-ment avec une lame un peu convexe qu'avec une lame plate, et que le tranchant de la faux doit décrire une courbe telle que si la faux est placée verticalement sur une surface plane qu'elle touche par la pointe et par le talon, il doit y avoir au milieu un vide de la hauteur de trois doigts. Enfin, à longueur égale, une faux légère est préférable à une faux lourde et épaisse.

§ 7. — Des machines employées pour la récolte du foin.

La cherté toujours croissante de la main-d'œuvre, la néces-sité de diminuer les frais, et souvent aussi de profiter d'un temps favorable, ont amené à la construction de machines, faucheuses, faneuses et râteaux. Ces machines ne sont pas malheureusement encore d'un usage aussi général qu'elles devraient l'être. Chez nous, à Gerhardsbrunn et au Rittershof, nous ne pouvons pas employer la faucheuse, parce qu'une partie de nos prés sont des prés de montagnes, dont la pente et la configuration irrégulière ne permettent pas l'emploi d'une machine traînée par des chevaux ; les autres prés sont dans des vallées, mais pour l'irrigation ils sont coupés par trop de fossés et de rigoles pour que la faucheuse puisse y fonctionner. Les faucheuses ont un grave défaut ; si elles coupent bien une herbe haute et épaisse, elles ne coupent pas l'herbe courte et peu serrée, comme est ordinairement l'herbe des prés secs, et souvent le regain. Elles plient alors l'herbe et glissent par-dessus sans la couper. Ces machines faucheuses et faneuses sont encore à perfectionner, mais elles ont un au-tre grave défaut, elles sont trop chères, et il faut espérer qu'on arrivera à les faire meilleures, plus simples et moins chères.

Nous avons dans ce pays-ci des machines à battre locomobiles, que des entrepreneurs transportent d'une ferme et d'un village à l'autre. Le temps de la tenaison est beaucoup plus court que celui du battage des grains, il y a cependant de grandes vallées où des entrepreneurs pourraient à leur profit et à celui des cultivateurs, faucher en peu de jours de grandes étendues de prés. C'est un progrès que nous espérons voir encore réaliser.

§ 8. — Commerce et transport du foin.

Par suite de la facilité des communications et des transports par les chemins de fer, le foin est devenu une denrée commerciale, et on est parvenu à le comprimer tellement, que sous un même volume, il a un poids égal à celui du bois. On se sert de presses et celle dont l'action est la plus énergique sont celles dites hydrauliques. On fabrique en France de très-bonnes presses ; cependant les plus simples et les moins chères viennent d'Amérique.

TABLE DES MATIÈRES

———

PARIS. — IMP. SIMON RAÇON ET COMP., RUE D'ERFURTH, 1.

EXTRAIT DU CATALOGUE DE LA LIBRAIRIE AGRICOLE

BIBLIOTHÈQUE AGRICOLE ET HORTICOLE

51 VOLUMES, A 3 FR. 50 LE VOLUME

A. B. C. de l'agriculture pratique et chimique, par Perny, 560 pages.
Abeilles (Les), par Bastian, 328 pages, 53 grav.
Agriculture et la population (L'), par L. de Lavergne, 472 pages.
Agriculture de la France méridionale, par Biondet, 484 pages,
Agriculture moderne (Lettres sur l'), par Liebig, 244 pages.
Amendements (Traité des), par A. Puvis, 440 pages.
Bêtes à laine (Manuel de l'éleveur de), par Villeroy, 536 pages, 54 grav.
Botanique populaire, par Lecoq, 408, pages, 215 grav.
Causeries sur l'agriculture et l'horticulture, par Joigneaux, 403 p. 27 gr.
Champignons et truffes, par J. Remy, 174 pages, 12 planches coloriées.
Cheval (Conformation du), par Richard (du Cantal), 400 pages.
Chimie agricole, par Is. Pierre, 2 vol., 752 pages, 22 grav.
Conseils aux jeunes femmes, par Mme Millet-Robinet, 284 pages, 30 grav.
Culture améliorante (Principes de la), par Lecouteux, 368 pages.
Douze mois (Les) Calendrier agricole, par V. Borie, 380 pages, 80 grav.
Drainage (Traité de), par Leclerc, 424 pages, 130 grav., 1 planche.
Économie rurale de la France, par L. de Lavergne, 490 pages.
Économie rurale de l'Angleterre, par L. de Lavergne, 480 pages.
Économie rurale de Belgique, par Laveleye, 304 pages.
Encyclopédie horticole, par Carrière, 550 pages.
Engrais chimiques, par Georges Ville, 2 vol. 810 pages avec grav.
Entretiens familiers sur l'horticulture par Carrière, 384 pages.
Ferme (La), Guide du jeune fermier, par Stockhardt, 2 vol., 616 pages.
Irrigations (Manuel des), par Muller et Villeroy, 265 pages et 123 grav.
Jardinier des fenêtres, et appartements (Le), par J. Remy, 278 p. 40 g.
Jardinier multiplicateur (Guide pratique du) par Carrière, 410 pages, 85 grav.
Laiterie, beurre et fromages, par Villeroy, 392 pages, 59 grav.
Leçons élémentaires d'agriculture, par Masure, 2 vol., 500 pages, 52 grav.
Mouches et vers, par Eug. Gayot, 245 pages, 53 grav.
Mouton (Le), par Lefour, 392 pages, 76 grav.
Pêcher (Culture du), par Bengy-Puyvallée, 230 pages et 5 planches.
Plantes de terre de bruyère, par Ed. André, 588 pages, 51 grav.
Porc (Le), par Gustave Heuzé, 334 pages et 56 grav.
Poulailler (Le), par Ch. Jacque, 360 pages, 117 gravures.
Races canines (Les), par Bénion, 260 pages et 12 grav.
Sportsman (Guide du), par Eug. Gayot, 578 pages et 12 grav.
Vers à soie (Conseils aux éducateurs de), par de Boullenois, 224 p., 2 planches.
Vigne (La), par Carrière, 396 pages et 122 grav.
Vigne (La) **et le vin**, par Chaverondier, 348 pages, 38 grav.
Vigne (Culture de la) **et vinification**, par J. Guyot, 2e éd., 426 p., 30 grav.
Vin (Le), par de Vergnette-Lamotte, 402 p., 31 grav. noires et 5 pl.
Viticulture et la vinification (Lettres sur la), par Blondeau, 328 pages.
Voyages agricoles, par de Gourcy, 428 pages.
Zootechnie (Traité de), par A. Sanson, 4 vol., 1700 p., 184 grav.

Paris. — Imprimerie de Georges Chamerot, rue des Saints-Pères, 19.

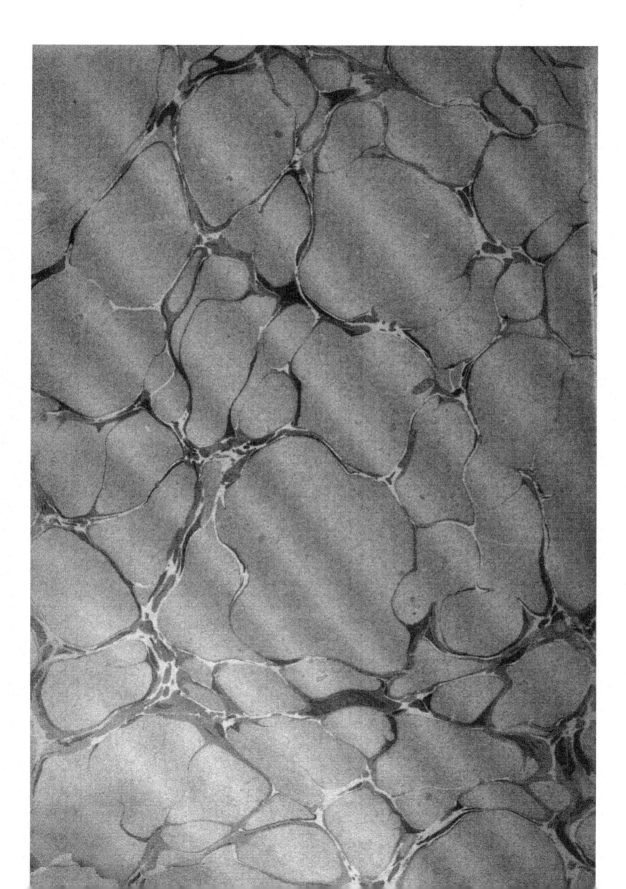